古代歷史文化研究輯刊

二八編

王明蓀 主編

第11冊

明清澤州科舉研究（下）

孔偉偉 著

國家圖書館出版品預行編目資料

明清澤州科舉研究（下）／孔偉偉 著 -- 初版 -- 新北市：花
木蘭文化事業有限公司，2022〔民 111〕
目 6+294 面；19×26 公分
（古代歷史文化研究輯刊 二八編；第 11 冊）
ISBN 978-626-344-085-2（精裝）
1.CST：科舉 2.CST：明代 3.CST：清代
618　　　　　　　　　　　　　　　　　111010280

ISBN-978-626-344-085-2

古代歷史文化研究輯刊
二八編　第十一冊　　　　　　ISBN：978-626-344-085-2

明清澤州科舉研究（下）

作　　　者　孔偉偉
主　　　編　王明蓀
總 編 輯　杜潔祥
副總編輯　楊嘉樂
編輯主任　許郁翎
編　　　輯　張雅淋、潘玟靜、劉子瑄　美術編輯　陳逸婷
出　　　版　花木蘭文化事業有限公司
發 行 人　高小娟
聯絡地址　235 新北市中和區中安街七二號十三樓
　　　　　　電話：02-2923-1455／傳真：02-2923-1452
網　　　址　http://www.huamulan.tw 信箱 service@huamulans.com
印　　　刷　普羅文化出版廣告事業
初　　　版　2022 年 9 月
定　　　價　二八編 27 冊（精裝）新台幣 80,000 元　　版權所有・請勿翻印

明清澤州科舉研究（下）

孔偉偉　著

圖目次

第三章　明清澤州舉人研究

　　本章列舉了澤州舉人群體存在的一些問題，在此基礎上展開舉人群體總數的考訂和科年分布，並從鄉試解額和進士登科率角度有所深入探討，同時對非正途出身的恩賜舉人和清末特殊的學堂舉人做了粗淺研究，另外還列舉舉人群體的一些代表性事例，來與進士群體進行比較，試圖從中得出與其不同的特徵。

第一節　明清澤州舉人考訂

　　明清兩代的澤州舉人群體，由於數量較多，且文獻資料匱乏，相當數量的舉人並無傳記，而且當代研究也極少關注舉人群體，存在的問題較多，本節列舉部分舉人群體存在的難以定論的問題，留待將來再考。

一、舉人群體存在的問題

（一）鄉試科年混亂

　　洪武十七年甲子科，成化《山西志》記載王粹為「洪武辛酉鄉舉，登乙丑進士第」，洪武辛酉即洪武十四年，實際上該年並未舉行鄉試，洪武五年至洪武十七年的科考是停滯的。洪武早期和永樂晚期，由於停止科考和年號更改的緣故，澤州舉人的科年極為混亂，同時並沒有相關科舉文獻做參考，只能以地方志記載的次序為依據。

　　清李調元《制義科瑣記》：

> 　　自洪武三年八月為始特設科舉，以取懷材抱德之士。〔註1〕
>
> 　　洪武六年，諭中書省臣，有司所取多後生少年，觀其文詞可有為，及試用之能以所學措諸行事者甚寡，朕以實心求賢，而天下以虛應朕，非朕責，實求賢之意也，今各處科舉宜暫停罷，別令有司察舉賢才，必以德行為本，而文藝次之，是年，遂詔天下舉人罷會試。〔註2〕

　　因所取人才多不合格，朱元璋於洪武六年罷停會試、鄉試等科。這期間主要

〔註1〕《制義科瑣記》卷一《初設科舉條格記》。
〔註2〕《制義科瑣記》卷一《罷會試》。

是通過推舉賢良方正等方式進行人才選拔，如陽城人孔顯夫，洪武五年以貢生出仕，官至平陽知縣；陽城人張文錫，洪武六年由儒士出仕，官至四川按察司僉事；陵川人趙麟，洪武十五年以通經儒士出仕，官至青州府知府；高平人王本，洪武十五年以賢人君子出仕，官至山東按察司僉事；沁水人賈茂，洪武十五年以監生出仕，官至國子監助教；澤州人張昻，舉人才出仕，官至北平布政使。

這種選人方式在洪武十七年之後依舊持續了相當長的時間，澤州也持續出現了相當數量的非正途出身的官宦。如陽城人張璉，洪武十七年貢生，官至戶部侍郎；陵川人李賡，洪武十八年貢生，官至河南按察司副使；沁水人常拳，洪武十八年貢生，官至都御史。

直至洪武十七年設定定式後，才重新開科考試。

> 十七年三月戊戌朔，命禮部頒行科舉成式，凡三年大比，子、午、卯、酉年鄉試，辰、戌、丑、未年會試，舉人不拘額數，從實充貢。〔註3〕

洪武十七年鄉試為八月初九日開始。由此可以推定，王粹實際上是洪武十七年舉人，第二年登進士。

萬曆《山西通志》中，洪武二十三年山西鄉試無秦衍，建文元年己卯科有秦衍。《澤州府志》中秦衍為洪武二十三年舉人。

（二）文獻檔案記載不一

洪武二十九年舉人武韜，萬曆《山西通志》標注為解元，雍正《澤州府志》謂其應天鄉舉第一名。查《明三元考》，是科應天府鄉試解元為尹昌隆，山西鄉試解元為柳春，並非武韜。

建文元年己卯科，萬曆《山西通志》是科記載陳溥、李鐸、武烈、秦衍、程鏞、郭幹、焦輔、白暹、張藝10名澤州舉人。《澤州府志》記載陳溥、李鐸、武烈、程鏞、郭幹5人，其中秦衍在洪武二十三年，焦輔在永樂九年，白暹、張藝在永樂六年。而張藝為永樂二年進士，成化《山西通志》記載張藝為永樂元年舉人，由此可知《澤州府志》和萬曆《山西通志》的記錄都是有問題的。

永樂六年戊子科，《澤州府志》有陵川人張名，萬曆《山西通志》則無。

永樂十八年庚子科，該科李斐存在科年問題，據張養蒙所撰李克能墓誌銘：

> 西堛公諱克能，字師舟，世為澤堛頭巨姓。高王父斐，薦永樂

〔註3〕《制義科瑣記》卷一《頒行科舉成式》。

丁酉鄉書；曾王父選，廩郡庠，以子訓貴，累封奉政大夫；王父璡；

考嘉績；俱潛德弗耀。〔註4〕

按此，李斐應為永樂十五年丁酉科舉人。可知，成化《山西通志》之後的各種地方志記載均存在錯誤的可能。這種錯誤的出現可能與《澤州志》的選舉表排序有關，進士、舉人、貢生共列一表，額設科年，永樂二十一年侯璡是無疑問的。

如果確實存在錯誤，那麼各種方志中永樂丁酉、庚子兩科的舉人可能都是丁酉科的舉人，共計 29 人，數量似乎有違常理，但也合乎歷史記載。永樂丁酉科前後三科各行省鄉試均廣額，每省舉人取額幾乎都接近 200 人。

成化四年戊子科，萬曆《山西通志》記載有王良、張澤、秦彰、田鐸、李瑞、凌雲 6 名澤州人，《澤州府志》則多出白禛、張紳、張銳 3 人。成化《山西通志》載白禛為成化七年辛卯科舉人。

成化十年甲午科，萬曆《山西通志》無陽城人暢安。

弘治十七年甲子科，萬曆《山西通志》載有梁愷、司考、張信 3 人，雍正《澤州府志》載有梁愷、司考、張信、任道弘 4 人，雍正《山西通志》載有梁愷、司考、張信、任道弘、武聰 5 人。據《沁州志》，武聰實為沁州人。梁愷的籍貫則有異議，一說為巴公鎮東四義人，一說為周村鎮人。

現存於東四義村的《新增左右龕記》，勒石於清嘉慶十二年，碑文記述了新增四義村文廟左右龕以及四義村建文廟後科舉及第姓氏等內容，摘錄如下：

按：四義古稱四澗東村，望重北郡。廟於洪武八年奉詔延師，

後遂科名林立。舉孝廉者：弘治辛酉、甲子則潘公愷、梁公愷，正

德丁卯則郜公相，嘉靖壬午、癸卯則原公冠、解元李公芝……

現存周村鎮東嶽廟中的《澤州周村鎮重修廟祠記》，勒石於明隆慶四年。摘錄如下：

語澤士之傑且多者，以鎮為最焉。故居官以情操自砥，若衛吏

部；撫民以寬和見憚，若阜城伯；政洽兩邑，若李神木……

周村人張士達在咸豐年間所寫的《明吏部員外郎衛公神道碑》中也提到：

然方公任選曹時，若李神木榮、梁阜城愷、范涿州祺諸君，先

後踵武，流芳史乘，雖曰地靈，實則人傑耳。迄今數百年來，吾鎮

登進士者惟國初梁掖呂一人，而鄉榜之舉亦復寥寥。

東四義村的《新增左右龕記》中的「弘治甲子梁公愷」，《澤州周村鎮重

〔註 4〕張養蒙：《明故西塸李公配孺人趙氏合葬墓誌銘》。

修廟祠記》文中「阜城伯」,《明吏部員外郎衛公神道碑》中的「梁阜城愷」,指的是都是弘治甲子科舉人梁愷。

東四義的碑刻時間較晚,周村鎮最早的記錄是明隆慶,距離梁愷的時間很近。但梁姓在東四義確實為大家族,經常參與到當地的廟祠修建中,《鳳臺縣志》中所載的梁悌在東四義也有記載,或許和梁愷為兄弟。有可能是梁愷家族在當時由周村遷家東四義,故此才出現了兩地都將梁愷視作本地人的現象。暫時存疑。

正德八年癸酉科,萬曆《山西通志》載有鍾錫、任道弘、閻鼎、孔瑄、李經、李東、郭拱樞、原應卿八人,《正德八年山西鄉試錄》則為鍾錫、閻鼎、孔瑄、郭拱樞、原應卿五人,李經為正德五年河南鄉試舉人,李東為正德八年陝西鄉試舉人,任道弘鄉試科年存在問題。

萬曆十三年乙酉科,萬曆《山西通志》無竇學孔。《澤州府志》《陽城縣志》均記錄張繼芳為萬曆十三年舉人,《紫陽縣志》記載其萬曆二十八年庚子科舉人。

《重修紫陽縣志》對張繼芳的記載如下:

> 公諱繼芳,號雲盤,山西沁水人,登庚子科鄉進士。〔註5〕

萬曆三十七年己酉科,萬曆《山西通志》僅列4人,無王用士、張鵬雲、王統元3人。

宣德十年乙卯科,萬曆《山西通志》和《澤州府志》中王晏均記載為宣德七年壬子科陝西中式舉人,實為宣德十年乙卯科陝西鄉試舉人。

雍正十年,雍正《山西通志》中標注順天鄉試的梁希孟為澤州人,查《鳳臺縣志》無載,實際為隰州人;該科《山西通志》未載沁水人馬夔龍,但《沁水縣志》有載。

乾隆四十四年己亥恩科,依據現存砥泊城一塊「文魁」匾額落款「乾隆己亥恩科中式第二十六名舉人張力仁立」,張力仁鄉試名次為第二十六名。據國家圖書館所藏的《乾隆己亥恩科各省鄉試齒錄》,張力仁名次為第四十二名。科舉檔案與碑刻文獻對張力仁的鄉試名次記載不同。

舉人劉三香,同治《高平縣志》列其為乾隆己酉科舉人,義莊《重修玉皇廟碑記》標注其為乾隆戊申恩科舉人。

(三)遺漏的舉人

明清兩代鄉試,因鄉試錄存世數量較少,地方志記載難免多有紕漏。特

〔註5〕《重修紫陽縣志》卷六《紫陽邑侯張公遺愛碑記》。

別是清末停止志書的修撰後，部分清末的舉人根本無從查證。

澤州縣冶底村太清宮清光緒十三年《重修碑記》，記載有襄事者：

> 乙酉科舉人董占魁
>
> 邑庠生閻鴻章
>
> 邑庠生董占鼇、董錦舒

查《光緒乙酉科山西鄉試題名錄》，七十二名舉人和十二名副榜名單中並沒有董占魁的名字，董占鼇則是光緒十五年山西武鄉試第五十一名。

此外還有各地方志中還有不少標注為澤州籍的舉人，本地方志均無記載。如萬曆《彰德府續志》中的王重儒，字洛泉，「高平人，復調南皮知縣」，應該是入籍錦衣衛而遷徙出去的高平人；《任縣志》記載「盧愷，山西澤州舉人，正德間任」知縣；乾隆《沂州府志》記載任義「郯城知縣，山西沁水舉人」；《汝陽縣志》記載門永棋，「山西陽城人，舉人，正德九年任」知縣；《盧龍知縣》記載知縣楊保慶為「山西澤州舉人」；同治《重修山陽縣志》記載王宗顯「澤州人，舉人」；光緒《直隸絳州志》記載絳州學正王家雋，「澤州舉人，崇禎間任」；光緒《荊州府志》記載通判張邦柱，「澤州舉人」；順治《汝陽縣志》記載知縣王道，「山西澤州人，舉人，隆慶五年任」；民國《涿縣志》記載郭孔完，「澤州舉人」；《上蔡縣志》記載教諭楊緝，「澤州人，舉人」。

這其中也有部分為刊印錯誤，混淆山西澤州與山西絳州，如光緒《開州志》記載知州梁鍾傑，「字斗南，山西澤州人，舉人，乾隆五十二年知州事」。梁鍾傑實為山西絳州人。上文所述均因存世資料不多，無法查證。

二、舉人群體的考訂

部分舉人，可以通過地方志傳記、墓誌、碑刻等資料進行比較嚴謹的信息收納和考證。

弘治五年壬子科李訥，《澤州府志》載其為「弘治元年貢，順天中式」，據孟霦所撰李訥之女墓誌：

> 孺人李氏，予之異姓姑也，為吾州堰頭巨族，家累數十萬金，
>
> 父諱訥，以太學生登北畿，壬子鄉舉，授河南泌陽知縣，升四川敘
>
> 州府通判，為吾州聞人。〔註6〕

查壬子科順天鄉試錄無，壬子科山西鄉試錄有其名，可以判斷《澤州府

〔註6〕孟霦：《明故鍾母李孺人墓誌銘》。

志》所記載的李納就是李訥，但順天中式的記錄存在錯誤。

據清光緒十九年九月十九日《申報》刊登的《電傳癸巳恩科山西鄉試題名全錄》，第一名為王學曾，標注為沁水人，但查《清代朱卷集成》知，王學曾乃文水人。

部分舉人的鄉試名次來源於墓誌銘等文獻，如大箕王允成的鄉試名次來源於張慎言為其所撰的墓誌銘，「萬曆甲午入郡學，為諸生；庚子舉於鄉第十九名，凡四上春官不報」。

馮祁所撰現存澤州縣金村鎮綿來阡的劉滋善墓表，寫明其為「第十六名舉人」。

> 公諱滋善，字淑子，號柱山，余同榜兄弟也，壬子科中式第十
> 六名舉人，其時同登科者七十有三人，而余與焉。〔註7〕

撰寫馮祁為同榜第三十四名舉人，後登進士，是著名的代州馮氏族人。

一些舉人的鄉試信息來源於方志，光緒《續高平縣志》寫明申國英「道光丙午領鄉薦第二」，民國《陵川縣志》記載都桓於「光緒己丑中十二名副榜，甲午中式三十一名舉人」。

還有部分來自清宮檔案等處。如《宮中檔乾隆朝奏摺》記載田玉成為「丙子科鄉試第二十五名舉人」，《清代官員履歷檔案全編》記載衛昌緒為「康熙四十七年戊子科本省第四十八名舉人」。

現存沁水縣竇莊村慈母堂的二門「捷報」匾，「貴宅以詩經登，乾隆辛卯科山西鄉試第十五名舉人竇鋌」，清楚的記錄了竇鋌的舉人名次和所習經目。

考訂舉人的鄉試信息，還可以窺探地方志的編撰情況。如通過比對雍正《山西通志》與清代山西進士的鄉試名次，可知雍正《山西通志》中順治二年到雍正十年間的鄉試名錄是按照正確的鄉試名次排列的，應該是編修過程中參考了順治二年開科到修志時的所有鄉試錄或是鄉試齒錄。

當然也存在錯誤情況，如順治三年中舉的喬楠，雍正《山西通志》位於第30名，但進士履歷明確為第31名，再核對其後的進士馬如龍、岳峻極的鄉試名次，方知《山西通志》本科鄉試的名次自喬楠開始前移了一位，應是當時少抄錄了一人。順治二年乙酉科，則是自孔文明開始後移了一位。

光緒《山西通志》的舉人名錄則相當錯亂，通過比對清末幾科現存的鄉試錄，可知該版通志不僅名次錯亂，而且遺漏多人。

〔註7〕馮祁：《皇清誥授奉政大夫候選府同知議敘加二級紀錄二次淑子劉公墓表》。

第二節　澤州舉人總數與科年分布

　　明清澤州舉人的總數尚未有系統統計，理清澤州進士在各科年以及各縣區的分布情況，同時進行縣區間的橫向比較和科年間的解額占比與進士登科率，可以更深入的瞭解舉人群體與進士群體的轉化率，認清澤州舉人群體在省域範圍內的重要度。

一、明清澤州舉人群體總數

　　據現存資料可考，明清兩代澤州共產生 1050 名舉人，除去已登科進士的舉人後，淨舉人數量為 765 名。其中本州共產生 356 名舉人，淨舉人數量為 272 名，進士轉化率為 23.6%；高平共產生 216 名舉人，淨舉人數量為 164名，進士轉化率為 24.1%；陽城共產生 265 名舉人，淨舉人數量為 178 名，進士轉化率為 32.8%；陵川共產生 69 名舉人，淨舉人數量為 53 名，進士轉化率為 23.2%；沁水共產生 144 名舉人，淨舉人數量為 98 名，進士轉化率為 31.9%。

　　根據上面圖 3-1、3-2，明代山西鄉試澤州舉人在各個科年的數量趨勢呈現比較有規律的高低變化，宣德朝晚期、天順朝晚期、弘治朝早期、正德朝晚期、嘉靖朝晚期、萬曆朝晚期形成 6 個比較明顯的低谷，洪武朝初期、永樂朝晚期、景泰朝晚期、成化朝中期、正德朝初期、嘉靖朝中期、萬曆朝中期、崇禎朝晚期形成 8 個比較明顯的峰頂。中舉人數最多的為永樂十八年庚子科 18 人，較多的為崇禎十五年壬午科 15 人、嘉靖二十五年 13 人、永樂十五年丁酉科 13 人、成化十三年丁酉科 12 人、洪武十七年甲子科 11 人，整個明朝有 14 科山西鄉試的澤州舉人在 10 人以上。

　　清代山西鄉試澤州舉人在各個科年的數量趨勢呈現早期鼎盛、中晚期高低起伏的變化，清朝早期的順治朝形成絕對的高峰期，康熙朝早期、雍正朝早期、乾隆朝早期、乾隆朝晚期、道光朝早期、咸豐朝晚期為低谷期，康熙朝中期、雍正朝早期、乾隆朝中期、嘉慶朝晚期、光緒朝晚期為較高峰區。中舉人數最多的為順治二年乙酉科 24 人，較多的為順治八年辛卯科 19 人、順治三年丙戌科 15 人，整個清朝則僅有 4 科山西鄉試的澤州舉人在 10 人以上。

表 3-1　明代山西鄉試澤州舉人統計

科　年	澤　州	高　平	陽　城	陵　川	沁　水	合　計
洪武三年庚戌科	1			1	2	4
洪武五年壬子科	1			3		4
洪武十七年甲子科		1	3	4	3	11
洪武二十年丁卯科	1	1			2	4
洪武二十三年庚午科		1			2	3
洪武二十六年癸酉科		1	2		2	5
洪武二十九年丙子科	4	1	2	1	1	9
建文元年己卯科	3		1	3		7
永樂元年壬午科		1	1		1	3
永樂三年乙酉科	3			3		6
永樂六年戊子科	2		1	2		5
永樂九年辛卯科	2		1			3
永樂十二年甲午科	1	1	5		2	9
永樂十五年丁酉科	4	3	3	1	2	13
永樂十八年庚子科	8	1	3	2	2	16
永樂二十一年癸卯科	3	2				5
宣德元年丙午科	1				1	2
宣德七年壬子科		1				1
宣德十年乙卯科		1				1
正統三年戊午科		1			1	2
正統六年辛酉科	2		2	1		5
正統九年甲子科		1	1	1		3
正統十二年丁卯科	3	2	1		1	7
景泰元年庚午科	1	1	1	1	1	5
景泰四年癸酉科	4	2	1	1	1	9
景泰七年丙子科	1	3	3			7
天順三年己卯科	1		1	1		3
天順六年壬午科	3	2	1			6
成化元年乙酉科	1			1	1	3
成化四年戊子科	2	1	3			6

成化七年辛卯科	1		5		2	8
成化十年甲午科	1	1	3		1	6
成化十三年丁酉科	3	3	3	1	2	12
成化十六年庚子科	1	4			2	7
成化十九年癸卯科		4	2			6
成化二十二年丙午科	1		3			4
弘治二年己酉科	2	4			1	7
弘治五年壬子科	3					3
弘治八年乙卯科	2	1				3
弘治十一年戊午科	3	2	3		2	10
弘治十四年辛酉科	4	2	1		1	8
弘治十七年甲子科	2			1	1	4
正德二年丁卯科	5					5
正德五年庚午科	4	2	1		2	10
正德八年癸酉科	3	1	1			5
正德十一年丙子科	3					3
正德十四年己卯科		1	1			2
嘉靖元年壬午科	4		1			5
嘉靖四年乙酉科	5		1	1		7
嘉靖七年戊子科	1	2				3
嘉靖十年辛卯科	3	3	1			7
嘉靖十三年甲午科	3	1	1			5
嘉靖十六年丁酉科	6	4	1			11
嘉靖十九年庚子科	4	1	1	1	1	8
嘉靖二十二年癸卯科	6	1	2	1		10
嘉靖二十五年丙午科	4	3	4	1	1	13
嘉靖二十八年己酉科	2	2	1		2	7
嘉靖三十一年壬子科	1	1	2			4
嘉靖三十四年乙卯科			1	1	3	5
嘉靖三十七年戊午科		1	2			3
嘉靖四十年辛酉科	1	2			1	4
嘉靖四十三年甲子科	3	2				5
隆慶元年丁卯科	1	1	1		1	4

隆慶四年庚午科	3		1		2	6
萬曆元年癸酉科	4	1	2			7
萬曆四年丙子科	3					3
萬曆七年己卯科	1	2	1		1	5
萬曆十年壬午科	2	4	2			8
萬曆十三年乙酉科	3	1	2		4	10
萬曆十六年戊子科	1	3			2	6
萬曆十九年辛卯科	3		3		4	10
萬曆二十二年甲午科	2		1			3
萬曆二十五年丁酉科	1	1	5		1	8
萬曆二十八年庚子科	4	1	1		2	8
萬曆三十一年癸卯科			1	1	3	5
萬曆三十四年丙午科		1	2		1	4
萬曆三十七年己酉科	3	1	2	1		7
萬曆四十年壬子科	2	1	2	1	1	7
萬曆四十三年乙卯科	2	1	1		1	5
萬曆四十六年戊午科	3	2	4			9
天啟元年辛酉科	3	1	2			6
天啟四年甲子科			4		1	5
天啟七年丁卯科	1	1	3		4	9
崇禎三年庚午科	5	2	1		1	9
崇禎六年癸酉科	2	2			1	5
崇禎九年丙子科	2	1	3		4	10
崇禎十二年己卯科	3	3	2		3	11
崇禎十五年壬午科	2	4	7		2	15
總計	189	110	130	37	86	552

　　澤州各縣區在明清兩代的舉人分布情況也存在巨大差異。以明代 552 名山西鄉試出身的澤州舉人為例，其中本州有 189 名舉人，除去已登科進士的舉人數量，淨舉人數量為 148 人；高平有 110 名舉人，淨舉人數量為 88 人；陽城有 130 名舉人，淨舉人數量為 88 人；陵川有 37 名舉人，淨舉人數量為31 人；沁水有 86 名舉人，淨舉人數量為 67 人。通過與以鄉貫澤州的進士數進行統計，明代澤州舉人的整體進士轉化率為 23.6%，其中進士轉化率最高

的為陽城的 32.3%，沁水的 22.1%，本州的 21.6%，高平的 20%，最低的為陵
川的 16.2%。

表 3-2　明代他省鄉試澤州籍舉人統計

科　年	澤州	高平	陽城	陵川	沁水	合計
洪武二十六年癸酉科	1					1
洪武二十九年丙子科			1			1
宣德十年乙卯科		1				1
正統九年甲子科	1					1
成化元年乙酉科	1					1
成化七年辛卯科		1				1
成化十年甲午科				1		1
成化十三年丁酉科	1					1
成化十九年癸卯科	1					1
弘治十四年辛酉科	1					1
正德五年庚午科	1					1
正德八年癸酉科	1	1				2
嘉靖元年壬午科	2					2
嘉靖四年乙酉科			1			1
嘉靖十九年庚子科				1		1
嘉靖二十二年癸卯科	1					1
嘉靖二十八年己酉科	1					1
嘉靖三十一年壬子科					1	1
嘉靖三十四年乙卯科				1		1
嘉靖四十三年甲子科			1			1
隆慶元年丁卯科		1				1
隆慶四年庚午科				1		1
萬曆二十五年丁酉科	1					1
天啟七年丁卯科	1					1
總計	14	4	3	4	1	26

　　據不完全統計，明代還有 26 名非山西鄉試出身的舉人，其中本州有 14
人，高平 4 人，陽城 3 人，陵川 4 人，沁水 1 人。其中有並未脫籍澤州的楊

砥、武韜寄籍應天鄉試，也有遷入宣慰司、衛所等處役籍而於所在省份鄉試的舉人，在此一併計入澤州舉人群體，由此明代澤州計出 578 名舉人，其中本州 203 名舉人，高平 114 名舉人，陽城 133 名舉人，陵川 41 名舉人，沁水 87 名舉人。

表 3-3　清代山西鄉試澤州舉人統計

科　年	澤州	高平	陽城	陵川	沁水	合計
順治二年乙酉科	5	4	9	2	4	24
順治三年丙戌科	6	3	2	1	3	15
順治五年戊子科	2		3		1	6
順治八年辛卯科	6	1	8		4	19
順治十一年甲午科	2	1	2		1	6
順治十四年丁酉科	8		3		2	13
順治十七年庚子科	1	2	1			4
康熙二年癸卯科	1	2	1			4
康熙五年丙午科	2	1				3
康熙八年己酉科	1	2	1			4
康熙十一年壬子科	1	2	1			4
康熙十四年乙卯科		1				1
康熙十六年丁巳科		2			1	3
康熙十七年戊午科	2		2			4
康熙二十年辛酉科			2			2
康熙二十三年甲子科	3		2	1	1	7
康熙二十六年丁卯科		1	3	1	3	8
康熙二十九年庚午科	1	2	1		1	5
康熙三十二年癸酉科			1			1
康熙三十五年丙子科	4	1			2	7
康熙三十八年己卯科		1	1		1	3
康熙四十一年壬午科			1			1
康熙四十四年乙酉科	2	2	2	1		7
康熙四十七年戊子科	1	1	3			5
康熙五十年辛卯科	2	1		1		4

康熙五十二年癸巳恩科	1		1			2
康熙五十三年甲午科	1	2	1			4
康熙五十六年丁酉科	1		1	1		3
康熙五十九年庚子科	1	1	1			3
雍正元年癸卯恩科		2	1			3
雍正二年甲辰科	1		2		1	4
雍正四年丙午科	4	2	1			7
雍正七年己酉科	2	1	2			5
雍正十年壬子科	4	1				5
雍正十三年乙卯科	1	1				2
乾隆元年丙辰恩科	1		1			2
乾隆三年戊午科		1	1			2
乾隆六年辛酉科	1		2			3
乾隆九年甲子科	4	1	1			6
乾隆十二年丁卯科	1	1				2
乾隆十五年庚午科	1					1
乾隆十七年壬申恩科	2	1				3
乾隆十八年癸酉科	1		1	1		3
乾隆二十一年丙子科	1	2	1			4
乾隆二十四年己卯科			1	1		2
乾隆二十五年庚辰恩科			2	1	1	4
乾隆二十七年壬午科	2		1		1	4
乾隆三十年乙酉科	1					1
乾隆三十三戊子科	1	1	5			7
乾隆三十五年庚寅恩科	2				1	3
乾隆三十六辛卯科	6		1		1	8
乾隆三十九年甲午科	1		3			4
乾隆四十二年丁酉科	2					2
乾隆四十四年己亥恩科	1	1	1			3
乾隆四十八年癸卯科	2					2
乾隆五十一年丙午科						0
乾隆五十三年戊申恩科	2	1			2	5
乾隆五十四年己酉科			3			3

乾隆五十七年壬子科	2	1	2			5
乾隆五十九年甲寅恩科	1					1
乾隆六十年乙卯恩科	1	1			1	3
嘉慶三年戊午科				1	2	3
嘉慶五年庚申恩科				1		1
嘉慶六年辛酉科	3	2			1	6
嘉慶九年甲子科	2		1			3
嘉慶十二年丁卯科		2	4		1	7
嘉慶十三年戊辰恩科	1	1	3	1		6
嘉慶十五年庚午科			1		1	2
嘉慶十八年癸酉科	1	2	1			4
嘉慶二十一年丙子科	2	3				5
嘉慶二十三年戊寅恩科	1	2	4	1		8
嘉慶二十四年己卯科	3	3	1	1		8
道光元年辛巳恩科	3		3	2		8
道光二年壬午科	2	3	2			7
道光五年乙酉科	1		2			3
道光八年戊子科	3	1	2			6
道光十一年辛卯恩科	1		1			2
道光十二年壬辰恩科		2				2
道光十四年甲午科		1	1	1		3
道光十五年乙未恩科	1		2			3
道光十七年丁酉科	1	2	2		1	6
道光十九年己亥科			1		2	3
道光二十年庚子恩科	1				1	2
道光二十三年癸卯科	1	1				2
道光二十四年甲辰恩科	2	1	1			4
道光二十六年丙午科	2	1			1	4
道光二十九年己酉科	1	1	1			3
咸豐元年辛亥恩科	2	2				4
咸豐二年壬子科		2	1	1	1	5
咸豐五年乙卯科		2	2	1	1	6
咸豐八年戊午科	1			1		2

咸豐九年己未恩科		1				1
咸豐十一年辛酉科	2	1				3
同治元年壬戌恩科	1				1	2
同治三年甲子科		1	2	2		5
同治六年丁卯科	1	1				2
同治九年庚午科	1	2	1		1	5
同治十二年癸酉科	2					2
光緒元年乙亥恩科		2		1		3
光緒二年丙子科	1		1			2
光緒五年己卯科		1	1		1	3
光緒八年壬午科		1				1
光緒十一年乙酉科			1			1
光緒十四年戊子科	1					1
光緒十五年己丑恩科			1	1	1	3
光緒十七年辛卯科					2	2
光緒十九年癸巳恩科	2					2
光緒二十年甲午科		1		1		2
光緒二十九年癸卯恩科					1	1
總計	148	96	128	27	51	450

　　以清代 450 名山西鄉試出身的澤州舉人為例，其中本州有 148 名舉人，
除去已登科進士的舉人數量，淨舉人數量為 113 人；高平有 96 名舉人，淨舉
人數量為 72 人；陽城有 128 名舉人，淨舉人數量為 84 人；陵川有 27 名舉
人，淨舉人數量為 20 人；沁水有 51 名舉人，淨舉人數量為 23 人。通過與以
鄉貫澤州的進士數進行統計，清代澤州舉人的整體進士轉化率為 29.6%，其
中進士轉化率最高的為沁水的 45.1%，陽城的 34.4%，陵川的 25.9%，高平的
25%，最低的為本州（鳳臺縣）的 23.6%。

表 3-4　清代他省鄉試澤州籍舉人統計

科　年	澤州	高平	陽城	陵川	沁水	合計
順治二年乙酉科	1	1	1			3
順治五年戊子科		1				1
康熙二十三年甲子科			1			1

康熙二十九年庚午科	1				1
康熙五十年辛卯科		1			1
雍正元年癸卯恩科	1				1
雍正四年丙午科				1	1
雍正十年壬子科				2	2
乾隆二十五年庚辰恩科	1				1
乾隆三十三戊子科			1		1
乾隆三十五年庚寅恩科	1				1
乾隆五十一年丙午科		1			1
嘉慶五年庚申恩科		1			1
道光二年壬午科				1	1
道光十一年辛卯恩科		1			1
道光二十三年癸卯科				1	1
道光二十四年甲辰恩科			1		1
咸豐元年辛亥恩科		1			1
咸豐五年乙卯科				1	1
總計	5	6	4	1	6	22

　　據不完全統計，清代還有 22 名非山西鄉試出身的舉人，其中本州有 5人，高平 6 人，陽城 4 人，陵川 1 人，沁水 6 人。多數為寄籍順天進行鄉試的情況，在此一併計入澤州舉人群體，由此清代澤州計出 472 名舉人，其中本州 153 名舉人，高平 102 名舉人，陽城 132 名舉人，陵川 28 名舉人，沁水57 名舉人。

　　明代與清代相比，明代舉人總數量高於清代，舉人的科年分布較為均勻，單科中舉人數 10 人以上的顯著多餘清代，平均進士轉化率低於清代，他省鄉試的澤州籍舉人多入籍他處；清代舉人總數雖少，但出現了單科 24 人中舉的高峰，平均進士轉化率顯著提升，他省鄉試的澤州籍舉人絕大多數為並未脫籍而寄籍順天進行的鄉試。

　　縣區之間相比，本州舉人總數最多，寄籍他省鄉試的舉人也最多，明清兩代的進士轉化率變化不大；陽城在明代進士轉化率最高，清代單科有 10 人中舉；高平較為中庸；陵川舉人總數最少，清代舉人數比明代有較大幅度減少，科年斷層較多；沁水清代舉人數量少於明代 30 人，但進士轉化率大幅提升至澤州第一。

二、鄉試解額與科年進士率

　　明洪武三年，山西等 11 省首開鄉試，雖規定了各省的鄉試錄取人數，但又規定「不拘數額，從實充貢」，實際上從洪武三年庚戌科直到永樂二十一年癸卯科這十七科考試是並未設定鄉試錄取額數的。又因此間各科山西鄉試錄並未存世或尚未發現，故未能確定準確錄取人數。

　　表 3-5 中的山西解額數據是結合明代官書記載和存世各科鄉試錄參照而來的，部分科年額數可能與實際不相符。明代前期，山西解額數據不甚明瞭，但逐步增加額數，如正統五年增額 10 人，山西鄉試解額為 40 人。直到景泰四年，山西解額增至 65 人，自此基本按照此定額進行錄取。其後偶有變動，如正德五年這一科增加錄取人數為 90 人，復又恢復為 65 人；萬曆四十三年之後又增額 5 名為 70 人的錄取數。

表 3-5　明代澤州舉人的山西鄉試解額占比和進士登科占比

科　年	公元	山西解額	澤州人數	澤州占比	進士人數	進士占比
宣德元年丙午科	1426	30	2	6.67%	0	0.00%
宣德七年壬子科	1432	30	1	3.33%	0	0.00%
正統六年辛酉科	1441	40	5	12.50%	1	20.00%
景泰四年癸酉科	1453	100	9	9.00%	2	22.22%
景泰七年丙子科	1456	65	7	10.77%	0	0.00%
天順三年己卯科	1459	65	3	4.62%	0	0.00%
天順六年壬午科	1462	65	6	9.23%	3	50.00%
成化元年乙酉科	1465	65	3	4.62%	1	33.33%
成化四年戊子科	1468	65	6	9.23%	0	0.00%
成化七年辛卯科	1471	65	8	12.31%	1	12.50%
成化十年甲午科	1474	65	6	9.23%	2	33.33%
成化十三年丁酉科	1477	65	12	18.46%	0	0.00%
成化十六年庚子科	1480	65	7	10.77%	1	14.29%
成化十九年癸卯科	1483	65	6	9.23%	0	0.00%
成化二十二年丙午科	1486	65	4	6.15%	0	0.00%
弘治二年己酉科	1489	65	7	10.77%	3	42.86%
弘治五年壬子科	1492	65	3	4.62%	0	0.00%
弘治八年乙卯科	1495	65	3	4.62%	0	0.00%

弘治十一年戊午科	1498	65	10	15.38%	0	0.00%
弘治十四年辛酉科	1501	65	8	12.31%	0	0.00%
弘治十七年甲子科	1504	65	4	6.15%	0	0.00%
正德二年丁卯科	1507	65	5	7.69%	2	40.00%
正德五年庚午科	1510	90	10	11.11%	3	30.00%
正德八年癸酉科	1513	65	5	7.69%	1	20.00%
正德十一年丙子科	1516	65	3	4.62%	1	33.33%
正德十四年己卯科	1519	65	2	3.08%	2	100.00%
嘉靖元年壬午科	1522	65	5	7.69%	1	20.00%
嘉靖四年乙酉科	1525	65	7	10.77%	4	57.14%
嘉靖七年戊子科	1528	65	3	4.62%	1	33.33%
嘉靖十年辛卯科	1531	65	7	10.77%	2	28.57%
嘉靖十三年甲午科	1534	65	5	7.69%	3	60.00%
嘉靖十六年丁酉科	1537	65	11	16.92%	4	36.36%
嘉靖十九年庚子科	1540	65	8	12.31%	1	12.50%
嘉靖二十二年癸卯科	1543	65	10	15.38%	3	30.00%
嘉靖二十五年丙午科	1546	65	13	20.00%	3	23.08%
嘉靖二十八年己酉科	1549	65	7	10.77%	2	28.57%
嘉靖三十一年壬子科	1552	65	4	6.15%	1	25.00%
嘉靖三十四年乙卯科	1555	65	5	7.69%	1	20.00%
嘉靖三十七年戊午科	1558	65	3	4.62%	3	100.00%
嘉靖四十年辛酉科	1561	65	4	6.15%	1	25.00%
嘉靖四十三年甲子科	1564	65	5	7.69%	3	60.00%
隆慶元年丁卯科	1567	65	4	6.15%	2	50.00%
隆慶四年庚午科	1570	65	6	9.23%	2	33.33%
萬曆元年癸酉科	1573	65	7	10.77%	4	57.14%
萬曆四年丙子科	1576	65	3	4.62%	0	0.00%
萬曆七年己卯科	1579	65	5	7.69%	1	20.00%
萬曆十年壬午科	1582	65	8	12.31%	3	37.50%
萬曆十三年乙酉科	1585	65	10	15.38%	2	20.00%
萬曆十六年戊子科	1588	65	6	9.23%	2	33.33%
萬曆十九年辛卯科	1591	65	10	15.38%	4	40.00%

萬曆二十二年甲午科	1594	65	3	4.62%	1	33.33%
萬曆二十五年丁酉科	1597	65	8	12.31%	2	25.00%
萬曆二十八年庚子科	1600	65	8	12.31%	3	37.50%
萬曆三十一年癸卯科	1603	65	5	7.69%	1	20.00%
萬曆三十四年丙午科	1606	65	4	6.15%	1	25.00%
萬曆三十七年己酉科	1609	65	7	10.77%	1	14.29%
萬曆四十年壬子科	1612	65	7	10.77%	2	28.57%
萬曆四十三年乙卯科	1615	70	5	7.14%	1	20.00%
萬曆四十六年戊午科	1618	70	9	12.86%	4	44.44%
天啟元年辛酉科	1621	70	7	10.00%	1	14.29%
天啟四年甲子科	1624	70	5	7.14%	1	20.00%
天啟七年丁卯科	1627	70	9	12.86%	2	22.22%
崇禎三年庚午科	1630	70	9	12.86%	5	55.56%
崇禎六年癸酉科	1633	70	5	7.14%	3	60.00%
崇禎九年丙子科	1636	70	10	14.29%	7	70.00%
崇禎十二年己卯科	1639	70	11	15.71%	4	36.36%
崇禎十五年壬午科	1642	80	15	18.75%	6	40.00%
總計		4380	428	9.8%	121	28.27%

　　有明一代，山西共舉行 89 科鄉試，除宣德四年澤州無人中舉外，其餘 88 科均有澤州士子榮登鄉榜，有 14 科山西鄉試澤州人中舉人數在 10 人以上，以其中解額數明確的 68 科山西鄉試為例，將 428 名澤州舉人與 4380 名山西舉人進行科年的橫向分析，同時進行科年間的縱向對比，可以得知：

　　明代山西鄉試中澤州舉人的平均占比為 9.8%，其中 31 科澤州舉人占比高於平均值。最高為嘉靖二十五年丙午科，澤州共有 13 名舉人，占本科年山西鄉試總數的 20%。其次是崇禎十五年壬午科，澤州有 15 名舉人，占同科年山西鄉試總數的 18.75%。最低為正德十四年己卯科，澤州僅 2 人，占 3.08%。

　　68 科鄉試 428 名澤州舉人中有 121 人考中進士，進士占舉人的平均比為 28.27%，32 科澤州舉人的進士占比超過平均值。最高為正德十四年己卯科、嘉靖三十七年戊午科所出的 5 個舉人都得以登科進士。其次為崇禎九年丙子科的 70%，嘉靖十三年甲午科、嘉靖四十三年甲子科、崇禎六年癸酉科的

60%，嘉靖四年乙酉科、萬曆元年癸酉科的 57.14%。

表 3-6　清代澤州舉人的山西鄉試解額占比和進士登科占比

科　年	山西名額	澤州人數	澤州占比	進士人數	進士占比
順治二年乙酉科	79	24	30.38%	15	62.50%
順治三年丙戌科	79	15	18.99%	6	40.00%
順治五年戊子科	79	6	7.59%	1	16.67%
順治八年辛卯科	89	19	21.35%	4	21.05%
順治十一年甲午科	84	6	7.14%	2	33.33%
順治十四年丁酉科	79	13	16.46%	6	46.15%
順治十七年庚子科	40	4	10.00%	2	50.00%
康熙二年癸卯科	50	4	8.00%	1	25.00%
康熙五年丙午科	40	3	7.50%	2	66.67%
康熙八年己酉科	47	4	8.51%	1	25.00%
康熙十一年壬子科	40	4	10.00%	1	25.00%
康熙十四年乙卯科	40	1	2.50%	1	100.00%
康熙十七年戊午科	47	4	8.51%	1	25.00%
康熙二十年辛酉科	40	2	5.00%	2	100.00%
康熙二十三年甲子科	47	7	14.89%	2	28.57%
康熙二十六年丁卯科	40	8	20.00%	1	12.50%
康熙二十九年庚午科	40	5	12.50%	1	20.00%
康熙三十二年癸酉科	40	1	2.50%	0	0.00%
康熙三十五年丙子科	53	7	13.21%	5	71.43%
康熙三十八年己卯科	43	3	6.98%	2	66.67%
康熙四十一年壬午科	53	1	1.89%	0	0.00%
康熙四十四年乙酉科	63	7	11.11%	2	28.57%
康熙四十七年戊子科	56	5	8.93%	2	40.00%
康熙五十年辛卯科	74	4	5.41%	1	25.00%
康熙五十二年癸巳恩科	67	2	2.99%	0	0.00%
康熙五十三年甲午科	67	4	5.97%	0	0.00%
康熙五十六年丁酉科	63	3	4.76%	0	0.00%
康熙五十九年庚子科	63	3	4.76%	1	33.33%

雍正元年癸卯恩科	83	3	3.61%	0	0.00%
雍正二年甲辰科	63	4	6.35%	1	25.00%
雍正四年丙午科	66	7	10.61%	0	0.00%
雍正七年己酉科	66	5	7.58%	1	20.00%
雍正十年壬子科	73	5	6.85%	0	0.00%
雍正十三年乙卯科	66	2	3.03%	0	0.00%
乾隆九年甲子科	66	6	9.09%	2	33.33%
乾隆二十四年己卯科	60	2	3.33%	0	0.00%
乾隆二十五年庚辰恩科	60	4	6.67%	1	25.00%
乾隆三十五年庚寅恩科	60	3	5.00%	0	0.00%
乾隆四十四年己亥恩科	60	3	5.00%	0	0.00%
乾隆四十八年癸卯科	60	2	3.33%	0	0.00%
乾隆五十七年壬子科	60	5	8.33%	1	20.00%
乾隆五十九年甲寅恩科	60	1	1.67%	0	0.00%
乾隆六十年乙卯恩科	60	3	5.00%	1	33.33%
嘉慶三年戊午科	80	3	3.75%	1	33.33%
嘉慶五年庚申恩科	61	1	1.64%	0	0.00%
嘉慶六年辛酉科	60	6	10.00%	0	0.00%
嘉慶十二年丁卯科	60	7	11.67%	3	42.86%
嘉慶十三年戊辰恩科	60	6	10.00%	2	33.33%
嘉慶十五年庚午科	60	2	3.33%	1	50.00%
嘉慶十八年癸酉科	60	4	6.67%	0	0.00%
嘉慶二十一年丙子科	90	5	5.56%	1	20.00%
嘉慶二十四年己卯科	61	8	13.11%	1	12.50%
道光元年辛巳恩科	81	8	9.88%	3	37.50%
道光二年壬午科	61	7	11.48%	0	0.00%
道光五年乙酉科	62	3	4.84%	2	66.67%
道光八年戊子科	61	6	9.84%	2	33.33%
道光十一年辛卯恩科	62	2	3.23%	0	0.00%
道光十二年壬辰恩科	62	2	3.23%	0	0.00%
道光十四年甲午科	61	3	4.92%	2	66.67%
道光十五年乙未恩科	61	3	4.92%	1	33.33%

道光二十年庚子恩科	61	2	3.28%	0	0.00%
道光二十三年癸卯科	61	2	3.28%	0	0.00%
道光二十四年甲辰恩科	60	4	6.67%	0	0.00%
道光二十六年丙午科	61	4	6.56%	0	0.00%
道光二十九年己酉科	60	3	5.00%	0	0.00%
咸豐元年辛亥恩科	80	4	5.00%	0	0.00%
咸豐二年壬子科	60	5	8.33%	1	20.00%
咸豐五年乙卯科	80	6	7.50%	0	0.00%
咸豐八年戊午科	65	2	3.08%	0	0.00%
咸豐九年己未恩科	65	1	1.54%	0	0.00%
咸豐十一年辛酉科	67	3	4.48%	0	0.00%
同治元年壬戌恩科	89	2	2.25%	0	0.00%
同治三年甲子科	71	5	7.04%	1	20.00%
同治六年丁卯科	71	2	2.82%	0	0.00%
同治九年庚午科	71	5	7.04%	1	20.00%
光緒元年乙亥恩科	92	3	3.26%	0	0.00%
光緒二年丙子科	72	2	2.78%	0	0.00%
光緒五年己卯科	72	3	4.17%	1	33.33%
光緒八年壬午科	71	1	1.41%	0	0.00%
光緒十一年乙酉科	72	1	1.39%	0	0.00%
光緒十四年戊子科	72	1	1.39%	0	0.00%
光緒十五年己丑恩科	92	3	3.26%	1	33.33%
光緒十七年辛卯科	72	2	2.78%	0	0.00%
光緒十九年癸巳恩科	72	2	2.78%	0	0.00%
光緒二十年甲午科	91	2	2.20%	0	0.00%
光緒二十九年癸卯恩科	70	1	1.43%	1	100.00%
總計	5538	371	6.70%	111	29.92%

　　清代山西共舉行 112 次鄉試，其中 109 場澤州均有舉人中舉。表 3-6 為
86 科解額明確的山西鄉試，將 371 名澤州舉人與 5538 名山西舉人進行科年
的橫向分析和科年間的對比，可知：

　　清代山西鄉試解額較於明代有提高，實取舉人數也遠高於明代。清代澤
州舉人的平均占比為 6.7%，其中 35 科澤州舉人占比高於平均值。最高為順

治二年乙酉科，澤州共有 24 名舉人，占本科年山西鄉試總數的 30.38%。其次為順治八年辛卯科，澤州有 19 名舉人，占 21.35%。最低為光緒十一年乙酉科、光緒十四年戊子科，澤州都是僅 2 人，占 1.39%。

　　86 科鄉試 371 名澤州舉人中有 111 人考中進士，進士佔據人的平均比為 29.92%，26 科澤州舉人的進士占比超過平均值。最高為康熙十四年乙卯科、康熙二十年辛酉科、光緒二十九年癸卯恩科，均為 100%。其次為康熙三十五年丙子科的 71.43%；康熙五年丙午科、康熙三十八年己卯科、道光五年乙酉科、道光四十年甲午科均是 66.67%。

　　明代與清代相比，清代山西鄉試解額小幅度提高，所取舉人數量要高於明代。但清代澤州的進士總量相比明代有所下降，且平均占比低於明代 3 個多百分點，進士平均占比和明代相差不大，且有順治二年鄉試、順治三年會試的盛況，但大多數科年都遠不及明代。

三、明清澤州武鄉試舉人

　　明代武鄉試成定式較晚，清代始於順治二年，定「子、卯、午、酉」[註8] 年的十月份舉行。目前，國內外學界對明清武科考試的關注度極低，一是武科考試文獻存世不足，二是武科向有「低人一等」的傳統。根據澤州各類方志的記載，以及以中國第一歷史檔案館所存的清代山西武鄉試錄為主要依據，有限資料下的不完全統計，明清兩代澤州有 172 名武舉人，明代 9 人，清代 163 人，除去已登科武進士後，淨武舉人數為 144 人，明代 3 人，清代 141 人。其中本州 102 人，淨武舉人數為 84 人；高平 36 人，淨武舉人數為 31 人；陽城 21 人，淨武舉人數為 18 人；陵川 8 人，淨武舉人數為 7 人；沁水 5 人，淨武舉人數為 4 人。

表 3-7　明清澤州武舉人統計表

	澤　州	高　平	陽　城	陵　川	沁　水	合　計
明代	4	5	－	－	－	9
清代	98	31	21	8	5	163
總計	102	36	21	8	5	172

　　據《武場條例》，清代前期山西武鄉試解額為 40 人，後期增額為 54 人。

〔註 8〕《大清會典則例》卷一百二十二《兵部·武科》。

　　　　　山西武鄉試原額四十名，又加定額十名。咸豐七年捐輸加三名，咸

豐八年捐輸加二名，咸豐十一年捐輸加二名，同治元年捐輸加一名，同治三年捐

輸加二名。又駐防原額四名共五十四名。〔註9〕

　　以清代山西 14 科武鄉試為例，31 名澤州武舉人占山西 724 名武舉人的
科年平均值 4.28%，進士平均占比為 6.5%。乾隆二十一年，山西武鄉試共 1639
人參加，解額為 40 人，澤州僅中 1 人。道光二十九年，1037 人參加，解額為
44 人，澤州中 2 人。武鄉試的考取難度並不比文鄉試低。

表 3-8　清代澤州武舉人山西鄉試解額占比和進士登科占比

科　年	山西名額	澤州人數	澤州占比	進士人數	進士占比
康熙二十三年甲子科	110	4	3.64%	0	0%
康熙二十六年丁卯科	40	7	17.50%	1	14.3%
康熙三十八年己卯科	40	2	5.00%	0	0%
康熙四十七年戊子科	40	3	7.50%	0	0%
乾隆六年辛酉科	40	1	2.50%	0	0%
乾隆十二年丁卯科	40	1	2.50%	1	100%
乾隆二十一年丙子科	40	1	2.50%	0	0%
乾隆二十七年壬午科	40	1	2.50%	0	0%
道光二十九年己酉科	44	2	4.55%	0	0%
光緒八年壬午科	54	3	5.56%	0	0%
光緒十五年己丑科	74	3	4.05%	0	0%
光緒十七年辛卯科	54	1	1.85%	0	0%
光緒十九年癸巳恩科	54	1	1.85%	0	0%
光緒二十年甲午科	54	1	1.85%	0	0%
總計	724	31	4.28%	2	6.5%

　　澤州本州（鳳臺縣）在武鄉試中成績比較突出，高平其次。推測其原
因：一是本州設有衛所，清代裁撤後遺留的大量軍戶通過武科考試尋求出
路；二是澤州素有武學傳統，南部山區為晉豫交界處，設有天井關、橫望隘
等軍堡，陳家溝太極拳創始人就是從這塊區域走出去的；三是有較好的武學
傳承。

_____

〔註 9〕光緒《武場條例》卷九《武鄉試二》。

陽城王瑤臺給高平舉人張大武所撰墓誌，稱其：

> 嘗應試至京師，獲識八旗諸貴人，多與固山口勒遊，據地酒歌，請求其射法，自是歸里，學益大進。而弟子著錄且日眾。始，公負大志，思有所建樹，至寒暑肄業不少怠迫。兩親早歿不及見，遂括而止，日以技擊教弟子。才而貧者，則糗糧扉屨之需，一出於公。其受公學者，益無不感公德也。〔註10〕

《國朝山右詩存》謂張大武傳記「以弓馬授徒於家，歲率成就數人，鳳、高兩庠以材武名者，多出其門」，其所居的永寧寨為高平、澤州交界處，因地利其近，張大武之女許聘給上城公尹雍鼎為妻，尹雍鼎長子尹元弼正是師從張大武，得中武舉人。

四、明清澤州鄉試解元

解元即鄉試第一名，明代張宏道、張凝道所著《明三元考》，清代法式善所撰《清秘述聞》《清秘述聞續》《清秘述聞再續》三種，比較全面的記錄了明清兩代的鄉試解元，結合地方志記錄，整理得知明代澤州有 11 人為解元，清代有 5 人為解元。

表 3-9　明清澤州鄉試解元名錄

序號	姓　名	時代	鄉試年	鄉貫		官　至
1	侯璲	明代	永樂二十一年癸卯科	澤州	登進士	
2	郭文		正統十二年丁卯科	高平		監察御史
3	王佐〔註11〕		成化十三年丁酉科	高平		
4	李瀚		成化十六年庚子科	沁水	登進士	
5	常賜		弘治二年己酉科	沁水	登進士	
6	楊謨		嘉靖元年壬午科	澤州	登進士	
7	李芝		嘉靖二十二年癸卯科	澤州		紹興通判
8	王忠顯		萬曆四年丙子科	澤州		平涼知府
9	白所知		萬曆十年壬午科	陽城	登進士	

〔註10〕許永忠所藏《皇清例授武略騎尉壬申恩科武舉兵部揀選營千總威遠張公暨元配任安人繼配姚安人琚安人合葬墓誌銘》。

〔註11〕編者按：《明三元考》，成化十三年丁酉科山西部分缺。萬曆《澤州志》中記王佐為「高平人，解元」。

10	李異品		崇禎三年庚午科	沁水		濟南同知
11	畢振姬		崇禎十五年壬午科	高平	登進士	
12	樊初荀	清代	雍正二年甲辰科	沁水	登進士	
13	張權		乾隆六年辛酉科	陽城		寧武教諭
14	王士恒		嘉慶二十四年己卯科	澤州	登進士	
15	張士達		咸豐元年辛亥科	澤州		
16	都賦三		同治三年甲子科	陵川		

表 3-10　明清澤州武鄉試解元名錄

序　號	姓　名	鄉試年	鄉貫		官　至
1	孫紹武	康熙八年己酉科	陽城		
2	陳王輔	康熙二十六年丁卯科	澤州	登武進士	參將
3	李芃	康熙三十八年己卯科	澤州		
4	孔興鈞	康熙四十四年乙酉科	澤州	舉賢良方正	

第三節　恩賜舉人和學堂舉人

　　清朝除正途鄉試舉人外，還有以「恩功」欽賜的舉人，以「年老」恩賜的舉人，廢科舉後的「學堂」舉人，這三種非正途舉人也是構成清代舉人群體的重要組成部分，對瞭解清代人才選拔制度有著重要意義。

一、恩賜舉人

　　清朝除通過應試鄉考而博取舉人身份的途徑外，一些擁有特殊身份的人也能通過特殊方式獲取舉人身份。這種特殊方式主要為欽賜舉人和恩賞舉人，欽賜舉人主要針對大臣子弟、鹽商子弟、捐納貢生等群體，恩賞舉人則是針對年老落第群體。

　　清朝一代，澤州非正途出身的舉人有王鏐、王夢熊、田玉麟、馬延年、曹廷選五人，其中澤州人王鏐、陽城人田玉麟為欽賜舉人出身，澤州人王夢熊、陵川人馬延年、陽城人曹廷選為恩賞舉人。

（一）欽賜舉人

　　澤州人王鏐、陽城人田玉麟兩人為欽賜舉人出身。《郎乾紀聞二筆》卷九中的《雍正朝加恩士子之曠典》就記述了雍正朝欽賜舉人的現象：

雍正庚戌科會試，特命廣額四百名。又會試之前，奉諭：凡雍正七年大臣子弟鄉試失舉者，採中十二名。又雍正壬子科各省鄉試，奉旨；每額十名加中一名，有零者亦加一名。蓋名場曠世之恩也。

雍正七年，大學士蔣廷錫子蔣溥、戶部右侍郎王廷揚子王鏐等十三人被欽賜舉人頭銜。

王鏐，字涵紫，澤州楸木窪人，王廷揚子。雍正七年己酉科欽賜舉人。官至刑部山東司員外郎。其父王廷揚為歲貢生，捐納由例歷官戶部主事、員外郎、郎中、左僉都御史、太僕寺少卿、戶部右侍郎、工部左侍郎等。

大臣子弟的欽賜舉人身份也並不能輕而易舉獲得，大學士田從典之孫、吏部侍郎田懋之子田玉麟的欽賜舉人身份就得之不易。

據《清聖訓》乾隆五十一年丙午三月庚戌上諭：

朕巡幸五臺途次，有原任雲南巡撫裴宗錫之子候選主事：裴正文，及原任吏部侍郎田懋之子監生田玉麟，前來迎駕。裴宗錫前在巡撫任內，於地方事務，尚能實心經理，伊子裴正文現係候選主事，念其得缺為期尚達著加恩交部，遇缺即行補用。至田玉麟之祖田從典，曾任大學士，服官有年，奉職亦稱勤慎，但其父田懋人本平庸，氣質又復乖張，在侍郎任內，曾經獲咎，伊子田玉麟自當聽其自勉進身之階，不應邀恩特用。朕於舊臣子孫，酌量施恩，務期公當，惟視其祖父生前功過，以為去取，從不豫存成見也。

乾隆帝對田玉麟祖父田從典是認可的，但對其父田懋評價則不高，嫌其才能平庸且性格乖張，任期又曾獲罪，希望田玉麟能夠自勉努力考取功名，而不是憑藉祖輩功勞邀恩特用。直至嘉慶朝，才獲得欽賜舉人身份，但具體年份存在問題。《靈丘縣志》記載其「田玉麟，欽賜舉人，嘉慶十九年任」靈丘訓導，同治《陽城縣志》則記載其為嘉慶二十五年庚辰科欽賜舉人，該年並無鄉試，但也未查詢到其他佐證，容後稽考。

（二）恩賞舉人

清朝自乾隆三十五年起，施行鄉試恩賞制度，年老落第諸生可恩賞副榜或舉人銜，至光緒二十四年止，共計恩賞 39 科 3400 餘人。其中山西鄉試恩賞 23 科，恩賞舉人數 124 人。

澤州有王夢熊、馬延年、曹廷選三人曾被恩賞舉人。

　　澤州人王夢熊在《鳳臺縣續志》有載，但也僅僅列名科舉，再無其他信息。《清實錄》詳細記載了王夢熊鄉試科年的恩賞情況：

　　　　乾隆五十四年，十二月丙辰諭：本年鄉試諸生，年屆八十、七十以上未經中式者，除順天業經降旨分別加恩外，茲據各省陸續奏到，諸生中年躋耄耋，踴躍觀光，共百有餘人，雖未經中式，而三場均能完竣，洵為士林盛事。……山西省七十以上之宋守祀、蕭鳴山、薄文龍、王夢熊、劉煥、王克惠、杜霜、高曰敬、郝兆珠、周汝第、郭延山、萬之干、強屾、王振祚、孫大發、李時旺、劉依德、薛掄魁、趙學普、李溥、趙掄達、李晚榮、孫脣祐、王憲武、王儀烜、陳丹書、馮憲鄰等二十七名，俱著加恩，賞給副榜，以彰壽世作人至意。

　　　　乾隆五十七年：十月丁卯諭曰：長麟奏，山西省本年鄉試，年逾八十之宋守祀等五名，俱三場完竣，未經中式等語。宋守祀等年臻耄耋，踴躍觀光，洵為藝林盛事。所有年屆八十以上之副榜宋守祀、王克惠、王夢熊，生員段芳洲、薛生麟俱著加恩賞給舉人，准其一體會試，以示壽世作人至意。

　　　　乾隆五十八年，四月壬申諭：據知貢舉瑚圖禮、周興岱奏，本年會試舉子內，有自七十歲至八十歲以上者共六十七名，俱三場完竣，未經中式等語。此次各省舉子，年老應試者多至六十餘人，龐眉皓首，踴躍觀光，洵為升平人瑞。除七十歲以上之邵利達、姜價、陶煒業於前次會試後賞給國子監學正職銜外，所有年屆八十以上之馬元倬、胡自勉、張應楷、鄭元護、武宅鎬、劉家修、郭埌、劉儒鈞鈞、張懷禮、劉其倬、蕭友望、王克惠、薛生麟、段芳洲、宋守祀、王夢熊、王潤、張丕顯、王二曜、姬儒楷、牛溥、李恪、曹逢庚、張懷姬、景烜、張灝、王棟、王坤善、寧風集、梁復堂、章敬修、來壽昌、沈念祖、郭景兆、陳焱、沈志超、黃敏、徐由湘、熊定飛、黃鴻燾、蕭經魁、王聿中、陳際成、陳存遠、唐紫瑞、胡述發、李如湘、文承發、黃佑啟、張寬、熊文炳俱著賞給翰林院檢討銜。又，董繼允於七十歲時已賞給國子監學正銜，今該舉子年逾八十，並著一體改賞翰林院檢討銜。其七十歲以上之穆彬、高大文、劉素位、崔九州、高瑛、米裕如、謝立吉、張瑞兆、蕭淦、陳

際丙、李統賢、羅有麒俱著賞給國子監學正銜。其八十以上者各加賞緞二匹，七十以上者各加賞緞一匹，並年在七十以上、前經賞給職銜之邵利達等三名亦著一體賞給緞匹，以示朕嘉惠耆老，壽世作人至意。

可知，王夢熊在乾隆五十四年己酉科山西鄉試時，因年過七十而恩賞副榜；乾隆五十七年壬子科山西鄉試時，因年過八十恩賞舉人，且與宋守祀等五人一同被準以會試資格；乾隆五十八年癸丑科會試，恩賞進士出身，賞翰林院檢討銜，加賞綢緞二匹。

陵川人馬延年在光緒《陵川縣志》中有簡短傳記：

馬延年，耄而好學，娓娓不倦，累踏並門，薦而未售，嘉慶丁卯賜副榜，戊辰賜舉人，己巳入京師賜國子監學正，里人扁其門曰「鴻恩三賜」。

馬延年多次北上太原參加鄉試，薦卷數次但終究未能中舉。嘉慶十二年丁卯科山西鄉試，因年老恩賞副榜；嘉慶十三年戊辰恩科山西鄉試，以年老恩賞舉人出身。嘉慶十四年會試後，恩賞國子監學正銜。其子馬佩衡，字健庵，師從沁水進士竇奉家，亦是多次鄉考均不中。

恩賞年老落第者為舉人作為清廷「嘉惠耆老」的尊老政策，在實施過程中始終存在問題，虛報年齡現象大量存在，因此不少恩賞舉人在被查核後又被剝奪了舉人身份，也有部分恩賞舉人屬於自己「作」沒的。

陽城人曹廷選就是典型例子。據《清實錄》記載：

嘉慶十六年四月庚戌 諭：本日禮部帶領老生在道旁謝恩，內有山西老生曹廷選呈遞謝恩表文，據稱現年七十五歲，丁卯科欽賜副貢，庚午科欽賜舉人，今辛未科又欽賜國子監學正，寸衷感激，莫可名言，倘蒙賜一教職，使育斯文，庶幾矢公矢慎，獲報聖恩等語。曹廷選以年老諸生，幸叨盛典，得與科名，朕嘉惠耆儒，有加無已，迭次恩施，俱屬榮邀格外。該老生尚不知足，輒越分呈遞表文，求賞官職，雖尚無違礙字句，殊屬妄為。試思量能授職，分制綦嚴，即一命之榮，國家大柄所繫，豈容妄生希冀，公然干請耶？此風斷不可長。著革去國子監學正銜，並革去舉人。姑念其老耄無知，仍格外施恩，留其副貢，即飭令回籍安居，勿再滋事。

曹廷選於嘉慶十二年丁卯科山西鄉試後，因年過七十五歲，恩賞副榜。

嘉慶十五年庚午科山西鄉試後，因年過七十恩賞舉人出身。嘉慶十六年辛未科會試後，恩賞國子監學正；同年四月十五日，由禮部帶領諸生在道旁謝恩，曹廷選遞呈謝恩文，求賜教職；嘉慶帝在看完曹廷選的文章後，龍顏不悅，謂其「不知足」，即令革去其舉人身份和國子監學正銜，保留副榜身份。

二、學堂舉人

　　除前文所述的恩賜舉人外，學堂舉人也是值得關注的群體。學堂舉人，指的是清末科舉制度衰退、新式學堂興起階段，畢業於各類新式學堂而獲得舉人身份的士子群體。清朝末期，隨著西學傳播和洋務運動的發展，科舉制度發生巨大改變，常規意義上的科舉已不是唯一的選拔人才方式。先是設立學科取士，加設經濟特科。隨後又廢除八股文，改為策論。各地學堂逐漸興起，直隸總督袁世凱、盛京將軍趙爾巽、湖廣總督張之洞等奏請「立停科舉」，指出科舉「阻礙學堂，妨誤人才」〔註12〕。1905 年 9 月 2 日，清廷正是發布「上諭」，立停科舉，推廣學堂。

　　同時，為鼓勵士子進學堂，清廷還頒布了給與學堂畢業生以進士、舉人、貢生、附生等出身的制度，畢業生經學部會考後，大學分科合格者獎進士出身，大學預科、高等師範、大學專科合格證獎舉人出身，中學畢業合格者分別獎拔貢、優貢、歲貢等出身。

　　如光緒三十一年十二月二十三日（1906 年 1 月 17 日）的《新聞報》內的《山西大學堂畢業生複試》：

> 山西大學堂專齋畢業生二十五人，經前晉撫張增颺會同學政寶熙會考，諮送到京，現經學務大臣複試，開單進呈，請賞給舉人出身，以示鼓勵。

　　再如宣統三年四月二十九日的《奏山西澤州府官立中學堂學生畢業照章請獎摺》：

> 山西澤州府官立中學堂於光緒二十八年開辦，當時學生無多，課程缺略，至三十一年上學期重加整理，後始作為第一學期，扣至宣統元年冬，甲班學生滿十學期畢業，經該司督同學務人員遵章複試，計取優等衛體仁等三名，中等王廷傑等九名，下等施汝明一名，共十三名，造具履歷分數表冊，詳請諮部請獎等情轉諮前來。

〔註12〕《會奏請立停科舉推廣學校摺》。

臣部查該省澤州中學堂學生畢業年限程度尚無不合，複試後核分降
等辦法亦係遵章辦理，自應按照中學堂獎勵章程給獎。惟表內原列
優等楊燮生一名，細核分數不滿七十分，應改列中等。以昭核實所
有優等，衛體仁、柴升秀二名擬請獎給優貢，中等王廷傑、王鳳
林、琚象鼎、王丕烈、尹宗伊、畢光周、王寶三、常棣輝、都德滋
暨改列中等之楊燮生共十名擬請獎給歲貢，下等施汝明一名擬請作
為優廩生。

山西大學堂自 1902 年創立以來的 10 年間，西學專齋和中學專齋共有畢
業生 630 多人。西學專齋畢業的晉城人有：郭象頤（澤州周村人）、馬駿（澤
州東關人）、郭象蒙（澤州周村人）、申湘（高平人）、白溥霖（陽城人）；西學
中齋畢業的有郭象升（澤州周村人）、尚光霖（澤州南坪人）。

首期山西大學堂西學專齋預科畢業生 25 人均獎給舉人身份，名錄不詳。

第二期山西大學堂西學專齋預科畢業生 53 人均獎給舉人身份，據光緒
三十二年九月一日《學部官報》名錄如下，其中有晉城人馬駿、郭象蒙，高平
人申湘。

優等三名：徐鴻寶　孫熙　張寶麟

中等五十名：王錄勳　鄭寶善　武講　郭元章　李建德　仇曾詒　賈
映南　冀學蓬　張增　趙奇英　解雲輅　趙永泉　馬駿　鄭維新　左儒　劉
偲　班廷獻　武盡傑　郭象蒙　趙錚　楊道顯　田祿　常建春　李蒙淑　申
湘　張必達　楊維翰　柴維梓　耿步蟾　宋應選　鄭永錫　武瓚緒　白象
錦　李汝槐　王慶祚　王嘉瑞　李承仁　梁俊耀　常克勳　靳國安　馬作
賓　曾傳道　趙廷雅　梁濟　李蔭鍾　侯德旺　孫晉陞　葛尚功　蘇尚寬
狄槐植

第三期山西大學堂西學專齋預科畢業生 14 人獎給舉人身份，據光緒三十
二年十月二十一日《學部官報》名錄如下：

優等四名：楊長煜　郭名世　石廣垣　劉昌宜

中等十名：梁上棟　龔建勳　劉學聖　朱炳瀛　申秉衡　池莊　任錦
堂　趙丙焚　趙魁元　孫晉祺

第四期山西大學堂西學專齋預科畢業生 33 人獎給舉人身份，據光緒三十
四年二月二十一日《學部官報》名錄如下：

優等一名：陳廷紀

中等三十二名：馮義 楊仁顯 楊長清 孫克信 潘連茹 解玉輅 胡翔鳳 楊朝相 王緝雲 沈敬承 陳炳乾 張佐廷 郭顯廙 王蓋臣 張瓚 常澤春 薛春 楊去塵 翁長祐 常蘊春 張瑞琦 李鑾 張晏林 溫成讓 許喆 徐鴻賓 凌從先 王迎祉 成樹愃 李道正 閆光祖 柴薦鷹

第五期山西大學堂西學專齋預科畢業生 14 人獎給舉人身份，據光緒三十四年七月二十一日《學部官報》名錄如下，其中有晉城人郭象頤、陽城人白溥霖。

優等一名：王驤

中等十三名〔註 13〕：賈崇善 康慎徽 劉培潤 郭象頤 葛尚謙 呂成林 仇曾肸 張繼麟 呂建鎬 白溥霖 杜唐鑒 樊文茲 王寶

再依據《宣統二年庚戌科拔貢授職官職錄》中郭象升的家狀可知，其胞弟郭象蒙為山西大學堂畢業，舉人；堂兄弟郭象頤亦為山西大學堂畢業，舉人。

《宣統二年庚戌科拔貢授職官職錄》：郭象升，字允叔，號可齋，行三，又行十，光緒辛巳年閏七月二十六日吉時生，山西澤州府鳳臺縣廩生，民籍。曾祖兆熊，邑庠生；妣氏衛。本生曾祖廷彥，道光乙酉科副榜，候選直隸州州判；妣氏常、趙、劉。祖宗式，前署山東沂水縣知縣；妣氏李。父煥芝，同治癸酉科舉人，吏部截取知縣，欽加五品銜；母氏衛、李、劉。氏梁、李。胞叔煥棠，邑庠生；煥藻，邑庠生，軍功五品銜。胞兄象觀，附貢生；象桓，本科同榜拔貢，分省補用直隸州州判。胞弟象蒙，本省大學堂畢業，舉人，長蘆補用鹽大使。堂兄弟象震，從九品；象謙，國學生；象頤，本省大學堂畢業，舉人。妻范氏，繼娶薛氏。子□。女二。世居城西五十里周村鎮。朝考一等第八名，保和殿復式一等第六名，欽點七品小京官，簽分學部。

另外，光緒《續陽城縣志》選舉表舉人名錄中有白溥霖，寫明其畢業於山西大學堂西齋。由此，可以認定馬駿、郭象蒙、申湘、郭象頤、白溥霖五人是很明確獲得舉人身份的。

中學專齋畢業的郭象升為山西大學堂中學專齋畢業生，可以確認為宣統

〔註 13〕中等有十五人，前折文授十三人為舉人。

二年的拔貢。尚光霖則無法確證，其於山西大學堂西學中齋畢業後，赴日留學，其後人尚繩之說其為清末進士，尚光霖有留學經歷，如歸國參加了遊學人員會考，是有可能取得進士身份的，但現存宣統年的遊學進士錄等資料，均未見其名，容後稽考。

第四節　明清澤州舉人群體事略

此節茲列舉兩三個澤州舉人較有趣味的示例，以管窺該群體的特有性格，與政壇大展宏圖的進士群體是否有所區別。

一、青蓮寺詩刻中的澤州舉人

嘉靖四十四年八月，時任澤州知州的王大學遊青蓮寺，據其所撰詩碑，可知同行者還有「澤州鄉考諸公」十四人。王大學為山西山陰人，據萬曆《澤州志》，其為嘉靖四十二年任澤州知州，同遊者「龍山郜、歷山孟、柳泉崔、謝岩張、西岩侯、西山侯、雲岫閻、太麓楊、順齋郭、建軒史、順軒史、小塘鍾、唯軒吳、文峰苗」。碑文如下：

> 青蓮勝遊偶題（略）
>
> 石作歌以紀青蓮勝遊也，予濫竽漢澤之明年乙丑秋八月因簿書稍暇赴。
>
> 鄉考先生諸公召命步入青蓮，延覽山川之勝大都皆天成，奇秀而超逸塵幻，非人力點綴者，此故以青蓮名，予何人也，而□□□知□□之謫，蓋與此地有夙緣，而諸公之召實成之也，故做歌以寓慶幸之意云。時同遊者則龍山郜、歷山孟、柳泉崔、謝岩張、西岩侯、西山侯、雲岫閻、太麓楊、順齋郭、建軒史、順軒史、小塘鍾、唯軒吳、文峰苗諸公也。浙人山陰省吾子王大學謹書。

這14名澤州舉人可依據部分資料做推斷。龍山郜，即正德二年丁卯科舉人郜相。歷山孟，嘉靖十年辛卯科舉人孟階。柳泉崔，即嘉靖二十五年丙午科舉人崔璞。謝岩張，即嘉靖十年辛卯科舉人張巨弼。西岩侯，即嘉靖二十二年癸卯科舉人侯鼎。西山侯，即嘉靖十九年庚子科舉人侯庶。雲岫閻，即嘉靖十六年丁酉科舉人閻承光。太麓楊，即嘉靖十六年丁酉科舉人楊爾中。順齋郭，即嘉靖二十八年己酉科舉人郭志仁。建軒史，即嘉靖三十一年壬子科舉人史天衢。順軒史，即嘉靖四十年辛酉科舉人史天祐。小塘鍾，即嘉靖

二十八年己酉科舉人鍾湛靈。唯軒吳，即嘉靖四十三年甲子科舉人吳自省。文峰苗，即嘉靖四十三年甲子科舉人苗煥。

　　根據當時的遊覽時間和舉人的鄉試年份，碑刻所錄名字大體是按照舉人的登科年份進行排列的，還可以根據履歷大體推斷他們遊覽青蓮寺時的狀態。如郜相已致仕養老；孟階、崔璞、張巨弼、侯鼎、侯庶應該都是辭官居鄉的狀態；閻承光連續多年會試不中，嘉靖四十四年始授寧陽知縣，應該是準備去赴任；楊爾中嘉靖四十一年任岐山知縣，此時應該是期滿回鄉等候升遷；郭志仁、史天衢、史天祐、鍾湛靈、吳自省、苗煥的初授官職年份都在遊覽時間的後面，應該是居鄉讀書準備會試的過程中。

　　萬曆三十五年夏，時任澤州知州傅淑訓同樣帶領澤州「諸君子」遊覽青蓮寺，同行諸君子有八種身份，共十六人，並賦詩四首，碑文簡錄如下：

　　　　丁未夏日，苗文峰、裴符明太守，張璿源計部，張石松中翰，

　　劉守吾、閻靜吾刺史，呂泰岩、石岩盤、魏文洲令尹，翟翼明、王

　　述文、劉見海、趙淇籙、王宣陽孝廉，孟成軒、曹元洲廷元諸君子

　　邀飲青蓮寺，漫賦四首。〔註14〕

　　兩位太守，太守即知州。苗文峰即進士苗煥，萬曆十六年任保寧府知府；裴符明即監生裴述祖，裴宇孫，曾任平涼知府。

　　一位計部，計部即戶部官員。張璿源即進士張光縉，萬曆三十三年任戶部主事，萬曆三十五年為其丁憂歸家期間。

　　一位中翰，中翰即中書舍人。張石松即進士張光房，萬曆三十二年任中書舍人。

　　兩位刺史，刺史即知州。劉守吾即舉人劉朝貴，綏德知州；閻靜吾即舉人閻期壽，保安知州。

　　三位令尹，令尹即知縣。呂泰岩即舉人呂洙，安定知縣；石岩盤即舉人石延壽，武陟知縣。魏文洲即貢生魏仕魁，莊浪知縣。

　　五位孝廉，孝廉即舉人。翟翼明即舉人翟學程，王述文即舉人王允成，劉見海即舉人劉時達。趙淇籙即舉人趙求益，王宣陽疑為舉人王家俊，此五人登遊時均未任職，如王允成萬曆二十八年中舉後，四次會試不第，萬曆四十一年始任新樂知縣。

〔註14〕編者按：此據《三晉石刻大全・晉城市澤州縣卷》，第 910 頁，原碑文存在缺
　　　字、句讀錯誤等問題，根據原碑重新刊錄。

兩位廷元，廷元即貢生。孟成軒疑為萬曆三十一年貢生貢生孟履信，後任潞城訓導；曹元洲即萬曆二十四年拔貢曹宣化，官莊人。

二、《西廂記》中的澤州舉人

明沁水竇莊人張道濬，字深之，曾重新校訂《西廂記》，並於崇禎十二年刻印，即《張深之先生正北西廂秘本》，是現存《西廂記》的重要版本之一。正文卷首頁題有「明沁水張深之正」，此外書中還列印 32 名參訂詞友。

> 海鹽姚士粦叔祥、浮梁張遂辰卿子、仁和顧圤山臣、錢塘沈孟諸澤民、沁水王廷璽渭橋、會稽孟稱舜子塞、澤州孔文綸釣雪、吳江沈自微君庸、澤州龐還初雪濤、秀水李明嶽青來、海寧談以訓仲木、錢塘沈應節漢圭、休寧吳懷古今生、嘉善薄珏子珏、陽城賈之鵬程寰、降州韓霖雨公、諸暨陳洪綬章侯、嘉興王翅介人、海寧郭濬彥深、仁和沈宗塙以沖、嘉興王庭言遠、蒲州王溯元元昭、長洲范能適祇哉、歸安韓繹祖茂貽、澤州趙嗣美祥元、無錫顧宸修遠、鄞縣錢光繡聖月、山陰祁鴻孫奕遠、襄陵高啤玄中、休寧吳璵於廷、澤州宗兄京綠雪、天台宗侄璞若嬰〔註15〕

其中「沁水王廷璽渭橋、澤州孔文綸釣雪、澤州龐還初雪濤、陽城賈之鵬程寰、澤州趙嗣美祥元、澤州宗兄京綠雪」六人均為張道濬同鄉。王廷璽為沁水郭壁進士王度之父，與張道濬所在的竇莊緊鄰。孔文綸為澤州人，貢生，崇禎十二年舉人孔斯和的伯父。龐還初為澤州人，天啟元年舉人。賈之鵬為陽城人，天啟四年舉人。趙嗣美為澤州人，明崇禎六年舉人，崇禎十六年會試副榜，清順治三年進士。張京為澤州東掩村人，天啟元年舉人。

澤州舉人常有詩詞會友者，如張京與趙嗣美、孟聖教、董緒、趙日暉、等十二人關係最好，其中絕大多數都善於寫詩，《國朝山右詩存》常見他們的詩。到了清代，陽城人張錦也對《新西廂》進行了改編，他和鄉試同年郭兆麒、衛錦以詩詞會友，以詩結社，時稱「梅垞詩社」。

三、《萬曆邸鈔》中的澤州舉人

《萬曆邸鈔》中曾記載澤州籍進士馮養志，舉人孔調元、竇學孔的相互

〔註15〕陳旭耀：《現存明刊〈西廂記〉版本綜錄》，上海古籍出版社，2007 年版，第223 頁。

聯繫，馮養志、孔調元為萬曆十年壬午科山西鄉試同年舉人，竇學孔為萬曆十三年乙酉科舉人。

> 陝西道御史趙文炳糾選郎蔣時馨藏奸倖進，賣官鬻爵。為考功時，得受衛經歷周前二百五十金，囑託沈昌期升兩浙運司經歷。及掌選，孔調元以一千二百賄馮養志過付，買知縣行頭；竇學孔以一千二百賄馮養志過付，買知州行頭；後俱揀中。張師厚以四百五十，買知縣行頭。定遼教授朱應龍物議沸騰，以人參三十斤，銀一百，謀升九江府通判，聽選經歷唐廷實得。徽州歲貢曹上吉欲謀知縣，以八百托時馨同鄉心腹醫官范洋，以五百送時馨，三百外用。事露，時馨遂先指范洋為撞太歲，令兵馬拿問，識者皆笑時馨掩耳盜鈴。〔註16〕

上文主要記錄了吏部官員「賣官鬻爵」的事情，澤州舉人孔調元以一千二百金，沁水舉人竇學孔以一千二百金，通過時任吏部文選司員外郎的馮養志，賄賂蔣時馨買知縣和知州。孔調元曾任菏澤知縣，官至淮安府同知。竇學孔，萬曆二十五年任陝西華州知州。事發後，蔣時馨削籍，馮養志則在萬曆二十七年，京察降級，萬曆三十三年謫直隸長蘆鹽運司運判。

《明史》也曾對此事有所記錄：

> 今日南星去，而王顯仁、蓋國士、馮養志之徒，進彼皆以貨取者也，將來必挈權以阿閣臣，而後為不專權，必植黨以附閣臣，而後為不結黨乎。〔註17〕

實際上，馮養志等是捲入了東林黨與官宦派系的爭鬥，所記錄賄選一事極有可能是捏造。因為黨爭而受牽連的澤州籍官員不在少數，前文進士章節已經有所提及。

舉人群體，相對進士而言獲取官職的難度更大，明代還比較容易，清代則更加困難。整體來說，舉人在會試「屢次不售」、仕途升遷無望、官場遭受打壓等的情況下，轉而投身「詩詞會友」、「著書立傳」等更富有詩情畫意的人生選擇中。

〔註16〕《萬曆邸鈔》：《蔣時馨削籍》。
〔註17〕《明史》卷三百三十列傳一百八十一。

第四章　新訂明清澤州舉人徵錄

　　本章在地方志、鄉試錄等資料的基礎上，對明清兩代一千餘名舉人進行了生平履歷的重新整理，以科年為序，按鄉試地歸類，簡注科年的鄉試解額、舉人數、登進士數，以鄉試名次為序，名次不詳則依「澤高陽陵沁」為序，按照鄉試名次、里籍、字號、家族關係、入試身份、習經科目、任職履歷、著作的格式為基本體例，重要文獻原文附錄其後，已登進士者則不再詳述。

第一節　明代澤州舉人徵錄

洪武三年庚戌科

　　山西鄉試（四十人　澤州四人　登進士三人）

　　茹太素：澤州大陽人。洪武六年，升四川按察司按察使。洪武七年，升刑部侍郎，降刑部主事。洪武八年，條陳時務累計萬言，觸帝怒面杖於朝。洪武十年，升浙江右參政，尋賜還鄉侍親。洪武十六年，召為刑部郎中，升督察員僉都御史，降為翰林院檢討。洪武十八年，升戶部尚書，降監察御史，最終因連坐而死。其子茹良甫徙居貴州貴陽府城，後世茹皓、茹夔、茹寧、茹子嘉皆中舉人。

　　王砥：陵川人。登進士。

　　王中：沁水人。登進士。

　　趙綱：沁水（八里南里）人。〔註1〕

_____

〔註1〕萬曆《澤州志》、雍正《澤州府志》均標注登進士。

洪武五年壬子科

山西鄉試（澤州四人）

焦普：澤州人。浙江道監察御史。洪武九年，任王府官。

馮究：陵川人。德化知縣。

杜博聞：陵川人，字景預。歷任涇縣知縣、南陵知縣。

李用賓：陵川人，李思溫孫。懷慶府推官。

洪武十七年甲子科

山西鄉試（澤州十一人　登進士四人）

蘇翥：高平人。陽和衛知事。

王粹：陽城人，登進士。

韓俞：陽城人，登進士。

李進：陽城人。福山縣教諭。

袁宗弼：陵川人，登進士。

張凝：陵川人，登進士。

李夢熊：陵川人，李虞賓子。國子監學錄。

崔本中：陵川人。河間府教授。

韓友賢：沁水（郎壁北里）人。

賈友直：沁水（南人中里）人。

田鼎：沁水（西曲里）人。

洪武二十年丁卯科

山西鄉試（澤州四人）

庾敏：澤州人。順德府知府。

賈杲：高平人。歷任都察院經歷、永平府通判。洪武三十三年，任永平府同知。萊州府同知、長蘆都轉運鹽使司同知、建左參議。

刁規：沁水（武安西里）人。

閻通：〔註2〕沁水（龐莊西里）人。

〔註 2〕《沁水縣志》為閻道，字形相近。萬曆《山西通志》為關通。

洪武二十三年庚午科

山西鄉試（澤州三人）

王良：高平人，進士王晏父。安定縣學教諭。

郁遵道：沁水（南大東里）人。

張鵬：沁水坪上人，張竹書先祖，習《春秋》。

洪武二十六年癸酉科

山西鄉試（澤州五人）

李彬：高平人。歷官靜寧、寧州、漢州、鄭州、泗州五州學正，升彰德府學教授。

衛沖：陽城人。歷官德州學正、黃州府學教授。

張錫：陽城人。衛知事。

張勤：沁水郭壁（鹿路南里）人，張之屏七世祖。

韓希文：沁水韓王人。

應天鄉試（澤州一人　登進士一人）

楊砥：澤州小南村人，以貢士中應天鄉試，登進士。

洪武二十九年丙子科

山西鄉試（澤州九人）

龐宏：澤州大陽人，字彥隆。歷臨漳、新安、狄道、安仁四縣訓導，博通五經，贈工部主事。

李泰：澤州人。安肅縣訓導。

顏偉：澤州大陽人。歷官西安府學訓導、戶科給事中，以直諫稱。

李亨：澤州人。寧波府通判。

杜璉：高平人。鰲屋縣訓導。

衛欽：陽城人。

白愈：陽城人。洧川縣教諭。

吳桌：陵川人。周府長史。

張登：沁水（南大中里）人。白水縣訓導。

應天鄉試（澤州一人）

武韜：〔註3〕陽城人。歷官滄州、寧州二州學正。

建文元年己卯科

山西鄉試（澤州七人）

陳溥：澤州人。湖州府通判。

李鐸：澤州人。河內縣訓導。

王驥：澤州人。神木縣訓導。

武烈：陽城人，武韜弟。歷官平山縣學訓導、刑科給事中。

秦衍：陵川人。饒州府通判。

程鏞：陵川人。陳州學正。

郭幹：陵川人。齊東縣教諭。

永樂元年癸未科

山西鄉試（澤州三人　登進士一人）

焦輔：高平人。真定教諭。

白暹：陽城人。寶坻教諭，順天府訓導。

張藝：沁水（端氏中里）人，登進士。

永樂三年乙酉科

山西鄉試（澤州六人）

蘇冕：澤州人。

丘嵩：澤州人。

姬著：澤州人。

王玘：陵川人。大名府訓導。

李銓：陵川人。南京刑部主事。

和琦：陵川人，進士和維父。襄陵王府教授，河陰訓導，因官占籍河陰。

〔註3〕雍正《澤州府志》謂其應天鄉舉第一名，查《皇明三元考》，是科應天府鄉試解元為尹昌隆，山西解元為柳春。

永樂六年戊子科

山西鄉試（澤州五人）

牛盛：澤州人。歷官兩浙都轉運鹽使司判官、階州知州。

白璟：澤州人。慶陽府訓導。

樊簡：陽城人。

姬輔：陵川人。商州訓導。

王璠：陵川人。襄陵王府教授。

永樂九年辛卯科

山西鄉試（澤州三人）

任綬：澤州人。光祿寺署丞。

司憲：澤州人，進士司福父。歷官河南府推官、鄭府審理正。

孔希哲：陽城孔寨人，遷居河南陳州。莘縣訓導。

永樂十二年甲午科

山西鄉試（澤州九人）

張彬：澤州人。宜川縣教諭。

張恕：高平人。南昌府知府。

魚淵：陽城下交人。新泰縣訓導。

王志：陽城人。長山縣丞，邯鄲縣訓導。

王幹：陽城人。

張狃：陽城人。福寧同知。

杜美：陽城人。

賈庠：沁水（南大中里）人。歷官鴻臚寺鳴讚、鴻臚寺少卿。父賈茂，國子監助教。子賈公璸、賈公珍，均為天順七年貢生。

王璣：沁水（鹿路北里）人。歷官南城兵馬副指揮、南京工部都水司郎中。

永樂十五年丁酉科

山西鄉試（澤州十三人）

龐毅：澤州大陽人，龐宏子，字克勤。歷官工部主事、兵部職方司郎中。

王選：澤州大陽人。太僕寺寺丞。

霍整：澤州大陽人。灤州判官。

劉英：澤州人。縣丞。

王玉：高平人。府經歷。

王璉：高平人。

郭瑾：高平人。歷官直隸真定府通判、兵部職方司郎中、南京刑部郎中，致仕歸。

李華：陽城人，進士李經祖。漢中府學訓導，卒於官。

石憲：陽城人。泰州同知。

張本：陽城人。沂州同知。

和珣：陵川人，進士和維從叔。泰安州學訓導。

景茂：沁水（北王西里）人。山東濰縣知縣。

張聰：沁水寶莊人，字子敏，張五典七世祖，習《詩經》。

永樂十八年庚子科

山西鄉試（澤州十六人）

和順：澤州人。

陳嵩：澤州人。禮泉縣縣丞。

李斐：澤州渠頭人。

李哲：澤州人。

王鑒：澤州人。

李鶴：澤州人。

苗瓚：澤州人。延安府訓導。

韓璟：澤州人。歷官滄州吏目、昌平知縣。正統七年，任扶溝知縣，民立去思碑。景泰六年，任寶慶府通判。天順六年，撰《重修地藏殿碑》。

陳卣：高平人，兵科給事中陳魯子。靜寧州學正。

李遜：陽城人。教諭。

原琚：陽城下交人。直隸大名知縣。

王秀：陽城人。

馮協：陵川人。薊州同知。

王璣：陵川人。保安州訓導。

趙壁：沁水（八里南里）人。

王佑：沁水（端氏西里）人。長沙府推官。

永樂二十一年癸卯科

山西鄉試（澤州五人　登進士一人）

侯璡：第一名，解元。澤州呂匠人，登進士。

衛厚：澤州人。正統十年，任永清縣知縣。

樂廣：澤州人。鴻臚寺序班。

袁戀：高平人。荊州府推官。

邵瞻：高平人。

宣德元年丙午科

山西鄉試（澤州二人）

王鑒：澤州大陽人。

王宗：沁水（土沃中里）人。

宣德七年壬子科

山西鄉試（澤州一人）

王璲：高平城內人。初授南城兵馬司，連丁父母憂，旌表孝子。改陝西苑馬寺正。正統九年，升太僕寺寺丞。景泰四年，致仕歸。父王起孝，旌表孝子。子王斐，天順六年貢生。孫王杰，縣學生，有孝行。

宣德十年乙卯科

山西鄉試（澤州一人）

崔謙：高平人。正統十年，任河南修武知縣。改陝西吳堡知縣。升懷慶府知府，改漢中府知府。

陝西鄉試（澤州一人　登進士一人）

王晏：第四名。高平人，登進士。

正統三年戊午科

山西鄉試（澤州二人）

李弼：高平人，字廷臣。景泰元年，任南京山東道監察御史，充庚午科

應天府鄉試監視官。升山東按察司僉事。

　　高嵩：沁水（上閤中里）人。山東東安衛經歷。

正統六年辛酉科

　　山西鄉試（澤州五人　登進士一人）

　　楊瓚：澤州人。登封縣訓導。

　　田輔：澤州大陽人。

　　原傑：第十五名。陽城下交人，登進士。

　　原璿：陽城下交人。正統七年，任汝州州學訓導。壽張縣學教諭。天順四年，任大名知縣，卒於任。

　　郭增：陵川人。初授慶元知縣，升莒州同知，致仕歸。

正統九年甲子科

　　山西鄉試（澤州三人　登進士一人）

　　郭質：高平北莊人，字彥彬，郭定父。授永壽知縣。補定興知縣，祀名宦祠。升光州知州，卒於官。

　　張狒：陽城人，舉人張本子。授靖海衛經歷，升沂州同知，卒於官。

　　和維：第二十八名。陵川人，登進士。

　　貴州鄉試（澤州一人）

　　茹皓：貴州宣慰司籍，澤州人，茹太素五世孫。雲南馬龍州同知。

正統十二年丁卯科

　　山西鄉試（澤州七人　登進士二人）

　　郭文：第一名，解元。高平北莊人，字顯彰，郭質兄。授湖廣道監察御史，剔弊除奸，憲體一振。改浙江按察司知事。升武康知縣。

　　侯爵：澤州呂匠人，以父璡蔭錦衣衛世襲千戶。

　　李榮：澤州周村人。授項城知縣，調神木知縣。

　　司福：第二十四名。澤州城內人，登進士。

　　常振：高平人，授貴州道監察御史，升山東按察司僉事，致仕歸。弟常祿，成化二年貢生。

　　焦春：陽城人。贊皇教諭。

李鏞：第四名。沁水（上閣中里）人，登進士。

景泰元年庚午科

山西鄉試（澤州五人　登進士一人）

陳善：澤州人。富平縣知縣。

王毓：高平人，字文英。授山東道監察御史。成化五年，巡按河南。

楊繼宗：第六名。陽城匠禮人，登進士。

都仲良：陵川人。成化十二年，任咸陽縣訓導。

尚友：沁水（上閣中里）人，趙王府審理。

景泰四年癸酉科

山西鄉試（一百人　澤州九人　登進士二人）〔註4〕

都宣：澤州人。天順間，任東平州訓導。

劉禋：澤州人，字克誠。成化六年，任朝邑知縣。

韓傑：澤州人。處州府同知。

韓弼：澤州人，字文臣。平山縣學教諭。成化十六年八月，任陝西鄠縣訓導，充浙江鄉試同考試官。

申綱：高平人，太原左衛軍籍。授雲南道監察御史，升松江府、九江府知府。子申偉，正德五年舉人，知縣；申倄，知縣。

楊振：第二十五名。高平人，登進士。

王雯：第七十九名。陽城人，登進士。

王潔：陵川人。

李聰：沁水宣化坊人，李瀚父，字仲明，號一庵，習《禮記》。景泰五年會試副榜。歷官鄂縣、慈谿訓導。

景泰七年丙子科

山西鄉試（六十五名　澤州七人）〔註5〕

鼓鸞：澤州人。輝縣知縣。

郭經：高平王報人，元代金吾大將軍郭冕後裔。工部郎中，河防著績。

〔註4〕雍正《山西通志》該科162人。

〔註5〕是年定山西省鄉試名額為六十五名。雍正《山西通志》該科共70人。

郭宗：高平北莊人，字繼先，郭文侄。原武知縣。

畢紳：高平人。成化九年，任嘉善縣知縣，祀名宦祠。

魚鯨：陽城下交人，魚淵子。汝寧府訓導。

原宗禮：陽城下交人，字惟敬。成化十年八月，任河南陽武縣儒學教諭，充甲午科應天府鄉試同考試官。成化十七年，升汝陽縣知縣，剛方廉介，居鄉以孝友聞。

崔舉：陽城人。授臨洮府推官，升襄陽府通判。

天順三年己卯科

山西鄉試（六十五人　澤州三人　登進士一人）

崔演：寧山衛籍，澤州人，字文□。成化初年，授浙江瑞安知縣。成化十一年，任安徽定遠知縣，署理鳳陽府事。成化十七年，任山東魚臺知縣。弘治二年，任陝西蒲城知縣。

成瑞：陽城人。吳橋縣知縣。

張瓚：第十九名。陵川人，登進士。

天順六年壬午科

山西鄉試（六十五人　澤州六人　登進士三人）

陳璧：第四名。祖籍高平唐安，揚州高郵人，太原左衛官籍，登進士。

李經：第六名。陽城人，登進士。

郭定：第十二名。高平北莊人，登進士。

衛邦：第五十名。澤州周村人，登進士。

李訓：第五十七名。澤州渠頭人，州學生，習《禮記》。弘治八年，任陝西西安府同知，為乙卯科陝西鄉試考官題名立碑。升都勻府知府。

司文：第五十九名。澤州城內人，進士司迪父，州學增廣生，習《易經》。甘泉訓導。

成化元年乙酉科

山西鄉試（六十五人　澤州三人　登進士一人）

李諒：第六十名。澤州渠頭人，登進士。

寧紳：陵川人，字錫之。伊陽知縣。成化二十三年，任陝西禮泉知縣，充丁未科會試謄錄官。

劉傑：沁水漢封人，村中至今仍保存其木質牌坊一座。雄縣知縣，剛方勇略，不畏彊禦，被民董繼宗告，調任。補神木知縣。

順天鄉試（澤州一人　登進士一人）

段正：第四名。澤州人，錦衣衛籍，登進士。

成化四年戊子科

山西鄉試（六十五人　澤州六人　登進士二人）

張澤：第十三名。澤州人，登進士。

王良：澤州人。祁州知州。

秦彰：高平人。

田鐸：第二十四名。陽城下交人，登進士。

李端：陽城人。成化元年，任固始知縣，卒於官。

凌云：陽城人。成化二十二年，任富平知縣。

成化七年辛卯科

山西鄉試（六十五人　澤州八人　登進士一人）

張倫：澤州人，字崇理。弘治八年，任陝西宜川知縣，充乙卯科陝西鄉試對讀官，祀名宦祠。撰有《重修聖謨閣記》。

張斁：陽城人，登進士。

張綸：陽城郭峪人。甘泉知縣。

李春：陽城人。都督府經歷。

暢翊：陽城人。父暢安，景泰三年貢生，天長知縣。

白禎：陽城人，府谷縣訓導白誠從孫。

李璉：沁水（土沃北里）人。從叔李文，正統十年貢生，雲南白鹽井提舉。

張銳：沁水（土沃南里）人。成化二十三年，任開封府推官，移居開封。銳子張舜臣，舜臣子張電；電子張尚德，徙睢州；尚德子張如蘭，初從姑父都察院右副都御史孫坤姓，官至南京大理寺評事，覃恩請敕，始復張姓。

順天鄉試（澤州一人）

李紱：高平人，字綏之，舉人李弼子。天順六年，充貢生。成化十七年，任揚州清軍同知，潔己愛民，修堤復田。弘治三年，校刊高穀《育齋先生詩

集》；同年十二月，以疏通揚州附近運河功，加正四品，卒於任。

成化十年甲午科

山西鄉試（六十五人 澤州六人 登進士二人）

王遵：第二名。陽城上莊人。

宋鑒：第七名。陽城人，登進士。

常軌：第十七名。沁水西樊莊人，登進士。

宋甫：澤州西嶺頭人，習《易經》。弘治時，任忠州知州。性至孝，旌表孝子，入澤州鄉賢祠。撰有《重修譙樓記》等。

邢悳：高平邢村人，北朝邢文光後裔。

王璣：陽城人。江寧縣丞。

河南鄉試（澤州一人 登進士一人）

和暲：第十一名。陵川人，和維子，登進士。〔註6〕

成化十三年丁酉科

山西鄉試（六十五人 澤州十二人）

王佐：第一名，解元。高平人。

王盤：澤州人。

司敬：澤州人。

丁伯通：經魁。澤州寧山衛人，字元泰，號伯通。杭州府推官。弘治八年，任兗州府推官，上疏言治河三事。慶陽推官。著有《綱目續編》《澤州志》。

郭璣：高平人。益都知縣。

宋文：高平人。正德九年，任莒州知州。

李繻：陽城人。臨邑知縣。

楊塤：陽城匠禮人，字景章。會試副榜。成化十九年，任河南上蔡縣儒學教諭，充癸卯科山東鄉試同考試官。歷官國子監學錄、翰林院侍詔、德王府長史。

原宗善：陽城下交人。秦王府長史。

王昺：經魁。陵川人。河南府通判。著《嵩洛稿》。

李資：沁水（土沃北里）人。保定通判。

鄧鏞：沁水宣化坊人，字時中。弘治八年八月，任山東歷城知縣，充乙卯科山東鄉試供給官。調諸城、清水知縣。

順天鄉試（澤州一人　登進士一人）

車璽：第十九名。澤州人，順天府宛平縣匠籍，登進士。

成化十六年庚子科

山西鄉試（六十五人　澤州七人　登進士一人）

李瀚：第一名，解元。沁水人，登進士。

韓儒：澤州人。武城知縣。

畢璽：高平寺莊人，字天節，別號石屏。成化十六年，中庚子科山西鄉試舉人。五舉進士不第。弘治九年，銓選任丘知縣。弘治十六年，升德州知州。正德三年，轉揚州府同知，升戶部郎中。正德六年，升兩淮鹽運司運使，被誣去官。歸鄉不入城府十餘年。嘉靖二十三年九月，年九十一，卒於家，郭鋆志其墓，詳見《明亞中大夫兩淮鹽轉運使石屏畢公墓誌銘》。著有《石屏文集》《石屏詩集》《家乘餘錄》。

袁朗：高平人。

郭鶱：高平北莊人，字惟賢。成化二十二年，任固安縣典史。正德元年，任杭州府同知。正德二年，充丁卯科浙江鄉試對讀官。

陳漢：高平人，太原左衛籍，陳璧子。

柳縣：沁水西文興人，字雲程。未仕。嘉靖三十六年，年七十一，卒於家。

成化十九年癸卯科

山西鄉試（六十五人　澤州六人）

牛輔：高平米山人。弘治十年，任安岳知縣十一年。升太僕寺丞。

郭淳：高平北莊人，字時雍。弘治八年，任順天府東安知縣。弘治十四年，充辛酉科順天府鄉試受卷官。嘉靖二十三年，任輝縣知縣，創建閘渠，首興水利。歷官西安同知、葭州知州。

李紳：高平人。弘治十年，任嘉興通判。

陳澍：第六十三名。祖籍高平，高郵人，太原左衛官籍，陳璧子，登進士。

原應宿：陽城下交人。弘治十年，任松江府通判。弘治十四年，署上海縣事。

衛瑛：陽城人。灤城知縣。

順天鄉試（澤州一人）

牛增：澤州人。

成化二十二年丙午科

山西鄉試（六十五人　澤州四人）

張緯：第八名。陽城郭峪人，縣學生，習《易經》。歷官教諭、長史。弘治十三年，任國子監學正。

李銳：第十九名。陽城人，縣學增廣生，習《春秋》。高苑知縣。

李用：第三十九名。澤州人，字君弼，州學生，習《書經》。弘治十六年，任禮泉知縣。升慶陽通判。

白鑑：第六十名。陽城城內人，字孔彰，縣學生，習《春秋》。弘治四年，授文登知縣。丁憂歸。服闋，補河南杞縣知縣。正德二年八月，充丁卯科河南鄉試供給官。正德三年，任漢陰知縣，棄官歸。起洛南知縣。年九十三，卒。

弘治二年己酉科

山西鄉試（六十五人　澤州七人　登進士三人）

常賜：第一名，解元。沁水人，登進士。

張璉：第四十二名。澤州夏莊人，登進士。

司牧：澤州城內人。溫縣教諭。撰有《王璠墓表》。

王錫：第三十九名。高平人，登進士。

郭拱辰：高平北莊人，字敬之。弘治八年，任雞澤教諭，充乙卯科陝西鄉試同考試官。

郭坤：高平北莊人，字崇載。正德三年，任藍田知縣。正德六年，任霸州知州，罷歸還里，不問世事。嘉靖五年，年六十二，卒於家，嚴嵩志其墓，詳見《霸州知州郭君墓誌銘》。

楊恒：高平南關人。慶陽同知。弘治十八年，任合州知州。

弘治五年壬子科

山西鄉試（六十五人　澤州三人）

宋乾：第四十二名。澤州人，州學生，習《書經》。魯府長史。正德四年，任國子監監丞。

胡瀛：第四十三名。澤州城內人，寧山衛籍，州學生，習《春秋》。

李訥：第六十三名。澤州渠頭人，亦名納，習《書經》。弘治元年，選貢生。弘治十一年，任玉田知縣，存心平恕。正德二年，任泌陽知縣。升敘州同知。

弘治八年乙卯科

山西鄉試（六十五人　澤州三人）

孟春：第四十六名。澤州大陽人，登進士。

魏相：澤州人。

李輝：高平人。正德間，任德州訓導，升德鳳縣知縣。

弘治十一年戊午科

山西鄉試（六十五人　澤州十人）

裴爵：澤州大陽人，字仁夫，號古愚、懷恬。正德十三年，任豐縣知縣，在任六年，祀名宦祠。嘉靖二年，丁父憂，歸里。嘉靖五年，服闋，補臨漳知縣，旋丁父憂。嘉靖八年，任直隸吳橋知縣，入名宦祠。嘉靖十年，辭官歸。嘉靖三十年六月，年七十四，卒於家，嚴嵩志其墓，詳見《明故封翰林院檢討徵仕郎前縣令裴君墓誌銘》。撰有《大陽鎮重修宣聖廟記》。

楊鎬：澤州人。寧山衛籍。

陳相：澤州人。正德五年，任汝陽知縣，總督彭澤，統領雁門、延綏、雁門、廣寧等處守軍抵禦霸寇，不擾民。正德十年，任陽谷知縣。

申良：高平建寧人，字延賢，郭東外祖父。正德六年，授招遠知縣。正德八年，調諸城知縣。正德十二年，補良鄉知縣，升安吉知州，遷常州府同知，累遷至戶部員外郎。嘉靖三年，諫「大禮議」，年五十七，廷杖而死，李士允志其墓，詳見《戶部員外郎贈太常寺少卿申公墓誌銘》。隆慶元年，贈太僕寺

少卿。

郭玘：高平米山人。常德府同知。

王玹：第十八名。陽城化源里人，登進士。

原軒：第三十九名。陽城下交人，登進士。

閻永祺：陽城人。正德元年，任汝陽知縣。

武思明：第十一名。陵川人，登進士。

王道：陵川人，字純甫，號六泉、倥侗。正德十二年，任朝邑知縣。嘉靖五年，升河南府通判，棄官歸。嘉靖八年，年五十四，卒於家，韓邦奇志其墓，詳見《河南府通判王公墓誌銘》。有詩《谷霏霏上上黨公府作》。著有《六泉集》。

弘治十四年辛酉科

山西鄉試（六十五人 澤州八人）

王言：澤州人。

郭環：澤州大張村人，習《禮記》。平山知縣、兵部司務，卒於官。妻張氏，有節行。

李果：澤州人，字宗乾，號太行。正德十四年，任樂陵知縣，充己卯科山東鄉試供給官。平山知縣。

潘愷：澤州東四義人。正德間，任任縣知縣。

李璿：高平人，字文璣。正德七年，任直隸趙州臨城知縣，新修縣治。正德十一年，充丙子科順天鄉試受卷官。

郭增：高平北莊人，字崇進。濟南府通判。

張軹：陽城人，字信夫。延慶知縣。嘉靖二年，升萊州同知，卒於任。

楊鉛：經魁，沁水（西曲里）人。歷官陝西涇州學正、山東臨清州學正。

順天中式（一百三十五人 澤州一人 登進士一人）

段夛：第十五名。澤州人，錦衣衛軍籍，登進士。

弘治十七年甲子科

山西鄉試（六十五人 澤州四人）

梁愷：澤州東四義人，一說周村人，字舜卿。正德初，任阜平知縣。

司考：澤州人，字繹之。宜陽知縣。

　　張信：陵川人，字行之，進士張瓚子。弘治十八年，任陝西三原縣教諭，祀名宦祠。正德五年八月，任陝西三原縣教諭，充庚午科浙江鄉試同考試官。岳州通判司，廉介有為。

　　任道弘：沁水（北王西里）人。歷官山東青州府通判、陝西漢中府同知。

正德二年丁卯科

　　山西鄉試（六十五人　澤州五人　登進士二人）

　　孟陽：第三名。澤州大陽人，登進士。

　　李黼：第十一名。澤州大陽人，字汝章，號松岩，州學生，習《易經》。嘉靖四年，任濟南府同知，充乙酉科山東鄉試受卷官。升遼府長史。

　　司迪：第十二名。澤州城內人，登進士。

　　郜相：第三十四名。澤州東四義人，字立之，號龍山，州學生，習《易經》。嘉靖三年，任朝邑知縣。嘉靖五年，升沂州知州，考績第一，祀名宦祠。濟南同知。升工部員外郎。嘉靖十七年，由工部郎中升河間府知府，纂修《河間府志》。嘉靖二十年，任天津長蘆鹽運使。嘉靖二十六年，任四川左參政。嘉靖二十七年，任貴州按察司按察使。嘉靖二十八年，任貴州布政司左布政使。

　　司進：第五十二名。澤州城內人，州學增廣生，習《易經》。正德十五年，任堂邑知縣。

正德五年庚午科

　　山西鄉試（九十人〔註7〕　澤州九人　登進士三人）

　　常倫：第二名。沁水西樊莊人，登進士。

　　龐浩：第十九名。澤州大陽人，登進士。

　　范祺：澤州周村人。正德九年，任東昌府通判。涿州知州。

　　韓潤：澤州人。嘉靖五年，任休寧知縣。

　　韓嘉言：澤州人。宜川知縣。

　　李璟：高平人。正德十年，任禮泉縣教諭。升臨淄知縣。祀汶上縣名宦祠。

　　申偉：高平人，太原左衛軍籍，申綱子。韓城教諭。升偃師知縣。

〔註7〕是科山西鄉試增額25人，共90人。

張好爵：陽城郭峪人，登進士。

李承恩：沁水城內宣化坊人，李瀚子。嘉靖二十五年，任良鄉知縣。

河南鄉試（九十五人 澤州一人 登進士一人）

李經：〔註8〕第九十一名。澤州人，河南真陽縣籍，登進士。

正德八年癸酉科

山西鄉試（六十五人 澤州五人 登進士一人）〔註9〕

鍾錫：第四名。澤州鍾莊人，登進士。

閻鼎：第十三名。澤州人，州學生，習《禮記》。華州知州。

孔瑁：第三十二名。澤州人，州學生，習《禮記》。嘉靖三年，任直隸吳橋知縣。

原應卿：第三十三名。陽城下交人，縣學生，習《詩經》。

郭拱樞：第四十六名。高平北莊人，字唯中、惟明，號北莊拙人，縣學生，習《詩經》。正德九年，會試不中，卒業太學。嘉靖元年，銓授陝西澄城縣知縣。嘉靖二十三年，年六十一，卒於家，郭鋆志其墓，詳見《明文林郎澄城縣知縣北莊府君墓誌銘》。

順天鄉試（澤州一人 登進士一人）

尚志：第六十七名。高平人，金吾左衛軍籍，登進士。

陝西鄉試（澤州一人 登進士一人）

李東：第四十名。澤州人，藍田籍，登進士。

正德十一年丙子科

山西鄉試（六十五人 澤州三人 登進士一人）

田經：第四十二名。澤州大陽人，州學生，習《書經》。嘉靖十年，任館陶縣教諭。升巨野知縣。

裴騫：第四十九名。澤州大陽人，登進士。

〔註8〕據同科高尚賢為李經所寫墓誌銘，其為正德五年庚午科河南鄉試舉人，康熙《澤州志》記為正德八年癸酉科舉人，是為誤。

〔註9〕雍正《山西通志》是科有澤州人任道弘，然查《鄉試錄》無，應為弘治十七年沁水任道弘之誤載。

張宗明：第五十名。澤州夏莊人，張璉子，州學增廣生，習《詩經》。廣府通判、薊州知州。撰有《碧落寺創建西閣記》。

正德十四年己卯科

山西鄉試（六十五人　澤州二人　登進士二人）

郭鋆：第五名。高平北莊人，居城，登進士。

張好古：第四十名。陽城郭峪人，登進士。

嘉靖元年壬午科

山西鄉試（六十五人　澤州五人　登進士一人）

楊謨：第一名，解元。大同縣人〔註10〕，澤州籍，登進士。

丁讓：第十二名。澤州人，寧山衛籍，州學增廣生，習《書經》。嘉靖二十四年，任米脂知縣。

原冠：第二十三名。澤州東四義人，州學生，習《詩經》。順天府推官。

王儒：第三十五名。澤州大陽人，州學生，習《書經》。嘉靖十四年，任寧羌知州，祀名宦祠。撰有《明寧山衛指揮使王公太淑人陳氏合葬墓誌銘》。

宋繼先：第六十一名。陽城人，縣學生，習《易經》。嘉靖二十一年，任沂州知州。升祁州知州。

貴州鄉試（澤州二人）

茹寧：第十四名。貴州宣慰司籍，澤州人，茹太素七世孫，司學學生，習《易經》。嘉靖八年，任馬湖府經歷。升知縣。

茹夑：第五十四名。貴州宣慰司籍，澤州人，茹太素七世孫，司學學生，習《易經》。教諭。

嘉靖四年乙酉科

山西鄉試（六十五人　澤州七人　登進士四人）

孟霖：第三名。澤州大陽人，登進士。

鍾鑑：第五名。澤州鍾莊人，登進士。

孟雷：第九名。澤州大陽人，登進士。

〔註10〕祖籍澤州小南村，祖上因官居大同，推測其中一支又重回澤州，或是借籍考試。

鍾鍔：澤州鍾莊人，字斂齋，未仕，以著作終。撰有《三元廟關門碑記》等。

丁謹：澤州城內人，寧山衛軍籍，登進士。

郭昊：陽城人。懷慶府教授。嘉靖十一年，升淄川知縣。卒於官，何塘志其墓。

都永思：陵川人，號錦屏。嘉靖十九年，任新鄉知縣。撰有《姬孺人傳》等。纂修《陵川縣志》。著有《壬子集》。

順天鄉試（澤州一人）

陳琮：山西陽城人，東勝右衛軍籍，順天遵化縣學生。山東鄆城知縣。

嘉靖七年戊子科

山西鄉試（六十五人 澤州三人 登進士一人）

白恩：澤州人。嘉靖二十一年，任正寧知縣。

牛輓：第十一名。高平人，登進士。

郭垠：高平北莊人，居高平城內，字孟長，號五山。陝西金州知州。撰有《趙莊曲溪頭新通水路記》。

嘉靖十年辛卯科

山西鄉試（六十五人 澤州七人 登進士二人）

孟階：第九名。澤州大陽人，孟春子，號歷山，監生，習《詩經》。嘉靖二十七年，任承天府同知。著有《歷山漫稿》。

張巨弼：第三十四名。澤州人，又名廷弼，號謝岩，州學增廣生，習《書經》。嘉靖二十九年，任郿縣訓導。嘉靖三十五年，任恩縣知縣。撰有《重修勝因寺碑》《重修玉皇廟記》等。

邢校：第三十五名。高平城內人，縣學生，習《春秋》。歷官青縣知縣、成安知縣。

郭鑾：第五十三名。高平北莊人，居高平城，字允和，縣學增廣生，習《春秋》。歷官惠民知縣、沈府長史。嘉靖三十二年，任山東武定州知州，充癸丑科會試受卷官。

李裔芳：第五十五名。陽城人，字崇德，號南峰，縣學生，習《詩經》。嘉靖二十二年，任臨潼知縣，民立去思碑。升眉州知州。撰有《風王廟碑記》。

趙繼孟：第五十七名。澤州大陽人，登進士。

郭鑒：第六十四名。高平北莊人，登進士。

嘉靖十三年甲午科

山西鄉試（六十五人　澤州五人　登進士三人）

陳天祐：第十一名。澤州人，登進士。

郭鑒：第十六名。高平北莊人，居高平城，登進士。

裴宇：第二十名。澤州大陽人，登進士。

張翰：澤州七城里人。郭志學表兄弟。早卒。妻焦氏，有節行。

李思恩：亞魁。陽城中莊人，號保軒。歷官郾陽府同知、平度州知州。

嘉靖十六年丁酉科

山西鄉試（六十五人　澤州十一人　登進士四人）

孟顏：第三名。澤州大陽人，登進士。

楊紹先：第五名。高平鳳和人，監生，習《禮記》。嘉靖三十二年，任藍田知縣。

楊爾中：第八名。澤州人，寧山衛籍，字子立，號太麓，師從高陵劉自化，州學生，習《書經》。嘉靖四十一年，任岐山知縣。嘉靖四十三年，充甲子科陝西鄉試謄錄官。隆慶四年，任衛輝通判。

趙軏：第十一名。高平城內〔註11〕人，登進士。

張雲路：第十二名。高平城內人，登進士。

司杞：第十六名。澤州水北人，字懷山，號上之、丹崖，州學附學生，習《禮記》。嘉靖四十年，任濟源教諭。嘉靖四十三年，充甲子科陝西鄉試同考官。嘉靖四十四年，任扶溝知縣。撰有《青蓮寺重修齋堂記》。

閻承光：第二十八名。澤州人，原籍高平〔註12〕，字地山，號雲岫，州學生，習《書經》。嘉靖四十四年，任寧陽知縣。刻印宋岳撰《晝永編》二卷。

裴宷：第三十一名。澤州大陽人，字子和，號遜山，增廣生，年十九，習《書經》。六次參加會試不中。嘉靖三十八年，任睢州知州。升南陽同知。隆

〔註11〕墓誌云趙莊祖塋，或為高平城邊南趙莊。

〔註12〕順治《高平縣志》有《登選異鳥》，言是科高平籍登舉人四，澤州閻承光原籍高平。

慶二年，受彈劾歸里。萬曆二十五年，卒，張養蒙志其墓，詳見《順慶府丞進階朝列大夫遜山裴公墓誌銘》。

李夛：第三十七名。陽城中莊人，登進士。

田時雨：第四十八名。澤州大陽人，州學增廣生，習《易經》。歷官金州知縣、彰德通判。嘉靖三十九年，因涉事趙王朱厚煜自縊案，問斬於彰德。

申去疾：第五十三名。高平縣學生，習《詩經》。嘉靖二十七年，任山東黃縣知縣。嘉靖三十四年，任文縣知縣。娶陵川舉人王道女。

嘉靖十九年庚子科

山西鄉試（六十五人 澤州八人 登進士一人）

王學柳：第十八名。澤州人，登進士。

侯庶：澤州人，號西山。嘉靖三十八年，任樂亭知縣。升臨清知州。

竇相：澤州人。安定知縣。

郭志學：澤州大張村人，舉人郭環子，號安齋。嘉靖四十三年，任儀封縣知縣，隆慶二年，任鞏昌府通判，監收西寧倉儲。安樂知州。

邢璉：高平城內人。維摩知州。

郭昌：陽城人，郭昊弟。

都一陽：陵川人，都永思子。嘉靖十六年，選貢。寶坻知縣。嘉靖三十一年，升昌平知州。

趙大倫：沁水武安（武安中里）人，字允明，號明山。嘉靖四十二年，任山東夏津知縣，民立德政碑思之。嘉靖四十三年，充甲子科山東鄉試對讀官。升戶部郎中。武安存其科名石牌坊。家世詳《復宿山房集》。

順天鄉試

馬汝松：第十七名。直隸東光籍，山西陵川人，登進士。

嘉靖二十二年癸卯科

山西鄉試（六十五人 澤州十人 登進士三人）

李芝：第一名，解元。澤州東四義人，字瑞卿，號次岩，習《詩經》。嘉靖三十八年，任濰縣知縣。嘉靖四十年，任河南湯陰知縣，祀名宦祠。嘉靖四十一年，署任鎮平知縣。隆慶元年八月，充丁卯科河南鄉試對讀官。隆慶四年，升紹興府通判。

李春芳：第六名。沁水人，登進士。

王國光：第十九名。陽城上莊人，登進士。

劉崇文：第二十四名。高平米山人，登進士。

張鳳翼：澤州人，號岐山。

張玨：澤州崗頭人，字鳴德，號錦溪。嘉靖四十一年，任濰縣知縣。改內丘知縣，遷鄭府審理。年六十一，卒於家，孟霦志其墓，詳見《明故審理張公暨配安人李氏合葬墓誌銘》。

侯鼎：澤州呂莊人，號西岩。青縣知縣。

郜尚賢：澤州平川廂人，字士希，號泉東。嘉靖三十五年，授河南府通判。升廣西池州知州。嘉靖四十八年，年四十五，卒於家，厲汝進志其墓，詳見《奉直大夫池州刺史泉東郜公墓誌銘》。

郎大倫：澤州人，字天敘，號南谷。歷官廬州府通判、太僕寺丞、刑部雲南司員外郎。萬曆元年八月，升陝西按察司僉事，備兵鞏昌。

王希宗：陽城人。嘉靖三十八年，任清河知縣。

貴州鄉試

茹子嘉：貴州宣慰司籍，澤州人，茹太素八世孫。翰林院孔目。嘉靖三十五年，升工部虞祭司員外郎。

嘉靖二十五年丙午科

山西鄉試（六十五人　澤州十三人　登進士三人）

衛心：第七名。陽城人，登進士。

李鑽：第十二名。高平周纂人，字德成，縣學生，習《易經》。嘉靖四十五年，任華州知州。隆慶元年八月，充丁卯科陝西鄉試對讀官。

孟思：第十五名。澤州大陽人，州學生，習《詩經》。

柳遇春：第十六名。沁水西文興（蒲泓東里）人，字時芳，號柳泉、三峰，縣學生，習《易經》。萬曆十年，任陝西同州知州；八月，充壬午科陝西鄉試授卷官。萬曆二十四年，年七十五，卒於家，劉東星志其墓，詳見《明奉直大夫同州刺史三峰柳公墓誌銘》。著有《柳氏世譜》。

郭東：第二十名。高平建寧人，登進士。

張昇：第二十二名。陽城人，登進士。

楊枝：第三十三名。陽城下莊人，縣學生，習《易經》。大理寺評事。

崔璞：第三十六名。澤州人，寧山衛籍，號柳泉，州學生，習《禮記》。真定通判，分署直隸恒陽郡事。

馮時亨：第三十七名。陵川人，號堆山，縣學生，習《詩經》。歷官興安知州、濟南府通判、金州知州。撰有《明故鄉賓王公壽軒合葬墓誌銘》《重修玉皇殿記》。

王敬：第三十八名。澤州巴公人，字一之，州學生，習《易經》。嘉靖三十八年，任南樂教諭。嘉靖四十五年，任鄆城知縣，有青天之頌。隆慶元年，修《鄆城縣志》；八月，充丁卯科山東鄉試對讀官。升秦王府長史。

王道：第四十三名。陽城上莊人，縣學生，習《易經》。隆慶五年，任汝陽知縣。戶部陝西清吏司郎中。

張詔：第四十五名。澤州南石店人，州學生，習《易經》。

馮顯：第六十三名。高平唐安人，馮養志祖，縣學生，習《春秋》。嘉靖四十五年，任武邑知縣。升南京戶部郎中。升山東按察司僉事，整飭遼東兵備。

嘉靖二十八年己酉科

山西鄉試（六十五人 澤州七人 登進士二人）

郭志仁：第五名。澤州大張村人，郭環子，號順齋，州學生，習《禮記》。隆慶五年，任真定通判。

李從高：第二十八名。沁水（鹿路南里）人，號西河，縣學生，習《詩經》。撰有《重修敕賜龍泉寺記》。

栗魁周：第三十六名。陽城人，登進士。

梁元吉：第五十四名。高平米山人，縣增廣生，習《易經》。

陳策：第五十六名。沁水賈寨人，登進士。

李斐：第五十八名。高平米山人，學生，習《春秋》。

鍾湛靈：第六十二名。澤州鍾莊人，字子一，號小塘，州學附學生，習《禮記》。隆慶元年，任寧羌知州。隆慶四年，充庚午科陝西鄉試謄錄官。升平涼同知。

《隆慶四年陝西鄉試錄》：謄錄官 漢中府寧羌州知州鍾湛靈，子一，山西澤州人，己酉貢士。

河南鄉試

牛若愚：第十六名。澤州籍，祥符人，登進士。

嘉靖三十一年壬子科

山西鄉試（六十五人　澤州四人　登進士一人）

楊樞：第二十五名。陽城下莊人，登進士。

李士廉：第四十一名。高平人，縣學生，習《易經》。

盧光闇：第五十四名。陽城郭峪人，縣學生，習《易經》。

史天衢：第六十名。澤州白雲廂人，號建軒，州學附學生，習《春秋》。隆慶二年，任浚縣教諭。

順天鄉試（澤州一人）

閭年：第一百五名。山西沁水人，直隸滑縣籍，號壽齋，縣學增廣生，習《書經》。鎮平知縣。丁憂歸。萬曆十七年，服闋，補禮泉知縣。

嘉靖三十四年乙卯科

山西鄉試（六十五人　澤州五人　登進士一人）

竇傑：第二十八名。沁水竇莊人，遷居陽城郭峪，縣學生，習《易經》。萬曆二年，任東明知縣，丁憂歸。萬曆六年，補元城知縣。歷官直隸、知縣、太僕寺丞。

武鎬：第二十九名。陵川人，字克純，號西崖、懷雲，縣學生，習《書經》。隆慶五年，任伊陽知縣。萬曆二年，任江寧知縣，被冤入獄，事白歸鄉。著有《西崖》等書。

韓君恩：第三十六名。沁水人，登進士。

衛天民：第四十六名。沁水縣城宣化坊人，字志伊，號心田，縣學生，年三十四，習《詩經》。隆慶五年，任天津理刑廳通判。濱州知州，年五十五，卒於官。撰有《重修碧峰山靈泉寺碑》。

盧守經：第五十九名。陽城郭峪人，縣學增廣生，習《易經》。

順天鄉試

郜大經：第四十名。吳橋籍，陵川人，登進士。

嘉靖三十七年戊午科

山西鄉試（六十五人　澤州三人　登進士三人）

李可久：第十六名。陽城中莊人，登進士。

王淑陵：第五十六名。陽城上莊人，登進士。

蘇民牧：第六十三名。高平古寨人，登進士。

嘉靖四十年辛酉科

山西鄉試（六十五人　澤州四人　登進士一人）

史天祐：澤州白雲廂人，號順軒。隆慶五年，任文安知縣，創修大堤。萬曆三年，任會寧知縣，修葺城牆。

邢國庶：高平城內人，邢校侄。早卒，繼妻趙氏，有節行。

郭璁：高平城內人，號荊山。

劉東星：第三名。沁水人，登進士。

嘉靖四十三年甲子科

山西鄉試（六十五人　澤州五人　登進士三人）

苗煥：第二十二名。澤州人，登進士。

陳璨：第二十四名。高平唐安人，登進士。

吳自省：第二十九名。澤州渠頭人，字守約，號唯軒，州學生，習《詩經》。萬曆二年，任陝西韓城知縣，任職九月，懸車歸鄉，不入城市。萬曆二十七年，年六十八，卒於家，張養蒙志其墓，詳見《明故文林郎陝西韓城縣尹唯軒吳公暨配孺人李氏郭氏合葬墓誌銘》。撰有《建拜殿碑》《明顯考壽官西園吳公墓誌銘》《明故沈府引禮東園李公暨孺人郭氏王氏合葬墓誌銘》《皇明奉國將軍慎齋公元配淑人鍾氏合葬墓誌銘》等。

王允寧：第三十名。澤州人，州學增廣生，習《易經》。

常存仁：第四十名。高平城內人，登進士。

順天鄉試（澤州一人）

陳學孟：山西陽城人，東勝右衛軍籍，順天遵化縣學生。

隆慶元年丁卯科

山西鄉試（六十五人　澤州四人　登進士二人）

劉虞夔：第四名。高平米山人，登進士。

劉克義：第十九名。澤州葉家河人，號樂吾，州學生，習《易經》。壽光知縣、城固知縣。

張之屏：第二十名。沁水人，登進士。

侯一律：第四十九名。陽城人，縣學增廣生，習《易經》。妻謝氏，有節行。

順天鄉試

尚魁：第一百十名。金吾左衛軍籍，高平人，順天府學增廣生，習《易經》。隆慶二年，任陝西安定知縣。萬曆元年，任天津理刑廳通判。

隆慶四年庚午科

山西鄉試（六十五人　澤州六人　登進士二人）

孟養浩：第八名。澤州人，州學生，習《書經》。

王汝濂：第十六名。沁水（西曲里）人，號道源，縣學生，習《春秋》。初授任縣知縣。萬曆二十一年，任齊河知縣。升趙州知州。萬曆二十六年，任平度知州，致仕歸。

趙九思：第二十一名。澤州人，登進士。

韓可久：第四十九名。沁水郭壁人，韓君恩子，字爾徽，號小溪，縣學生，習《春秋》。未仕卒。

衛一鳳：第五十三名。陽城通濟里人，登進士。

劉朝貴：第六十三名。澤州葉家河人，號明吾，州學生，習《春秋》。綏德知州。

順天鄉試

馬允登：第三十九名。直隸東光籍，山西陵川人，登進士。

萬曆元年癸酉科

山西鄉試（六十五人　澤州七人　登進士四人）

林一桂：第二名。世居澤州城西東坪村，徙居府城村，號清宇，州學生，習《易經》。五次會試均不中。萬曆十一年，任交河知縣。丁父憂歸。服闋，補太康知縣。萬曆十七年，升鳳陽同知。降亳州判官。張養蒙志其墓，詳見《亳州判官致仕前鳳陽府同知清宇林公墓誌銘》。

張養蒙：第三名。澤州大陽人，登進士。

張以漸：第十七名。陽城郭峪人，監生，習《易經》。萬曆八年，授衛輝府推官。萬曆十二年，任平涼府推官。萬曆十四年，升景州知州。有詩

《登崆峒》。

　　周盤：第二十七名。澤州庾能人，登進士。

　　楊植：第三十八名。陽城下莊人，登進士。

　　徐觀瀾：第五十三名。澤州武莊人，登進士。

　　崔三省：第六十五名。高平米山人，縣學生，習《春秋》。岳州通判。

萬曆四年丙子科

山西鄉試（六十五人　澤州三人）

　　王忠顯：第一名，解元。澤州楊窪人，字願良，號盡亭，州學附學生，習《書經》。五臺縣教諭。萬曆十七年，任清水知縣。升南京戶部主事。淮關倉大使、平涼知府。萬曆三十七年十一月，升陝西按察司副使，分巡肅州兵備道。

　　閻期壽：第二十五名。澤州人，閻承光子，號靜吾，州學生，習《易經》。萬曆二十三年，任保安知州。萬曆三十三年，任泰州分司運判。撰有《皇明隰川鎮國中尉竹亭公配恭人閻氏合葬墓誌銘》。有詩《遊碧霞寺》。纂修《澤州志》。

　　楊溥：第三十九名。澤州人，字公庵，州學生，習《禮記》。萬曆三十一年，任柘城知縣。萬曆三十六年，任伏羌知縣。華亭知縣。

萬曆七年己卯科

山西鄉試（六十五人　澤州五人　登進士一人）

　　呂洙：第十五名。澤州人，號泰岩，州學增廣生，習《春秋》。萬曆十一年，任絳州儒學訓導。萬曆十五年，任安定知縣。

　　焦元卿：第三十名。高平仙井人，縣學增廣生，習《易經》。香河知縣〔註13〕。萬曆二十八年，率香河士民數千人抗稅，六月降為乾州判官。追贈太僕寺丞。

　　張純：第四十一名。陽城郭峪人，字□一，號文茲，縣學附學生，習《易經》。陝西同州。延慶知州。兗州府知府，卒於官。

　　張五典：第五十四名。沁水竇莊人，登進士。

　　段梧：第六十四名。高平馬村人，字維禎，號龍池，縣學生，習《書經》。

〔註13〕《香河縣志》云焦元卿萬曆三年由舉人任知縣，可知有誤。

萬曆二十四年，任乾州知州。補大名府通判，督理宣府西路糧儲。張銓表其墓，詳見《乾州刺史龍池段公墓表》。

萬曆十年壬午科

山西鄉試（六十五人 澤州八人 登進士三人）

白所知：第一名，解元。陽城人，登進士。

陳熺：第三名。高平陳村人，縣學生，習《詩經》。良鄉知縣、錦衣衛經歷。萬曆三十五年，任鎮平知縣。

馮養志：第五名。高平唐安人，登進士。

郭嗣煥：第三十七名。高平建寧人，登進士。

孔調元：第三十八名。澤州人，州學生，習《易經》。歷任菏澤知縣、曹州知州，淮安府同知。

王兆河：第四十七名。陽城上莊人，字龍川，王國光子，縣學生，習《易經》。因是大臣子被參劾舉人身份，萬曆二十年複試通過。終生不仕。

董嘉謨：第五十九名。澤州人，字子良，號敬亭，州學生，習《書經》。歷官山東青州府蒙陰縣知縣、陝西安定知縣，直隸定州知州，有善政，民祠祀之。

田可久：第六十四名。高平良戶人，縣學生，習《春秋》。澠池知縣。

山西鄉試副榜

衛思濂：沁水宣化坊人，舉人衛天民子。山東壽光縣主簿。

萬曆十三年乙酉科

山西鄉試（六十五人 澤州十人 登進士二人）

劉守約：澤州人。

苗有土：澤州城內人，字培真，號侍峰。萬曆三十五年，選鹽亭知縣，甫三月丁母憂歸鄉。萬曆三十九年，補河陰知縣，任官第五年時因「中飛語降級，遂不復出」。崇禎二年卒，弟苗胙土志其墓，詳見《伯兄河陰令墓誌銘》。

陳所知：澤州人。初授太平縣教諭。萬曆二十年，任白水知縣。虞城知縣。

趙國壁：高平馮莊人。延安府推官、磁州知州、鞏昌同知。

王洽：陽城上莊人，王淑陵子，字仁甫，號霈寰。隱居不仕。張慎言志其

墓，詳見《孝廉王仁甫墓誌銘》。

田立家：第十一名。陽城化源里人，登進士。

尚科：亞魁，更名方珍，沁水（上閣里）人。歷官廣濟知縣、天津左衛經歷、狄道知縣。

韓范：第三十六名。沁水人，登進士。

霍惟準：沁水竇莊（西曲里）人。萬曆二十九年，任陽谷知縣。萬曆三十五年，任齊河知縣。升南京大理寺評事。

竇學孔：沁水（宣化坊）人，號泗齋。萬曆二十五年，任陝西華州知州，有善政。升刑部員外郎。撰有《城隍廟創建石坊記》。

萬曆十六年戊子科

山西鄉試（六十五人　澤州六人　登進士二人）

董思聰：澤州堯頭人，字遠虞，號同野。屢上春官不第。萬曆二十八年，銓授洋縣知縣，丁艱歸。萬曆三十一年，服闋，補藍田知縣。升刑部福建司主事。孫居相志其墓，詳見《明南京刑部福建司主事遠虞董公墓誌銘》。

田可貢：高平良戶人。萬曆二十六年，任嘉祥知縣。撰有《鼎建宗聖書院碑記》。

路桂：高平陳村人。萬曆三十一年，授河南臨漳知縣。萬曆三十三年，補肥城知縣。升湖廣德安通判。

牛從龍：高平米山人，登進士。

孫居相：第四名。沁水湘峪人，登進士。

王鶡漸：沁水（郎壁南里）人。

萬曆十九年辛卯科

山西鄉試（六十五人　澤州十人　登進士四人）

翟學程：澤州翟河底人，號翼明。歷官儀真知縣、安岳知縣、河南道監察御史，四川按察司僉事。天啟五年，削籍歸。著有《奏疏》《襄事錄》。

石延壽：澤州城內人，號岩盤。武陟知縣。

張光房：第五十八名。澤州大陽人，登進士。

王家礎：陽城王村人，登進士。

賈之鳳：第二十一名。陽城陽高泉人，登進士。

張志芳：陽城通濟里人，字廷芝，號聞寰，習《禮記》。七次應考會試不中。萬曆四十一年，授山東陽信知縣。升宿州知州。服母喪歸里三年，服闋，補滄州知州。天啟五年，升戶部江西司員外郎。升戶部郎中，督餉天津。升山東按察司僉事。崇禎五年，年六十四，卒於天津，張慎言志其墓，詳見《明奉直大夫山東按察司僉事廷芝張公暨配宜人畢氏石氏合葬墓誌銘》。

孫鼎相：第六名，沁水湘峪人，登進士。

賈從桂：沁水（端氏中里）人。

郭士英：沁水端氏鎮人，號溪環。秦安知縣。張道濬表其墓，詳見《文林郎秦安知縣溪環郭公墓表》。

張洪猷：沁水郭壁人，居縣城北關，張之屏次子，未仕卒。

萬曆二十二年甲午科

山西鄉試（六十五人　澤州三人　登進士一人）

王家俊：澤州人，號章義。咸陽知縣，以病去任。光祿寺署正。

趙求益：澤州城西關人，號淇園。崇禎元年，卒。贈刑部員外郎。有詩《貸粟解嘲》。

李春茂：第二十二名。陽城中莊人，登進士。

萬曆二十五年丁酉科

山西鄉試（六十五人　澤州八人　登進士二人）

趙弘益：澤州城西關人，趙九思三子，號毅臺。

程嗣明：高平米山人。孟津知縣。

楊瀚：陽城下莊人，居縣城內，字海涵，號會吾。歷官寧遠知縣、良鄉知縣、大理寺評事。

王桂：陽城化源里人，字高攀。歷官靈寶知縣、常州同知，病卒於官。

崔時芳：陽城人，字沖寰。萬曆三十七年，任華陰知縣。升平涼知縣、鞏昌同知。

白所行：陽城人，白所知弟，字廷鵠。歷官肅寧知縣，四川大寧知縣，卒於官。

李養蒙：第五十九名。陽城中莊人，登進士。

張銓：第三十八名。沁水竇莊（西曲里）人，登進士。

順天鄉試

孟兆祥：第六十七名。直隸交河籍，山西澤州人，登進士。

萬曆二十八年庚子科

山西鄉試（六十五人 澤州八人 登進士三人）

王允成：第十九名。澤州大箕人，字復我，號述文、湛臺。四上春官不第。萬曆四十一年，授新樂知縣，祀名宦。萬曆四十四年，任獲鹿知縣。萬曆四十七年，行取，擬授刑部主事。萬曆四十八年，升南京廣東道監察御史。崇禎元年，補四川道監察御史。崇禎三年，卒，張慎言志其墓，詳見《明故文林郎四川道監察御史述文王公墓誌銘》。

劉時達：澤州小劉家川人，字見海，號睿江。懷遠知縣。

張光前：第三十名。澤州二聖頭人，登進士。

張光縉：第六十名。澤州二聖頭人，登進士。

張國仁：高平西關人，進士張汧、張流謙祖。崇禎元年，任陳州知州。

白所樂：陽城城內人，早卒。妻延氏，有節行。

韓肫仁：沁水人，登進士。

張繼芳：〔註14〕沁水下韓王（端氏西里）人，號雲盤。萬曆三十三年，任紫陽知縣，首修《紫陽縣志》。升揚州府同知。下韓王村存其故居和「紫誥再封」牌坊。

萬曆三十一年癸卯科

山西鄉試（六十五人 澤州五人 登進士一人）

楊新期：第七名。陽城匠禮人，登進士。

韓國賓：陵川人，早卒。有詩《遊西溪二仙祠》等。著《鳴野集》。妻李氏，有節行。

張鈴：沁水竇莊人，字宇聞，號見弘，張五典次子，年十六。早卒。妻為劉東星孫女，有節行。

張洪翼：沁水郭壁人，居縣城北關，張之屏三子，號萬涵。初授朝邑教諭。崇禎四年，任威縣知縣，十一月，年五十六而卒，陳昌言志其墓，詳見

〔註14〕當地方志均作萬曆十三年舉人，據萬曆三十九年刻《紫陽邑侯張公遺愛碑記》改。

《故文林郎直隸廣平府威縣知縣萬涵張公孺人王氏合葬墓誌銘》。

　　竇如璧：沁水竇莊人。武城知縣。

萬曆三十四年丙午科

山西鄉試（六十五人　澤州四人　登進士一人）

　　馮聲達：高平城內人。

　　楊樸：陽城潤城人，字賁聞。五上春官不第。初授昨城知縣，調湯陰知縣。崇禎元年十二月，任大興知縣。張慎言志其墓，詳見《明故承德郎大興縣知縣賁聞楊公暨元配贈安人王氏合葬墓誌銘》。

　　張慎言：第四十八名。陽城屯城人，登進士。

　　王希聖：沁水郭壁人，字思睿，號性宇。張五典表其墓，詳見《孝廉王性宇墓表》。

山西鄉試副榜

　　李可畏：陽城中莊人。

萬曆三十七年己酉科

山西鄉試（六十五人　澤州七人　登進士一人）

　　王國士：第一名，解元。澤州大陽人，號秋水。霸州知州。撰有《針翁廟創建碑記》。

　　孟躍如：澤州大陽人。天啟年，任沅陵縣推官。

　　苗濟民：澤州北石翁人。

　　武之楨：經元。高平唐安人，字賓五。歷官安州知州、易州知州、保定府同知、戶部貴州司員外郎、戶部郎中。

　　王用士：陽城化源里人，字旂召，號寧寰。萬曆年，任考城知縣。天啟七年，任靜海知縣，創修《靜海縣志》。著有《憨勞身廳》。

　　張鵬云：陽城郭峪人，登進士。

　　王統元：陵川人，字均宇。

萬曆四十年壬子科

山西鄉試（六十五人　澤州七人　登進士二人）

　　程式孟：澤州人，字泰雲。天啟七年，任平陽府學教諭。升陝州知州。升

陝西按察司僉事，分守隴右道。

　　周圖駿：澤州庚能人，周盤子。

　　牛狪玄：陝西寧州人，寄籍高平南關，登進士。

　　于琇：陽城上伏人，字伯玉，號藍華。歷官新樂知縣、西安府通判。

　　王徵俊：陽城上莊人，登進士。

　　李萃秀：陵川人，李用賓七世孫，字蘭圃，號東園，萬曆己未會試副榜。著有《醉笑軒集》。

　　孫如玉：沁水湘峪人。

萬曆四十三年乙卯科

　　山西鄉試（七十人　澤州五人　登進士一人）

　　程接孟：澤州人。崇禎元年，任沐陽知縣，因銜役訪害罷去。崇禎十七年，與王緒宏等同殉難。工書，見於青蓮寺碑刻。

　　呂黃鐘：澤州人，登進士。

　　唐繼皋：高平南關人。參修《高平縣志》。

　　楊時化：陽城下伏人，登進士。

　　賈希洛：沁水端氏人，號太行。歷官太平縣教諭、中牟知縣。

萬曆四十六年戊午科

　　山西鄉試（六十五人　澤州九人　登進士四人）

　　楊啟光：澤州人。

　　王崇顯：澤州人。崇禎六年，任沂州知州，祀名宦祠。

　　苗胙土：第二十七名。澤州城內人，登進士。

　　崔學顏：高平崔家莊人。臨潼知縣。

　　王邦柱：高平唐安人，登進士。

　　於瓚：陽城上伏人。字仲玉，號瑤華。深澤縣知縣、兩淮鹽運司副使。著有《遲雲山房詩集》。

　　盧道昌：陽城郭峪人。

　　衛廷憲：第十五名。陽城人，登進士。

　　石鳳臺：陽城人，登進士。

天啟元年辛酉科

山西鄉試（七十人　澤州七人　登進士一人）

王廷瓚：第六名。沁水郭壁人，登進士。

龐還初：第八名。澤州人，號雪濤，州學生，習《詩經》。

李藻：第十一名。高平城內人，字鑒明，號慶餘，縣學生，習《易經》，崇禎十年，任保定知縣。崇禎十二年，任大城知縣。歷官涿州知州、兵部職方司員外郎、遵化監軍兵備道、湖廣按察司僉事、湖廣布政司右參議、四川布政司參議、湖廣按察司副使、太常寺少卿、通政司右通政、宗人府府丞、刑部右侍郎。順治十四年，卒於家，白胤謙志其墓，詳見《清故正奉大夫刑部右待郎加一級慶餘李公墓誌銘》。

張上春：第二十三名。陽城人〔註15〕，縣學增廣生，習《詩經》。崇禎七年，任文安知縣。

裴平淮：第二十六名。澤州大陽人，州學增廣生，習《書經》。順治三年，任江西新城知縣。順治五年，會金聲恒兵亂，病卒於新城郊外。撰有《創修東面石城記》。

武傑：第四十八名。陽城人，縣學生，習《易經》。沈丘知縣。

張京：第五十五名。澤州東掩村人，字谷臣，號綠雪，州學增廣生，治《易經》。崇禎十五年，任雄縣知縣。清順治二年，任當塗知縣。順治三年，充丙戌科江南鄉試同考官。官至工科給事中。畢振姬志其墓，詳見《給事中張京合葬墓誌銘》。

山西鄉試副榜

張琦：高平人。

劉韓：沁水人。

天啟四年甲子科

山西鄉試（七十人　澤州五人　登進士一人）

李蕃：第四十一名。陽城中莊人，登進士。

盧時升：陽城郭峪人，字南征、正安。歷任濟源知縣、任縣知縣。陳廷敬撰其墓表，詳見《故北直隸任縣知縣盧府君墓表》。

〔註15〕《文安縣志》記作山西壺關人。

賈之鵬：陽城陽高泉人，號程寰，賈之鳳弟。清順治年，任河津教諭。著有《綠含齋草》。

賈益謙：陽城陽高泉人，字六符。崇禎十三年，任雞澤知縣。遷兵馬指揮，亂後歸。清初，任太僕寺丞、戶部郎中、徐州知州，卒於官。

趙鑿：沁水郭壁人。早卒，妻王氏有節行，撫子趙育溥成舉人。

天啟七年丁卯科

山西鄉試（七十人 澤州九人 登進士二人）

秦邦寧：亞魁。高平朱莊人，有學行，畢振姬師之。

王同春：第十六名。沁水潘莊人，登進士。

竇復儼：第五十七名。沁水竇莊人，字五二，號沁干。南康府推官。有詩《秦川道中》。

白胤謙：第五十八名。陽城人，登進士。

王倬：澤州人。

張慶雲：陽城人。殉難，贈宛平知縣。

王崇銘：陽城潤城人，字心盤，號松石，年二十八，屢試禮部不第。清初，選永年知縣，有善政。升戶部主事，監寶源局。順治四年，奉敕巡查潞墅鈔關，順治六年，升戶部郎中。順治七年，任處州知府。順治十三年，任福建鹽運司運使。順治十四年，卒，白胤謙志其墓，詳見《清故福建都轉鹽運使司運使心盤王公墓誌銘》。撰有《儒學義田碑記》。著有《松石齋詩》。

王文仕：沁水（土沃北里）人，號臨軒。

張濱：沁水郭壁人。恩縣知縣。鼎革不仕，立社課文，多所造就。

山西鄉試副榜

田元相：進士田弘祖父。

趙嗣美：澤州人，崇禎六年舉人。

順天鄉試（澤州一人 登進士一人）

孟章明：第二十七名。北直隸交河縣民籍，祖籍澤州，登進士。

崇禎三年庚午科

山西鄉試（七十人 澤州九人 登進士五人）

李異品：第一名，解元。沁水宣化坊人，李聰曾孫，號念石。歷官宣化東

路理餉通判、濟南同知。撰有《明孝廉張公墓誌銘》。

　　毛一爹：第七名。澤州城內人，登進士。

　　崔子明：第十一名。高平米山人，登進士。

　　丁泰運：第十五名。澤州人，登進士。

　　陳昌言：第三十三名。澤州人，登進士。

　　趙士俊：第六十二名。陽城人，登進士。

　　宋英：澤州大陽人。字木若。順治八年，任榆次教諭。

　　孟聖教：澤州人。有詩名。張慎言志其墓。

　　李鯨化：高平朱莊人。陽曲教諭。順治十五年，充《高平縣志》參閱。

崇禎六年癸酉科

山西鄉試（澤州五人　登進士三人）

　　趙嗣美：第三十一名。澤州城西關人，趙求益子，登進士。

　　侯國泰：第二十二名。高平人，寄籍潞安，登進士。

　　王采：第六十八名。澤州人，登進士。

　　趙允升：高平西坡人，號吉孚。

　　高顯光：沁水（土沃北里）人，號仲暉。順治六年，任陝西按察司僉事，分巡驛鹽道。順治九年，任四川布政司左參議，分巡川東道。順治十二年，任江西布政司參議，分巡督糧道。順治十四年，革職。

崇禎九年丙子科

山西鄉試（七十人　澤州十人　登進士七人）

　　楊暄：第五名。高平城西北里人，登進士。

　　張鈴：第七名。沁水寶莊人，登進士。

　　王緒宏：第八名。澤州楊窪人，登進士。

　　王曰俞：第三十名。陽城城內人，登進士。

　　楊鵬翼：第三十七名。陽城下莊人，登進士。

　　朱充鰦：第四十三名。澤州城內人，登進士。

　　張爾素：第四十九名。陽城郭峪人，登進士。

　　竇瑛：沁水（鹿路北里）人。

　　羅人文：沁水人，翼城籍，避亂遷居剪桐里，字見田。甲申之難後，以業

醫為生，著有《醫案》十卷。康熙初年，任吉州學正。

　　劉溥：沁水（西曲里）人。河津教諭。

崇禎十二年己卯科

山西鄉試（七十人 澤州十一人 登進士四人）

　　王度：第六名。沁水郭壁人，登進士。

　　陳烶：第七名。高平唐安人，字昭茲，號壺山、壺嵐，縣學生，治《詩經》。順治四年，任翼城教授。升國子監學正、戶部司務。有詩《秋山寒雨》《初春小山》。畢振姬志其墓表，詳見《戶部司務孝廉陳壺山墓表》。著有《嫩逸草》。子陳均揆，字岱雲。

　　　　《崇禎十二年山西鄉試齒錄》：陳烶，字昭茲，號壺嵐，乙巳相六月二十四日生，行一，高平縣學生，治《詩經》。曾祖進，壽官。祖端，庠生。父惇，鄉耆。母李氏，繼母楊氏。俱慶下。兄□。弟㵿、烶，俱庠生；煥，業儒。娶張氏，繼李氏。子均揆、均持、均掄。侄均宜、均侚、均衡。鄉試第七名。會試□。廷試□。

　　趙昭：第十五名。沁水（鹿路北里）人，字子亮，號芳居，縣學增廣生，民籍，治《詩經》。順治二年，任安平知縣。鞏昌同知。

　　　　《崇禎十二年山西鄉試齒錄》：趙昭，字子亮，號芳居，甲寅相正月初九日生，行一，澤州沁水縣增廣生，民籍，治《詩經》。曾祖時中。祖光榮。父家璋。母霍氏。俱慶下。伯家琇，廩生。叔家珂、家璣、家珩、家琔、家璁，俱生員。兄永昌、永健，俱生員；純一；純敬。弟曉、暘、暄。娶吉氏。子繼美、增。鄉試第十五名。會試□。廷試□。

　　王克生：第三十名。陽城化源里人，登進士。

　　張毓中：第三十三名。陽城通濟里人，張志芳侄，字去偏，號洎水，縣學生，匠籍，治《易經》。順治元年，任撫寧知縣。刑部主事。順治五年，任鳳翔知府。著有《初尋草》《次尋草》《槭槭吟》。

　　　　《崇禎十二年山西鄉試齒錄》：張毓中，字去偏，號洎水，戊午相七月初六日生，行一，澤州陽城縣學生，匠籍，治《易》。曾祖守印，壽官。祖贅，贈戶部郎中。父同芳，庠生。母白氏。慈侍下。伯志芳，歷官山東參議、天津遼餉道。叔魁芳，庠生；流芳，儒士；

奇芳，庠生。兄致中，太學生。弟梓中，庠生；經；緯；綸；紀；
紘；遵中；維；綱。娶劉氏。子褌。鄉試第三十三名。會試□。廷
試□。

姬顯廷：第五十名。高平石村人，字振先，號相周，民籍，治《禮記》。
崇禎八年，拔貢生。鼎立不仕，避地尋賣藥終其身。

  《崇禎十二年山西鄉試齒錄》：姬顯廷，字振先，號相周，乙巳
  相十月十七日生，行一，澤州高平縣拔貢生，民籍，治《禮記》。曾
  祖自學，鄉耆。祖佩金，西安府知事，署盩厔印。父國瑞，儒官。
  母郭氏、王氏。永感下。同居叔國琊。兄夢熊，醫官。弟承緒，儒
  士。娶趙氏、趙氏、張氏。子鼎峻、鼎燕。侄延祚；溶儒；朋舉；
  復儒；君聘；肇誂；開誂；新邦；維祺，庠生。鄉試第五十名。會
  試□。殿試□。

李棠馥：第五十二名。高平鳳和人，登進士。

朱廷堉：第五十三名。澤州人，登進士。

孔斯和：第五十四名。澤州城內人，寧山衛軍籍，孔調元孫，字動之，
號伊侯，州學附生，治《書經》。順治九年，任東湖知州，祀東湖名宦祠。康
熙七年，任常德府同知，校閱《常德府志》。康熙十二年，任建寧知府。瀘州
知州。

  《崇禎十二年山西鄉試齒錄》：孔斯和，字動之，號伊侯，辛酉
  相四月二十五日生，行三，澤州附學生，寧山衛軍籍，治《書經》。
  曾祖乾，生員，誥封奉直大夫，山東曹州知州。祖調元，壬午舉人，
  直隸淮安府同知。父文縉，庠生。母鍾氏。俱慶下。伯文維，庠生；
  文綸，貢士。叔文紳，儒士；文燁。兄斯來，庠生；斯行，業儒。
  弟斯立，庠生；斯盛；斯百；斯信，俱業儒。娶趙氏，繼孫氏、高
  氏。子會、企、介。侄駿、俞、念、金、全。鄉試第五十四名。會
  試□。廷試□。

張光：第六十二名。沁水（鹿路北里）人，張濱子，字大覺，號山庭，
縣學增廣生，軍籍，治《易經》。

  《崇禎十二年山西鄉試齒錄》：張光，字大覺，號山庭，庚申
  相九月十六日生，行二，澤州沁水縣增廣生，軍籍，治《易經》。
  曾祖鏌。祖箴銘，生員。父濱，天啟丁卯科舉人。母劉氏。重慶

下。叔淳，儒士；灩，儒士；漱。兄蒔，生員。弟眉，生員；顏；瞻。娶趙氏，繼霍氏。子文祥。侄異諸。鄉試第六十二名。會試□。廷試□。

張肇昱：第六十五名。澤州二聖頭人，張光縉子，字晦之，號閒綠，民籍，治《詩經》。康熙元年，任海寧知縣。畢振姬志其墓，詳見《知縣張晦之墓誌銘》。

> 《崇禎十二年山西鄉試齒錄》：張肇昱，字晦之，號閒綠，丙辰相七月二十二日生，行二，澤州，民籍，治《詩經》。曾祖朝器，贈河南按察使。祖思烈，贈河南按察使。父光縉，甲辰進士，陝西右布政使。母郭氏，贈淑人；繼母楊氏，贈淑人。庶母鍾氏、梁氏。嚴侍下。伯光先，恩貢。叔光前，庚戌進士，大理寺少卿，前文選司郎中；光繡，貢生；光祚、光宇，俱生員。兄肇昇，廩生；肇熙，增生；肇隆，附生；肇興，附生；肇壁，增生；肇達，附生。弟肇佳，附生；肇晟，國子生；肇仕，附生；肇熊，附生；肇陽；肇昇；肇景。娶孫氏，巡撫湖廣督察院右副都御史孫鼎相女。子象寵、象容。侄象榮、象守、象瑗、象城、象鐸、象鏞、象坦、象鉉、象均。鄉試第六十五名，會試□，廷試□。

山西鄉試副榜

田種玉：高平良戶人。清順治二年乙酉科舉人。

李振基：高平安河人。

崇禎十五年壬午科

山西鄉試（八十人 澤州十五人 登進士七人）

畢振姬：第一名，解元。高平得義人，登進士。

李兆甲：第六名。陽城中莊人，李養蒙孫，縣學生，治《易經》。

石瑋：第七名。高平城內人，縣學生，治《詩經》。尋甸知州。

楊生芳：第九名。陽城人，增廣生，治《易經》。

張履旋：第二十名。陽城人，張慎言子，字坦之，縣學生，治《易經》。賊陷陽城，殉難，贈河南道監察御史。著有《靜言堂詩集》。

郭恢弘：第二十三名。澤州人，貢生，治《詩經》。

段上彩：第三十三名。陽城人，登進士。

　　董緒：第四十名。澤州人，進士董琰父，字經倩，貢生，治《書經》。順治十二年，任南雄府推官。官至淮安同知。工詩善書。著有《白鶴集》《遯園詩集》。

　　栗宮桂：第四十一名。陽城人，縣學生，治《易經》。

　　龐太樸：第四十二名。高平唐安人，登進士。

　　楊桂如：第五十名。陽城人，縣學生，治《易經》。

　　韓張：第五十一名。沁水人，登進士。

　　趙汴：第五十二名。沁水人，登進士。

　　張珺：第五十三名。陽城潤城人，登進士。

　　張翮：第六十七名。高平城內人，登進士。

第二節　清代澤州舉人徵錄

順治二年乙酉科

山西鄉試（七十九人　澤州二十四人　登進士十五人）

　　楊榮序：第二名。陽城下莊人，登進士。

　　張汧：第五名。高平西關人，登進士。

　　楊燧：第七名。沁水（西曲里）人。順治四年，任萬全教諭。

　　喬映伍：第八名。陽城人，登進士。

　　田六善：第十四名。陽城東關化源里人，登進士。

　　王蘭彰：第十六名。陽城上莊人，登進士。

　　梁肯堂：第十七名。澤州周村人，登進士。

　　張啟元：第十八名。沁水人，登進士。

　　孔文明：第二十九名。澤州城內人，登進士。

　　和元化：第三十名。陵川人，登進士。

　　張碩輔：第三十一名。澤州人。順治六年，任芮城教諭。

　　王潤身：第三十二名。陽城上莊人，登進士。

　　秦之鉉：第三十六名。陵川人，登進士。

　　李芝馨：第四十三名。陽城望川人，字朋蘭。順治七年，任曲沃教諭。順治十四年，任扶風知縣，丁憂歸。康熙二年，任都昌知縣。

　　張流謙：第四十四名。高平西關人，登進士。

翟鳳梧：第四十七名。澤州翟河底人，登進士。

郭應昌：第五十名。澤州人。撰有《內外重修孔廟碑》。

趙介：第五十三名。高平裴泉人，登進士。

白方鴻：第五十五名。陽城人，白胤謙子，字元將，號少谷。康熙十九年，任故城知縣。有詩《山夜》《豫讓橋》《弔故宅盆魚》《寄懷王半石》《臘日》《贈衛澹足》。著有《少谷集》。

王道久：第五十八名。陽城人。歷官應州學正、蒲圻知縣。撰有《重修大廟諸神殿山門舞亭碑記》。

郭蕙然：第六十二名。沁水（郎壁中里）人。

田種玉：第六十七名。高平良戶人。早卒。

韓瓀：第七十三名。沁水人，登進士。

田紹前：第七十八名。陽城東關化源里人，字會昭。順治十七年，任婁縣知縣。

山西鄉試副榜

李暶：高平人。

張遠宸：陽城人，廩生。〔註16〕

順天鄉試（澤州二人　登進士一人）

陳攀龍：澤州人，字雷門。順治二年，拔貢。順治十三年，任河南永城知縣。選鄉飲大賓。

衛貞元：第十二名。陽城人，登進士。

河南鄉試（登進士一人）

張彥珩：洛陽人，寄寓高平陳堰鎮。

順治三年丙戌科

山西鄉試（七十九人　澤州十五人　登進士六人）

張希杙：第三名。澤州人。順治十二年，任瀘溪知縣，尋卒。

張鉁：第六名。沁水竇莊人，張五典五子，字念茲、漫亭，號見本。永州府推官。有詩《宛陵訪王使君》《愚溪》等。著有《蘧亭筆暇》《漫亭稿》。

白象灝：第十二名。陽城人，字沆仲。崇信知縣。纂修《陽城縣志》。有

〔註16〕據張齊仲履歷。

詩《白頭吟》《烏夜啼》等。著有《懷觀堂文集》《陽城詩續鈔》。

趙嗣彥：第十七名。澤州城西關人，趙求益子，字二瞻。康熙九年，任武邑知縣。有詩《薦字》《過黃粱》《歎蝸牛》《十六夜月對之有感》《張仁度盧墓詩以慰之》等。撰有《苗匠村重修社廟創建舞樓碑記》等。

趙一心：第十九名。陵川嶺西人，登進士。

張道湜：第二十名。沁水人，登進士。

王錫孕：第二十一名。高平南關人。靜樂教諭。

常在：第二十七名。高平城內人。六合知縣。

李淘：第二十八名。高平西關人，號三汲，李晏後裔，習《易經》。順治四年丁亥科會試副榜。六次參加會試均不中，吏部試注推官。順治十五年，充《高平縣志》參閱。順治十八年，卒於家，畢振姬志其墓，詳見《推官舉人李淘墓誌銘》。

喬楠：第三十一名。陽城人，登進士。

馬如龍：第四十三名。澤州巴公人，登進士。

董琰：第五十名。澤州人，登進士。

岳峻極：第六十六名。澤州巴公人，登進士。

張光宅：第六十七名。澤州二聖頭人。

楊煒：第七十五名。沁水（西曲里）人，字錫彤。順治十二年，任聞喜教諭。康熙五年，任環縣知縣。莊浪知縣，同知。

山西鄉試副榜

李源：高平西關人，舉人李淘從兄。

順治五年戊子科

山西鄉試（七十九人　澤州六人　登進士一人）

吳起鳳：第六名。陽城人，登進士。

都廣居：第八名。澤州大陽人。

衛遠蔭：第二十九名。陽城人。

王所善：第三十九名。陽城人，字居州，號莊岳。順治十五年，任徐州知州。康熙十六年，任六安知州，重修《六安州志》，祀名宦祠。康熙二十一年，升武定同知，署理知府事。有詩《登析城山》《雙塔摩青》《龍穴晚照》等。撰有《重修官道記》。著《莊岳齋集》。

竇復僖：第四十九名。沁水竇莊人，字五五。霍州學正。順治十八年，任安徽貴池知縣。

王宰：第七十九名。澤州閣莊人。崇寧知縣。

山西鄉試副榜

馬之騤：澤州高都人。

崔光嵩：高平米山人，崔子明從弟，溧陽知縣。

張擇中：陽城人。固始知縣、河南同知。

賈益厚：陽城城內人，順治八年順天鄉試舉人。

順天鄉試（澤州二人）

趙象乾：高平城內人。順治十五年，充《高平縣志》參閱。康熙八年，任福建長泰知縣，卒於官，民為建趙公祠。

順治八年辛卯科

山西鄉試（八十九人 澤州十九人 登進士四人）

陳元：第三名。澤州人，登進士。

成益昌：第十一名。陽城人。

段藻：第十三名。澤州西四義人，登進士。

王紀：第十四名。沁水郭壁人，登進士。

王益祚：第十九名。沁水（西曲里）人。順治十七年，任芮城教諭。五臺教諭。

張於廷：第二十六名。陽城人，登進士。

楊崇高：第二十九名。陽城人，順治十七年，任垣曲教諭。康熙十年，任平定州學正，改翰林院待詔。

楊拱明：第三十二名。陽城下莊人，字端甫，號大椿。順治九年壬辰科會試副榜。

趙世禎：第三十六名。澤州浪井人，字介祥，號衡園。康熙九年，銓授淳安知縣，旋而丁父憂歸里。服闕，補南安知縣，適福建全省淪陷，赴部輪銓。康熙二十四年，卒於家。

王曰翼：第四十八名。陽城人，字健齋。康熙九年，任昌黎知縣，纂修《昌黎縣志》，有善政，民立去思碑。康熙二十二年，任順德府同知。升貴州威寧知府，未到任。

王駿謨：第五十七名。澤州司徒人。

王璡：第六十名。高平人，寄寓澤州。順治十五年，充《高平縣志》參閱。

趙育溥：第六十一名。沁水郭壁人，趙鋆子，字大生。歷官五臺教諭、常熟知縣。解任歸。

王步階：第六十三名。陽城潤城人，字允升。順治十四年，任靈丘教諭。康熙年，任蔚州學正。著有《夢易解》。

上官準：第六十六名，陽城人。

樊琳：第七十六名。沁水（武安東里）人，字北山。康熙十一年，任沁州學正。升襄陵教諭。康熙二十五年，升合水知縣。有詩《冷署即景》。

衛振輝：第七十七名。陽城人。康熙年，任巨野知縣，崇尚斯文，勤於課士。撰有《邑侯金華陳公捐俸修路碑記》。著有《忍齋詩》。

馬麟友：第八十二名。澤州古書院人，字孚吉。鹿邑知縣。

郭振修：第八十五名。澤州人。撰有《珏山東頂創建鍾鼓樓等碑記》。

順天鄉試（澤州一人）

賈益厚：陽城人。

江南鄉試（澤州一人 登進士一人）

楊明耀：山陽籍，高平人，登進士。

順治十一年甲午科

山西鄉試（八十四人 澤州六人 登進士二人）

田逢吉：第四名。高平良戶人，登進士。

張拱辰：第十五名。陽城人，登進士。

寶復伸：第三十七名。沁水寶莊人，字五七。順治十八年，任猗氏教諭。康熙十一年，任宜章知縣，卒於官。

王用賓：第五十七名。澤州人。康熙二十二年，任廣西靈川知縣。

李毓初：第六十名。陽城人。

白毓秀：第七十七名。澤州人。順治十二年，任和順教諭。康熙元年，任安陽知縣，以鹽政罷歸。

山西鄉試副榜

王十臣：澤州人。

張象守：澤州人，光縉孫，肇升子。

李煜：高平城內人，宛平縣丞。

徐交泰：陵川人。

順治十四年丁酉科

山西鄉試（七十九人 澤州十三人 登進士六人）

成公瑜：第二名，亞元。陽城城內人。康熙十九年，任翼城教諭。康熙二十二年，再任翼城教諭。

孟星：第十三名。澤州大陽人。

陳敬：第二十三名。澤州人，登進士。

李瑝文：第二十八名。沁水李莊人，登進士。

田七善：第三十七名。陽城東關化源里人，登進士。

于承澤：第四十名。澤州人。順治十八年，任壽陽教諭。

田弘祖：第四十五名。陽城東關化源里人，登進士。

翟於磐：第四十九名。澤州翟河底人，登進士。

司文鑒：第五十五名。澤州人，字若水。歷官臨晉教諭、陽高教授、陝西金縣知縣。有詩《僧舍》。

牛卿云：第七十二名。澤州大陽人，字東阿。康熙十九年，任府谷知縣。

竇瑀：第七十三名。沁水竇莊人，字伊璠。歷官平定學正、榆次教諭、汾州教授。妾盧氏、趙氏為雙節。

張慶徵：第七十五名。澤州人，字續文，有詩《將雪》。

李弘：第七十八名。澤州申匠人，登進士。

山西鄉試副榜

張元斌：高平人。

順治十七年庚子科

山西鄉試（四十人 澤州四人 登進士二人）

張齊仲：第六名。陽城人，登進士。

馮鼎樞：第十名。高平唐安人，字北辰。康熙二十年，任沁州學正。

李焻：第十二名。高平谷口人。安邑教諭。父李永欽，母楊氏有節行。

牛美：第二十七名。澤州北郜人，登進士。

山西鄉試副榜

張恕禎：澤州東掩村人。

曹曙：陽城人。

李棟：高平人。

康熙二年癸卯科

山西鄉試（五十人　澤州四人　登進士一人）

鄭俊：第二十六名。高平城內人，登進士。

焦映斗：第三十名。高平人，字金沙。臨晉訓導。與王萃二為表兄弟。康熙二十三年，任平陽教授。

衛立鼎：第四十名。陽城通濟里人，字慎之，號蘇山。歷官直隸盧龍知縣、戶部浙江清吏司郎中，秩滿除福建福州知府。上憫其年老命致仕，教授鄉里。康熙三十七年九月，年七十六卒，卒於家，陳廷敬志其墓，詳見《故奉政大夫戶部浙江清吏司郎中蘇山衛君墓誌銘》。著有《約齋文集》。

趙琯：第五十名。澤州人。康熙二十五年，任絳州學正。

康熙五年丙午科

山西鄉試（四十人　澤州三人　登進士二人）

楊仙枝：第六名。澤州城內人，登進士。

張烈：第八名。澤州西郜人，登進士。

趙筏：第二十二名。高平裴泉人，號月槎，趙介子。歷官臨晉訓導、文水教諭。

康熙八年己酉科

山西鄉試（四十七人　澤州四人　登進士一人）

張恕禎：第三名。澤州東掩村人，張京子，字仁度。康熙十六年，任曲沃教諭。有詩《再望花山》《萬壽寺絕頂》。著有《十慕詠》。

張奕曾：第十九名。澤州二聖頭人，登進士。

王萃二：第二十三名。高平人，字兼兩。署岢嵐學正。畢振姬志其墓。

張應嵩：第四十五名。澤州人，年二十二卒，妻焦氏有節行。

康熙十一年壬子科

山西鄉試（四十人 澤州四人 登進士一人）

王玉柱：第五名。高平谷口人。康熙三十九年，任隰州學正。

王奕駒：第九名。高平人，字潛公，號西村，遷居福州。著有《丁甲集》《一峰樓詩文》。

李煜：第二十五名。陽城人，登進士。

宋文鍾：第二十八名。澤州南關白雲廂\史村河人。康熙三十五年，任平陽府學教授。朔平府右衛教授。

山西鄉試副榜

田埰：高平人。

康熙十四年乙卯科

山西鄉試（四十人 澤州一人 登進士一人）

牛兆捷：第三名。高平市望人，登進士。

山西鄉試副榜

張履善：陽城人。

衛咸：陽城東關人，衛立鼎次子。靈石教諭，卒於官。

康熙十六年丁巳科

山西鄉試（澤州三人 登進士一人）

張德棠：第三名。沁水寶莊人，字君稅，號乃張。康熙三十一年，任隰州學正。康熙四十七年，任安邑教諭。

張翔：第十一名。高平人。

邢澤臨：第十四名。高平人，登進士。

康熙十七年戊午科

山西鄉試（四十七人 澤州四人 登進士一人）

田泂：第九名。陽城東關化源里人，田六善長子，字子遠。年二十六，卒於太原，《兼山堂集·田孝廉傳》。

張德祁：第十五名。澤州大陽人，字聿修。康熙四十五年，任樂亭知縣，

在任十年，以疾卒於官，民勒碑以志。撰有《重修城隍廟碑記》。

王璋：第三十二名。陽城人，登進士。

宋仕顯：第四十六名。澤州南關白雲廂人。康熙三十二年，任猗氏教諭。升潞安教授，樂昌知縣。

山西鄉試副榜

韓大忠：沁水人，字雪嵐。教習。康熙四十二年，任陝西環縣知縣。

康熙二十年辛酉科

山西鄉試（四十人　澤州二人　登進士二人）

白畿：第六名。陽城人，登進士。

張泰交：第十四名。陽城人，登進士。

康熙二十三年甲子科

山西鄉試（四十七人　澤州七人　登進士二人）

田從典：第二名，亞元。陽城東關化源里人，登進士。

田沆：第十名。陽城東關化源里人，登進士。

張惠宣：第十一名。澤州東掩村人。

翟於樵：第二十名。澤州翟河底人。

韓麒趾：第三十一名。沁水郭壁人，字昌侯，韓璵三子。初授石門知縣。康熙五十四年，任海鹽知縣。康熙五十七年，署任平湖知縣。撰有《重建學宮魁星亭記》《重新作新堂記》。

陳廷翰：第三十五名。澤州人，字公幹，號行麓、迂齋。候選知縣。康熙三十一年三月，年三十四卒。著有《梅莊唱和集》。

牛炌：第三十六名。陵川人。父牛魁斗，妹嫁靳氏有節。

順天鄉試（澤州一人）

白階：陽城人，白方鴻子，早卒，妻崔氏有節行。

康熙二十六年丁卯科

山西鄉試（四十人　澤州八人　登進士一人）

張道濂：第四名。沁水賣莊人，字子廉，號靜之。康熙五十年，任保德州學正。

郭如璞：第五名。陽城潤城鎮人。康熙四十七年，任束鹿知縣。

李培嘉：第七名。陽城人。

劉植：第八名。陽城人。

田多眷：第二十名。高平魏莊人，登進士。

張楫：第二十一名。陵川人。

張德臬：第二十四名。沁水竇莊人，字直方，張道湜第三子。康熙五十一年，任臨汾教諭。撰有《林村嶺重修關帝廟記》。

賈節鉞：第二十八名。沁水坪上人。文水教諭。

康熙二十九年庚午科

山西鄉試（四十人 澤州五人 登進士一人）

陳豫朋：第五名。澤州人，登進士。

張之麒：第十四名。陽城郭峪人，張於廷子。

田潝：第十五名。陽城東關化源里人，田六善子，字鶴洲。康熙四十年，任上林知縣。康熙五十年，由上林調荔波知縣。官至兵部職方司主事。

張輝：第三十一名。高平人，號希載。蒲州學正。子張予賚，附監生。

張德集：第三十九名。沁水竇莊人，字聚方，張道湜四子。康熙五十八年，任堂邑知縣。

山西鄉試副榜

程鎮遠：澤州人。

順天鄉試（澤州一人 登進士一人）

衛璠：澤州人，登進士。

康熙三十二年癸酉科

山西鄉試（四十人 澤州一人）

張伊：第二十四名。陽城潤城人，字仲衡，號桐庵，進士張璿孫，縣學生，治《詩經》。福建漳州府同知。雍正十三年，充《澤州府志》參訂。

康熙三十五年丙子科

山西鄉試（五十三人 澤州七人 登進士五人）

鄭采宣：第十二名。沁水下沃泉人，字載九，號華封。康熙六十一年，任

廣西靈川知縣，修《靈川縣志》。雍正二年，充甲辰科廣西鄉試同考官。都察院經歷。

　　田光復：第十四名。高平人，登進士。

　　陳隨貞：第二十二名。澤州人，登進士。

　　李撰：第二十四名。澤州人。

　　韓性善：第三十三名。沁水人，登進士。

　　陳壯履：第三十七名。澤州人，登進士。

　　陳觀顯：第四十三名。澤州人，登進士。

康熙三十八年己卯科

　　山西鄉試（四十三人　澤州三人　登進士二人）〔註17〕

　　趙鴻猷：第二十五名。高平人，登進士。

　　王敬修：第四十名。陽城人，登進士。

　　孫鯤化：沁水湘峪人。雍正五年，任廣西北流知縣。

　　山西鄉試副榜

　　衛楷：澤州大箕人，字魯林。候選員外郎。雍正十三年，充《澤州府志》參訂。

　　霍鳳苞：沁水人。

康熙四十一年壬午科

　　山西鄉試（五十三人　澤州一人）

　　白肇錫：第三十二名。陽城人，字嘉祐，縣學生，治《易經》。康熙五十九年，任臨汾教諭。

康熙四十四年乙酉科

　　山西鄉試（六十三人　澤州七人　登進士二人）

　　張晸：第四名。高平人。康熙五十九年，任太谷教諭。

　　曹桓：第九名。陵川人。

〔註17〕雍正《山西通志》未載王敬修，孫鯤化，該版本前後兩頁刻印不同，猜測為漏印10人。

衛建藩：第十名。澤州人。

裴宗度：第十三名。陽城望川人。長子教諭。

田長文：第三十三名。高平人，登進士。

衛昌績：第六十名。陽城通濟里人，登進士。

司譜：第六十三名。澤州人。

康熙四十七年戊子科

山西鄉試（五十六人 澤州五人 登進士二人）

田嘉谷：第三名。陽城人，登進士。

畢瀠：第十七名。高平人，登進士。

王廷采：第二十九名。澤州人，州學生，習《詩經》。

衛昌緒：第四十八名。陽城人，縣學生，習《易經》。康熙五十二年，揀選。雍正三年，截取，候選知縣。

崔昭：第五十二名。陽城人，縣學生，習《易經》。

山西鄉試副榜

劉振基：陽城人。雍正三年，任寧鄉教諭。

康熙五十年辛卯科

山西鄉試（七十四人 澤州四人 登進士一人）

陳壽岳：第二十四名。澤州人，居陽城屯城，字岱雯，國子生，習《易經》。乾隆十三年，任竹山知縣。湖北遠安縣知縣。

陳貢懿：第四十一名。澤州人，字庾亭，號白村，陳廷愫子，國子生，習《詩經》。候補內閣中書舍人，改授淶水知縣，丁憂歸。服闋，補河南杞縣知縣。雍正元年，充癸卯科河南武鄉試同考官。雍正四年，充丙午科河南武鄉試閱卷官。雍正十三年，充《澤州府志》參訂。升陝州知州，革職歸。乾隆元年，補寧晉知縣。以年老歸。乾隆二十五年七月，年六十八卒。著有《問津詩集》。

　　《雍正四年河南武鄉試錄》：閱卷官　開封府杞縣知縣陳貢懿，

　　山西澤州人，辛卯貢士。

馮嗣京：第四十三名。高平唐安人，登進士。

徐審：第五十八名。陵川人，縣學生，習《易經》。

順天鄉試

楊繩祖：高平人，淮安山陽籍，字仰山，號景西，楊名耀孫。雍正元年，任博平知縣，充癸卯恩科山東鄉試同考官。雍正五年，任冀州知州。

《雍正元年山東鄉試錄》：同考試官　東昌府博平知縣楊繩祖，仰山，山西高平縣人，辛卯舉人。

康熙五十二年癸巳恩科

山西鄉試（六十七人　澤州二人）

李青藜：第二名。澤州高都人，字太照，號大荒子。偏關教諭。乾隆六年，任臨汾教諭。學識淵博，文詞高雅。著有《更古四天易》《邃古遺書》《詩林匯古》《三漢陽秋拾遺》，孫嘉淦總而序之題其集曰《四府擬體》，另有《續女仙外史》數十萬言，存武氏塾中，後散失。

賈嶼：第十一名。陽城人。

康熙五十三年甲午科

山西鄉試（六十七人　澤州四人）

姬繩錦：第五名。高平人。

張過：第三十五名。陽城人。

田次何：第四十八名。高平良戶人，田長文弟。乾隆九年，任通州同知，充甲子科順天武鄉試同考官。乾隆十一年，補長治教諭。

常乃綱：第六十六名。澤州南莊人。雍正五年，任湖南永興知縣。

康熙五十六年丁酉科

山西鄉試（六十三人　澤州三人）

陳奕繩：第十七名。澤州人。乾隆二年，署任高縣知縣。乾隆五年七月至十一年十月，任四川彭縣知縣。

武觀：第六十二名。陵川人。

張瑗：第六十三名。陽城人，詩人張文炳子。

山西鄉試副榜

田圻：陽城人，田嘉谷子。雍正元年舉人。

姚壁：陵川人。乾隆五年，充《陵川縣志》參訂。

康熙五十九年庚子科

山西鄉試（六十三人 澤州三人 登進士一人）

衛學瑗：第十一名。陽城人，登進士。

姬士麟：第三十六名。高平人，字文叔。乾隆十二年六月，選金壇知縣。乾隆十五年，署任松江府海防同知。乾隆十六年，任沐陽知縣。撰有《勸埋嬰兒說》。

陳恂：第四十五名。澤州人。

山西鄉試副榜

李萃亨：澤州人〔註18〕。

雍正元年癸卯恩科

山西鄉試（八十三人 澤州三人）

牛道遠：第六十八名。高平市望人，進士牛兆捷子。雍正十三年，充《澤州府志》分輯。撰有《高平重修河堤記》。

李珂：第七十七名。高平人。

田圻：第五十三名。陽城下芹人，田嘉穀子。浙江餘杭知縣，任一年卒於官。

順天鄉試（澤州一人 登進士一人）

陳師儉：澤州人，登進士。

雍正二年甲辰科

山西鄉試（六十三人 澤州四人 登進士一人）

樊初苟：第一名，解元。沁水人，登進士。

張國樑：第五十一名。陽城人。

劉照青：第五十二名。陽城人，劉植子。鄉飲大賓。

李青霞：第六十三名。澤州高都人。雍正四年，揀選知縣。

雍正四年丙午科

山西鄉試（六十六人 澤州六人）

胡方瑚：第八名。高平人，字學山，號拙修，民籍，縣學生，治《易經》。

〔註18〕父李捷，兄李茲彥登鄉試，查無此人，茲彥或為字。

乾隆十九年，任介休教諭。

　　《雍正四年山西鄉試同榜》：胡方瑚，字學山，號拙修，行一，己巳相四月十六日生，係澤州高平縣學生，民籍，治《易經》。曾祖從龍，鄉飲耆賓。曾祖母王氏。祖璣。祖母常氏，以節孝載州志，□大宗師陶州尊縣令梅高俱旌表。父曦，廩生，鄉飲介賓。母綏氏。慈侍下。伯曾祖化龍，庠生。堂伯祖琦。伯祖瑾。堂叔祖玠、珍。叔祖璸，庠生。堂伯皓。胞叔晌、昭。堂叔晹、旼、旬。堂弟方敦、方雅、方舉、方信。從堂弟方岫、方蚪。妻魏氏。子大壯、大觀，俱業儒。孫應科，幼。鄉試第八名。會試□。殿試□。

王璈：第十八名。澤州人，字璞完，號西野，民籍，州學生，治《詩經》。乾隆十八年，任山東費縣知縣。乾隆三十三年，任沁州學正。

　　《雍正四年山西鄉試同榜》：王璈，字璞完，號西野，行四，戊辰相正月二十一日生，係澤州民籍，學生，治《詩經》。曾祖崇顯。曾祖母苗氏。祖勳，儒士。祖母趙氏。父維翰。母李氏。慈侍下。曾叔祖明顯。族曾祖開周，庠生；四維，庠生。叔祖昇。族祖斅。歲貢生，鄉飲大賓。伯維藩。叔維寧。族叔多男，歲貢生。兄珂。弟璉。堂兄珮；璣，庠生。堂弟璟、瑛。妻□氏。子尚縉、尚絨、尚綏，俱業儒。胞侄尚履、尚觀、尚敏、尚友，俱業儒。鄉試第十八名。會試□。殿試□。

楊繼震：第四十名。高平人，字錦里，號鶴齡，民籍，附生，治《書經》。

　　《雍正四年山西鄉試同榜》：楊繼震，字錦里，號鶴齡，行三，壬戌相正月二十三日生，係澤州高平縣民籍，附生，習《書經》。曾祖一正。曾祖母牛、何氏。祖永興。祖母顏氏。父燦，庠生。母王氏。永感下。胞叔焰、炳。堂叔煊、参、淳、燥、煜。堂兄素玎；素城；素封，祀生；素域。堂弟素坦、續震、維震、經震、綸震，俱業儒。娶朱氏。堂姪鐸、恒、晉、履、鍾。子銘、欽，俱業儒。族繁不及備載。鄉試第四十名。會試□。殿試□。

衛錧：第五十八名。陽城通濟里人，字職輿，號毓英，衛昌績侄，民籍，縣附生，治《易經》。

　　《雍正四年山西鄉試同榜》：衛錧，字職輿，號毓英，行二，庚辰相四月初四日生，係澤州陽城縣附生，民籍，習《易經》。十三世

祖元凱，元至正辛酉科進士，崇祀鄉賢。五世祖吾良，歲貢，太原府司訓，升通渭王府教授，著書經解。高祖明弼，庠生，敕贈承德郎，戶部江西司主事。高祖母王氏，敕贈孺人。曾祖立鼎，癸酉科舉人，歷官奉政大夫戶部浙江清吏司郎中。前曾祖母田氏，敕贈安人，待贈宜人；田氏，待贈宜人；田氏，待贈宜人，忠節公女，銓部亭山公胞姊；田氏，待贈宜人。曾祖母吳氏，敕贈安人，待贈宜人。祖萃，歲貢，敕封文林郎，翰林院檢討加一級。祖母王氏，敕贈孺人，庠生鄉飲介賓仁公公女丙戌進士戶部主事廣□公胞侄女。父昌緒，戊子科舉人，吏部候選知縣。母王氏，待贈孺人，盂縣司訓雨若公女，杭州府同知瑞玉公孫女，威寧府知府健齋公曾孫女；繼母成氏，待封孺人。重慶下。胞伯祖泰，儒士，早卒，著《培風館詩集》，伯祖母王氏年九十守節撫孤待旌；咸，乙卯副榜，靈石教諭。胞叔祖履，儒士。堂伯昌基，庠生；昌時，儒士。胞叔昌績，乙酉丙戌聯捷，甲午科山東副主考，現任日講官起居注翰林院檢討加一級。堂叔昌緯，業儒。堂兄鍾，庠生。胞弟鏗、鑢，俱業儒。娶白氏，歲貢，候選訓導，德珪公女。繼喬氏，庠生，伯慈公女。堂姪學淵，儒士；學洙，業儒。堂姪孫順，幼。族繁止載本支。鄉試第五十八名，會試□，殿試□。

陳式玉：第六十五名。澤州人，陳隨正子，字璜珮，號韓山，民籍，歲貢生，治《易經》。雍正十二年，任浙江許村場鹽課司大使。

《雍正四年山西鄉試同榜》：陳式玉，字璜珮，號韓山，行一，丁丑相正月十三日生，係澤州歲貢生，民籍，治《易經》。曾祖諱昌期，恩貢，誥贈光祿大夫，文淵閣大學士兼吏部尚書加三級，崇祀鄉賢。曾祖母張氏，誥封一品夫人。祖諱廷弼，原任湖廣督糧道加三級。祖母楊氏，誥封宜人。父諱隨正，己丑科進士，欽賜翰林院清書庶吉士。母衛氏，待封孺人。具慶下。鄉試第六十五名，會試，殿試。

陳卿：第六十六名。澤州人，字永叔，號雲子，州附生，習《書經》。撰有大東溝《重修白龍王廟金妝聖像碑文記》。

《雍正四年山西鄉試同榜》：陳卿，字永叔，號雲子，行三，戊辰相八月初七日生，係澤州附生，習《書經》。曾祖斐，明高平縣廩

膳生員。曾祖母常氏。祖孔教。祖母趙氏。父王佐。母李氏永感下。胞叔王輔,丁卯武解元,辛未武進士,歷任河西務參將,誥授昭勇將軍;王弼。胞兄成,庠生。堂兄錫極。堂弟錫類、錫爵、錫嘏。胞侄漢生、漢超、漢華。堂侄漢傑、漢侗、漢仁。娶車氏。繼娶劉氏。子漢倫,業儒;漢俊,漢儒,幼。鄉試第六十六名。會試□。殿試□。

山西鄉試副榜

王催:澤州人。

順天鄉試(澤州一人 登進士一人)

王承堯:沁水寶莊人,登進士。

雍正七年己酉科

山西鄉試(六十六人 澤州五人 登進士一人)

田晉楠:第十一名。陽城東關化源里人,田六善孫,縣學生,治《易經》。

曹恒吉:第二十九名。陽城人,登進士。

金二酉:第四十名。澤州大陽人,鳳臺縣學附生,治《詩經》。

裴士弘:第四十五名。高平人,縣學生,治《禮記》。平定學正。

陳壽華:第六十四名。澤州人,字天門,鳳臺縣官監生,治《易經》。貴州清平知縣。

雍正十年壬子科

山西鄉試(七十三人 澤州五人)

劉滋善:第十六名。澤州河東人,字淑子,號柱山。揀選知縣。雍正十三年,充《澤州府志》編次。

王翼:第二十七名。澤州人。寧武教諭。

陳傳始:第五十五名。澤州人,號蘭皋,陳壯履子。福建古田縣水口關鹽大使。雍正十三年,充《澤州府志》編次。著有《蘭皋詩集》。

田洋:第五十八名。高平人。

張怡茗:第六十三名。澤州人。偏關教諭。

順天鄉試(澤州二人 登進士一人)

張傳燄:沁水人,登進士。

馬夔龍：沁水人，拔貢生。乾隆十一年五月，任忻州學正。

雍正十三年乙卯科

山西鄉試（六十六人　澤州二人）〔註 19〕

閻大綬：第六十一名。澤州大陽人，字承符，鳳臺縣學學生，治《禮記》。乾隆十二年六月，選邱縣知縣。

王金鎧：第六十二名。高平人，縣學學生，治《易經》。

乾隆元年丙辰恩科〔註 20〕

山西鄉試（八十六人　澤州二人）

李升庸：第四十六名。澤州大箕人，明通榜〔註 21〕。乾隆十年，任曲沃教諭。乾隆三十五年，任江西進賢縣知縣。

李際遠：第七十五名。陽城駕嶺吉德人。揀選知縣。

山西鄉試副榜

張時中：陽城人。〔註 22〕

白參令：陽城人。〔註 23〕

乾隆三年戊午科

山西鄉試（六十六人　澤州二人）

石思謙：第十八名。高平人。

王道照：第二十名。陽城潤城人。雍正十三年，拔貢。歷官蒲州府教授。乾隆九年，任沁州學正。乾隆二十三年，任隰州學正。

乾隆六年辛酉科

山西鄉試（澤州三人　登進士一人）

張權：第一名，解元。陽城人，詩人張文炳孫。寧武教諭。撰有北村《大社重修砦垣看樓戲台山門碑記》。

〔註 19〕一史館所存是科鄉試錄 34 名後缺失，此據加州大學所存版本。
〔註 20〕《鳳臺縣志》為甲辰科，改。
〔註 21〕會試正榜外取文優者另附一榜，予以教職。
〔註 22〕乾隆年間副榜。
〔註 23〕乾隆年間副榜。

苗大素：澤州城內人，字含章，好學能文，屢試春闈不第，遂無意仕途，教授鄉里而終。著有《含章詩集》，留門人李仲升家，因李夭死而失傳。

王雲鱗：陽城人，登進士。

乾隆九年甲子科

山西鄉試（六十六人　澤州六人　登進士二人）

王竣功：第二名。陽城潤城人，王道照子，縣學生，治《易經》。歷官孝義訓導、雲南知縣，管雲龍州鹽課事。子王右文〔註24〕。

牛宗文：第十名。高平人，登進士。

馬遇伯：第二十二名。澤州高都人，字士伸，鳳臺縣學附生，治《易經》。截取知縣，國子監助教。著有《尚書考異》《三禮一得》等。

王熙載：第三十二名。澤州人，登進士。

陳崇儉：第三十三名。澤州人，字約躬，號樸軒，陳豫朋子，官籍，監生，治《詩經》。候選知縣。乾隆二十七年九月，年四十八卒。著有《樸軒詩集》。

陳名儉：第四十四名。澤州人，字以彰，號改庵、雅堂，陳豫朋子，官籍，監生，治《詩經》。乾隆十一年十一月，授四川珙縣知縣。丁憂歸。服闋，補山東榮城知縣。乾隆二十四年，任惠民知縣。乾隆二十六年七月，選任澄邁知縣。陵水知縣。革職歸。乾隆三十六年八月，年五十八卒。著有《念修堂詩集》。

山西鄉試副榜

李天培：沁水人。臨縣教諭，補樂平教諭。

乾隆十二年丁卯科

山西鄉試（六十人　澤州二人）

李本淵：澤州高都人。撰有《重修關帝廟序》。

焦季庚：高平人。乾隆三十二年，任永寧州學正。

〔註24〕《乾隆己酉科山西選拔同年齒錄》：王右文，字懿卿，號魯亭，行二，庚午年三月二十三日生，山西澤州府陽城縣廩生。曾祖嘉原，歲貢生，敕贈文林郎。祖道照，乙卯拔貢，戊午舉人，任蒲州府教授。父竣功，甲子亞元，歷官雲南知縣，管雲龍州鹽課事。母延、秦氏，呂、李氏。胞弟同文，庠生。娶郭氏，繼娶張、成氏，張、劉氏。子震。

乾隆十五年庚午科

山西鄉試（澤州一人 登進士一人）

秦百里：第四十八名。澤州城內人，登進士。

乾隆十七年壬申恩科

山西鄉試（澤州三人 登進士一人）

秦學溥：澤州城內人，字匡西，號耐圃。乾隆二十二年，任肥鄉知縣。乾隆二十五年二月，調大名知縣。升保定同知。乾隆三十四年，任易縣知州。乾隆三十六年，任正定府知府。乾隆四十二年七月，授雲南開化府知府，以家有老母，特恩改授直隸補用。乾隆四十六年，任直隸順德府知府。乾隆四十八年八月二十七日年，署江蘇按察使，分理江南蘇松糧儲道。有詩《內丘道中》《邢臺沈尉索書因成一律贈之》《郭莊》，著有《雅堂集稿》。

衛克堉：澤州人，字復山，號茂園，晚號隨緣居士〔註25〕。乾隆十九年，會試落第，選明通榜。乾隆二十年，分發福建建甌知縣，補永定知縣，同修《永定縣志》，同年署任上杭知縣，修《上杭縣志》。乾隆二十一年，署任長汀知縣。乾隆二十六年三月，任臺灣諸羅知縣，俸滿調回內地候升。乾隆二十九年，補南平知縣，因犯逃脫革職。乾隆三十六年，捐獲廣東差事。乾隆四十七年，任始興知縣，調澄海知縣。書有《杜甫詩冊》。有詩《次韻送夏寶成》。

鄒承穎：高平人，登進士。

山西鄉試副榜

李附：高平人，直隸州州判。

乾隆十八年癸酉科

山西鄉試（澤州三人）

段天生：澤州人。

喬元兆：陽城人，字夢商，號敏齋。乾隆五十三年，任朔州學正。

武敦：陵川東關人，字厚輔，明旌表義官武鶴十世孫。揀選知縣。乾隆四十三年，充《陵川縣志》經理。撰有《補修三廟碑》。有詩《黃圍古洞》。

〔註25〕字號見於衛克堉存世書法作品。

乾隆二十一年丙子科

山西鄉試（澤州四人　登進士一人）

王麗中：澤州人，字衷旅，進士王密兄。乾隆四十二年，署長陽知縣。乾隆四十四年，任監利知縣。著有《墨汀詩草》。

楊承志：高平人，嘉興同知。

緱美焉：高平人。乾隆三十四年，任靈丘訓導。

田玉成：第二十五名。陽城東關化源里人，登進士。

山西鄉試副榜

王凌云：澤州人。

乾隆二十四年己卯科

山西鄉試（六十人　澤州二人）

田燿：第二十八名。陽城東關化源里人，陽城縣學附生，治《易經》。

李載：第五十四名。陵川人，平陽府學訓導〔註26〕，治《詩經》。

乾隆二十五年庚辰恩科

山西鄉試（六十人　澤州四人　登進士一人）

張心至：第二名。沁水人，登進士。

張志元：第三名。陽城人，縣學附生，治《詩經》。歷官雲南江井鹽大使。乾隆四十六年，任甘肅敦煌知縣。乾隆四十七年，李侍堯奏請將其革職。

王希曾：第三十一名。陵川縣城西街人，民籍，縣學增生，治《書經》。乾隆四十三年，充《陵川縣志》經理。吏部截取知縣，潞安府儒學訓導。有詩《落雁池》。子王伯儀〔註27〕，拔貢，精通詩賦。孫王恩瀇〔註28〕，拔貢。

〔註26〕李載鄉試錄記載其以平陽府學訓導身份參加的鄉試。

〔註27〕《乾隆己酉科山西選拔同年齒錄》：王伯儀，字鴻子，號松軒，行一，癸酉年十一月初七日生，山西澤州府學優廩生，陵川縣籍。曾祖順，馳贈文林郎。祖德峻，敕贈文林郎，鄉飲耆賓。父希曾，庚辰舉人，截取知縣，現任潞安府訓導。母妻氏，例贈孺人；胞伯叔蔭槐，附貢生。蔭珠，太學生。胞弟汝桿，廩生。娶張氏。世居縣城西街。

〔註28〕《道光乙酉科山西選拔明經通譜》：王恩瀇，字宣之，一字仲宣，號梅知，行二，癸丑相十二月十六日子時生，山西澤州府陵川縣學優廩生，民籍。曾祖德峻，敕贈文林郎，鄉飲耆賓。曾祖母氏李，敕贈孺人；氏楊，敕贈孺人；氏溫，敕贈孺人。祖希曾，例授文林郎，庚辰恩科舉人，吏部截取知縣，原

張道昌：第三十三名。陽城人，張權子，縣學附生，治《易經》。乾隆四十三年，任福建福鼎知縣。乾隆四十五年，福建巡撫富綱以「殺人案」奏請將其革職。嘉慶丙辰恩賜千叟宴。

順天鄉試

秦標：澤州人。

乾隆二十七年壬午科

山西鄉試（澤州四人 登進士三人）

呂元亮：澤州城內人，登進士。

金得戊：〔註29〕澤州大陽人。乾隆五十八年，任永寧州學正。

尚五品：沁水宣化坊人，登進士。

賈為煥：陽城南門里人，登進士。

乾隆三十年乙酉科

山西鄉試（澤州一人）

關琪：澤州大陽人。

乾隆三十三戊子科

山西鄉試（澤州七人 登進士二人）

王密：澤州人，登進士。

趙湛：高平人。乾隆三十年，拔貢。乾隆三十九年，充《高平縣志》分修。

衛錦：陽城化源里人，登進士。

張廣基：陽城潤城人，字沁川，號容庵。乾隆三十年，拔貢。乾隆三十三年，中山西鄉試舉人。乾隆四十八年，任平遙教諭。升朔平府教授。嘉慶九年，升臨漳知縣。著有《張沁川先生詩》。

郭兆麒：陽城懷古里人，字冀一、麒伍、麟佐，號梅崖。大挑一等。乾隆

任潞安府儒學訓導。祖母氏婁，例封孺人；庶祖母氏徐。父伯儀，例授微士郎，己酉科舉拔貢生，候選直隸州州判。母氏張，例封孺人；生母氏李。慈侍下。胞叔汝梾，廩貢生，國子監肄業期滿，候選儒學訓導。胞兄弟恩洋，業儒；恩湛，庠生。嫡堂弟恩澍、恩濤，俱業儒。妻原配馬氏，繼室宵氏。世居縣城西街。

〔註29〕光緒《永寧州志》記載其為乾隆七年壬戌科舉人。

四十六年，授樂亭知縣。調密雲知縣。升直隸滄州知州，乾隆五十三年，直隸總督劉峨奏請將其革職。著有《梅崖詩話》。

馬先覺：陽城人。乾隆三十九年，任臨汾教諭。乾隆五十年，任霍州訓導。臨汾教諭、代州學正。撰有《重修大雄殿並立佛殿碑記》。

張錦：陽城化源里人，字士綱，號菊如。乾隆四十七年，任清豐知縣。著有《新西廂》《新琵琶》等。

山西鄉試副榜

苗令琮：澤州城內人。乾隆三十六辛卯科舉人。

張心達：沁水寶莊人。永濟教諭。

順天鄉試

衛統：第一百六十三名。陽城人，監生，治《詩經》。雲南安寧知州。乾隆四十三年，任尋甸知州。

> 《乾隆三十三年順天文鄉試錄》：第一百六十三名，衛統，山西澤州府陽城縣監生，《詩經》。

乾隆三十五年庚寅恩科

山西鄉試（六十人 澤州三人）

毋作霖：第十九名。澤州柳泉人，字雨倉，號丹溪，鳳臺縣學學生，治《詩經》。年二十七嘔血而亡。有詩《遊碧峰頂三首》《續配日誌感》。

常相：第二十七名。沁水人，縣學增生，治《易經》。平陸訓導。

孔從周：第五十三名。澤州人，鳳臺縣學增生，治《詩經》。

順天鄉試

秦柟：第二百二十三名。澤州城內人，長蘆鹽場商籍，字太贍，號星墅，滄州府學廩膳生，習《禮記》。乾隆四十九年十一月，署任旌德知縣。安徽宣城知縣。

> 《乾隆庚寅恩科順天鄉試同年齒錄》：秦柟，字太贍，號星墅，行五，癸酉年二月二十一日生，直隸天津府滄州廩膳生，商籍，山西澤州府鳳臺縣人，習《禮記》。高祖奇遇，誥封奉直大夫。高祖母閻氏，誥封宜人。曾祖世勳，馳贈儒林郎，翰林院編修，提督河南學正，誥封中憲大夫，潁州府知府。曾祖母韓氏，馳封恭人。祖嶠，

前任戶部山東清吏司員外郎，敕封儒林郎，翰林院編修，提督河南學政，例封中憲大夫，潁州府知府。祖母申氏，誥封恭人。父百里，庚午辛未聯捷進士，特授安徽潁州府知府，前翰林院編修，提督河南學政。母牛氏，太學生，考授縣丞諱元渓公女；楊氏，辛丑進士，誥授武顯大夫，廣東高雷廉鎮總兵官諱永和公女。本生父學溥，壬申舉人，現任直隸易州知州。本生母張氏，丁未進士，翰林院侍讀學士提督廣東學政諱灝公女；張氏，邑庠生諱克牧公女；陳氏，辛卯舉人直隸寧晉縣知縣諱貴懿公女；王氏，附監生諱式禹公女。祖父母本生父母重慶。慈侍下。叔祖嵩，候選州同知。胞伯由余，雲南試用通判。胞叔紹雷，國學生。堂叔學浩，國學生；學詩，國學生；學禮。胞兄樸，附監生，本科薦卷。嫡堂兄椿，候選縣丞；杞，業儒。嫡堂弟桐，業儒；棠；榛；樞；柏；俱幼。堂弟樟，幼。妻姚氏。胞侄永齡，業儒；永安，幼。嫡堂侄，鶴年，幼。子彭年，幼。族繁只載本支。鄉試第二百二十三名。會試第□名。殿試第□甲第□名。

《長蘆鹽法志》：〔舉人〕秦榀，商籍，乾隆庚寅恩科。

順天鄉試副榜

連筥：高平周纂人，安徽阜陽籍，字壎友，號鶴亭，民籍，監生，習《易經》。天祖連加善商於阜陽，遂入籍，其墓誌田逢吉撰，陳廷敬書，楊仙芝纂，生子永懋，永懋生壁〔註30〕，至連筥為阜陽連氏第六代。

《乾隆庚寅恩科順天鄉試同年齒錄》：連筥，字壎友，號鶴亭，行二，乙丑年十月二十一日巳時生，山西澤州府高平縣監生，民籍，習《易經》。曾祖壁，內閣中書，升任浙江台州府同知。曾祖母劉氏。祖際遇，江西貴溪縣知縣。祖母任氏。父斗山，廩貢生。母韓氏。繼母邵氏。胞伯恒山，四川巴州知州；頤山，湖北鶴峰州同知。叔泰山，江蘇崇明縣縣丞；謙山，浙江潮州府經廳；殿山；冤山；令山；俱國學生。兄簽，生員；簏，國學生。弟策，生員；笠；箭；俱幼。娶李氏。子秉源。侄秉槐。鄉試第□名。會試第□名。殿試□名。

〔註30〕《皇清待贈省吾連六公墓誌銘》。

乾隆三十六辛卯科

山西鄉試（澤州八人）

苗令琮：澤州苗匠人，字季黃，號雪岩，舉人苗大素子。乾隆四十八年，任寧鄉教諭，充《鳳臺縣志》參閱。撰有《懷司靜山》等。有詩《曉望龍從七佛諸山》等。有《雪岩詩抄》《甕天》《一瓢山房》《津門》等集。

李藍田：澤州人。乾隆四十年，任霍州趙城教諭。

范金模：澤州西峪人。乾隆四十八年，任山西潞城縣學訓導，充《鳳臺縣志》採訪。乾隆五十四年，任清源訓導。嘉慶七年，任安邑教諭。撰有《補葺爐神殿碑記》。

關琪：澤州大陽人。乾隆五十二年，大挑二等。右玉教諭。

尹良鼎：澤州上城公人。乾隆四十二年，選授安陸知縣。乾隆四十五年，調孝感知縣。乾隆四十六年，引見，候升。乾隆四十八年，湖北巡撫姚成烈奏請升其為荊門知州，委署漢陽府知府。乾隆五十一年，因梅調元案與秦樸同被革職。

秦樸：澤州城內人，秦學溥子，字苞文。分發直隸，署滿城知縣。避父職，改山東平原縣知縣，因事革職。乾隆四十八年十月初二，奏請開復。乾隆五十一年，任官湖北孝感縣知縣，因梅調元案革職，發遣伊犁，卒於伊犁。

李誥：陽城人。撰有《重修學宮記》。修訂《臨晉縣志》。

竇鋌：第十五名。沁水人，字醒齋，竇湘傳父，習《詩經》。翼城縣教諭。

山西鄉試副榜

李天剛：澤州人。

崔廷儀：澤州城內文廟巷人。

乾隆三十九年甲午科

山西鄉試（澤州四人　登進士一人）

張宗孔：澤州人。乾隆三十年，拔貢。乾隆四十八年，充《鳳臺縣志》採訪。官湖北犁川知縣。

成錫田：陽城化源里人，字采卿。嘉慶六年，任平陸教諭。撰有《新西廂記序》。

趙瑞麟：陽城人。

張敦仁：陽城潤城人，登進士。

乾隆四十二年丁酉科

山西鄉試（澤州二人　登進士一人）

關遇年：澤州大陽人，登進士。

馬學默：澤州人。乾隆四十八年，充《鳳臺縣志》採訪。陽曲教諭。乾隆五十五年三月，任隆德縣知縣。乾隆五十九年，復任華亭知縣，革職歸。

乾隆四十四年己亥恩科

山西鄉試（六十人　澤州三人）

杜棠：第八名。高平杜寨人，字召南，號好川，縣學廩生。

　　　《乾隆己亥恩科各省鄉試齒錄》：杜棠，字召南，號好川，行

　　二，乙卯年生，高平廩生。曾祖含璧。祖偉基。父紳。子可化。

晉希淦：第三十名。澤州人，字麗澤，號錦溪，縣學廩生。大挑河南知縣。

　　　《乾隆己亥恩科各省鄉試齒錄》：晉希淦，字麗澤，號錦溪，行

　　二，戊辰年生，鳳臺廩生。曾祖琇。祖良佐。父全仁。

張力仁：第四十二名。陽城人，字近之，號惺園，縣學附生。

　　　《乾隆己亥恩科各省鄉試齒錄》：張力仁，字近之，號惺園，行

　　三，甲戌年生，陽城附生。曾祖遵先。祖懷清。父易。子金印。

乾隆四十八年癸卯科

山西鄉試（六十人　澤州二人）

賈超：第二十六名。澤州人。大挑浙江孝豐縣知縣。嘉慶十二年，任歸安縣知縣。撰有《重修正西頂並南天門文昌殿高禖祠碑記》。

宋文遠：第三十三名。澤州人。廣靈教諭。撰有《重修頭天門靈官殿碑記》。

山西鄉試副榜

鍾廷掄：澤州人。候選州判。

乾隆五十一年丙午科

順天鄉試

王謹：高平人。天河知縣。

乾隆五十三年戊申恩科

山西鄉試（澤州五人）

呂貽慶：澤州人。嘉慶十年十二月，任贊皇知縣。

張家駒：澤州人。

常谷：沁水人。嘉慶八年，任陽曲訓導。

王君畫：沁水人。嘉慶十四年，任介休訓導。

劉三香：高平義莊人。候選知縣，繁峙教諭。〔註31〕

乾隆五十四年己酉科

山西鄉試（澤州三人　登進士一人）

王瑤臺：陽城人，登進士。

李啟元：陽城人。早卒，妻喬氏有節行，子李緒魁，庠生。

李光泰：陽城人。

乾隆五十七年壬子科

山西鄉試（六十人　澤州五人　登進士一人）

田渭熊：第七名。陽城東關化源里人，縣學歲貢生。夏縣訓導。嘉慶十年，任平遙教諭。

田馱垌：第八名。陽城東關化源里人，田七善元孫，縣學生。

申企中：第三十四名。澤州城內人，登進士。

邢澤源：第三十五名。高平人，縣學學生。

關彭年：第四十八名。澤州大陽人，鳳臺縣學增生。道光六年，任忻州學正。

乾隆五十九年甲寅恩科

山西鄉試（六十人　澤州一人）

師周官：第二十一名。澤州巴公人，字六典，號東門。乾隆四十九年，以歲試第一名補鳳臺縣學廩生。乾隆五十四年，山西鄉試卷定第十四名，臨榜被撤。乾隆五十九年甲寅恩科山西鄉試第二十一名。乾隆六十年起，四次參

〔註31〕同治《高平縣志》載為乾隆己酉科舉人，據義莊《重修玉皇廟碑記》，修正為乾隆戊申恩科舉人。

加會試均不中。嘉慶十三年，大挑二等以教諭用，任嵐縣訓導半年歸，丁父憂。嘉慶十六年，服闋補大同府學教授，同年十一月引疾歸。嘉慶十八年起，任蒲陽教授七年。嘉慶二十四年，因病返里。撰有大同《楊氏譜序》等。

山西鄉試副榜（十二人　澤州一人）

張希詠：副榜第五名。陽城人，陽城縣學增生。

乾隆六十年乙卯恩科

山西鄉試（六十人　澤州三人　登進士一人）

馮廷瓚：第三十一名。澤州南河西（今市區）人，縣學附生。寧鄉訓導。

竇鑠：第三十八名。沁水人，縣學生。

祁頃：第五十四名。高平人，登進士。

山西鄉試副榜

王呆：高平人。

嘉慶三年戊午科

山西鄉試（八十人　澤州三人　登進士一人）

竇心傳：第十一名。沁水竇莊人，登進士。

劉紹先：第二十七名。陵川人，縣學生，民籍。

張詩銘：第三十四名。沁水竇莊人，張心至子，字佩三，號省堂，廩膳生，民籍。光祿寺署正。

《嘉慶戊午科山西鄉試錄·同榜》：張詩銘，字佩三，號省堂，壬午相十一月二十六日生，行二，係澤州府沁水縣廩膳生，民籍。高祖道滁，庠生。高祖母竇氏。曾祖德秉，增生，馳贈奉直大夫刑部主事加一級。曾祖母韓氏，馳贈孺人；梁、楊、李氏。庶曾祖母李氏。本生祖傳傑，庠生，馳贈文林郎，慶符縣知縣。本生祖母劉氏，馳封太孺人。祖傳炘，敕贈文林郎，慶符縣知縣，誥贈奉直大夫刑部主事。祖母霍氏，敕贈孺人，誥贈宜人，奉旨建坊旌表節孝。父心至，庚辰亞元，己丑進士，四川慶符縣知縣，癸酉科四川鄉試同考官，卓異推升刑部四川司主事加一級。母李氏，例贈宜人，母賈氏，封宜人，庶母羅氏。俱慶下。胞叔心堯，庠生；心赤，丁酉拔貢。嫡堂兄詩唫，國學生。胞弟詩鏡，出嗣胞叔；詩鋮。娶李氏，

國學生諱敬堯公女；郭氏，諱永泰公女。嫡堂姪書尚、書虞、書六，俱業儒；書夏、書周，俱幼。子書竹；書帶，出嗣胞弟；俱幼。族繁不及悉載。鄉試第三十四名。

嘉慶五年庚申恩科

山西鄉試（六十一人 澤州一人）

寧衛卿：第二十九名。陵川人，字愚亭，號南麓，縣學廩生，民籍。

　　　　《嘉慶庚申恩科山西鄉試同年齒錄》：寧衛卿，字愚亭，號南麓，行一，癸未年六月初七日生，係山西澤州府陵川縣廩生，民籍。曾祖天福。曾祖母李氏。祖璘。祖母劉氏、張氏。父立基。母段氏。本生父立業，從九品。本生母徐氏、王氏。永感下。本生具慶下。堂伯維漢、維朝。堂兄弟蓉、蔚、芬。本生胞弟衛相，增生；衛忠，業儒。胞侄如崗。娶蘇氏、張氏、王氏。子如川、如升，俱幼。族繁不及備載。鄉試第二十九名。會試第□名。殿試第□甲第□名。欽點□。

山西鄉試副榜

杜桼：鳳臺縣西黃石人，絳縣訓導。

順天鄉試

祁汝奘：第四十五名。高平孝義人，字暉吉，號籠山。中書科中書。嘉慶二十四年四月，年七十三，卒於家。撰有《煖寒集》。

嘉慶六年辛酉科

山西鄉試（六十人 澤州六人）

李錫麟：第三名。澤州申匠人，字徵生，號鐵船、牧坪。刻書《山右詩存》。著有《鶴棲堂詩集》。

劉湜：第八名。陽城人，本年拔貢，登進士。

崔志元：澤州巴公人，字靜軒，號可山。乾隆三十八年七月二十六日，出生。嘉慶元年，補縣學生。嘉慶六年，山西鄉試舉人。嘉慶二十二年，大挑一等，復挑河工分發南河效用。道光元年，補邳州州判。道光二年，署理邳州知州。道光四年，因丁母憂回籍，道光八年四月，補銅山縣知縣〔註32〕，

〔註32〕見道光八年《奏請以崔志元調補銅山知縣》摺。

修《銅山縣志》。道光十二年，升蕭碭河務同知。道光十三年，任升銅沛河務監糧督補水利同知。邳州知州。道光十四年，加知府銜。道光十五年，因疾請假回籍，里居十五年。道光二十九年十二月十四日，卒〔註33〕。修《崔氏家譜》〔註34〕。

趙龍圖：澤州來村人。嘉慶二十四年，任渾源州訓導。

張詩頌：第五十八名。沁水竇莊人，副榜張心達子。平定州學正。

田熊兆：陽城東關化源里人。

嘉慶九年甲子科

山西鄉試（澤州三人　登進士一人）

常恒昌：第二十八名。澤州大陽人，登進士。

溫中和：澤州三家店人。吏部揀選知縣。

宋裕：陽城人，字恬庵，崇薰里人。嘉慶二十二年，選國史館謄錄，參修《大清一統志》。議敘知縣。道光十七年，任汾陽教諭。

山西鄉試副榜

都長壽：陵川人。

嘉慶十二年丁卯科

山西鄉試（六十人　澤州七人　登進士三人）

田體清：第十二名。陽城東關化源里人，登進士。

顧維翰：第十七名。陽城化源里人，字慕召，號棠軒，年二十五歲，縣學生。嘉慶二十年，任五臺訓導。長治訓導。

> 《嘉慶丁卯科鄉試齒錄》：顧維翰，字慕召，號棠軒，行七，乾隆癸卯年五月初六日辰時生，陽城人。曾祖炳。祖天祐。父模，增廣生。

宋哲：第二十一名。陽城崇薰里人，字季宣，號蘆洲，年三十五歲，縣學生。山陰訓導。

> 《嘉慶丁卯科鄉試齒錄》：宋哲，字季宣，號蘆洲，行八，乾隆

〔註33〕見《皇清誥授朝議大夫江南徐州府銅沛河務鹽糧督捕水利同知知府銜可山崔公墓誌銘》。

〔註34〕見田秩《古泮柳亭初稿》中《崔可山族譜跋》。

癸巳年六月十三日子時生，陽城人。曾祖本涵。祖佐，國學生。父
容泰，吏員。本生父永泰，增廣生。

李淳：第二十五名。高平人，字仲海，號可南，年二十七歲，縣學附生。
寧晉知縣。道光十九年二月，補平鄉知縣。

　　《嘉慶丁卯科鄉試齒錄》：李淳，字仲海，號可南，行二，乾隆
辛丑年十二月初十日亥時生，高平人。曾祖兆瑞。祖來元。父必昌，
國學生。

石交泰：第三十九名。陽城人，登進士。

竇湘傳：第四十四名。沁水竇莊人，年三十五歲，字春帆，號衡峰，拔貢
生。歷官五臺、榆次教諭。

　　《嘉慶丁卯科鄉試齒錄》：竇湘傳，字春帆，號衡峰，行六，乾
隆癸巳年三月十二日吉時生，沁水人。曾祖思溫，廩生。祖繼修，
庠生。父鋌，乾隆辛卯舉人，翼城縣教諭。子臺家。

祁墡：第四十五名。高平孝義人，登進士。

山西鄉試副榜（十二人　澤州一人）〔註35〕

祁堘：副榜第十二名。高平孝義人，字樸若，號蘭溪、定齋，縣學生。乾
隆四十四年十一月，年僅三十二卒。

嘉慶十三年戊辰恩科

山西鄉試（六十人　澤州六人　登進士二人）

秦恒齡：第十二名。澤州城內人，登進士。

賈萬瑾：第二十八名。陽城福民里人，字仲懷，號蘆村，進士賈為煥侄，
年四十歲，縣學生。道光六年，大挑二等。道光八年，任平遙訓導。吏部截取
知縣。撰有王虎山《重修關帝廟記》。

　　《嘉慶戊辰恩科鄉試同年齒錄》：賈萬瑾，字仲懷，號蘆村，行
四，庚寅年五月十九日生，澤州府陽城縣廩生，平遙縣訓導。曾祖
岸，登仕郎。祖懋，監生。父為熹，監生。

〔註35〕同知《陽城縣志》記載該年副榜有曹廷選，恩賜國子監學正；光緒《陵川縣
　　　志》記載本年副榜有馬延年，查該年鄉試副榜十二人未見曹廷選、馬延年。
　　　曹廷選為嘉慶十五年恩賜舉人，馬延年為嘉慶丁卯恩賜副榜，嘉慶十三年恩
　　　賜舉人，嘉慶己巳恩賜國子監學正，兩人同為年長者恩賜舉人身份。

靳宜：第三十四名。高平人，登進士。

楊乾初：第三十九名。陵川人，字葆元、榕材，號守齋，年二十四歲，陵川縣學學生。嘉慶二十二年，大挑，分發福建。道光五年，署理寧洋知縣。道光九年，任邵武知縣，代理邵武府事，卒於官。刊有《邑六詩人稿》。著有《就正詩文集》。子楊長春，由拔貢，官工部虞衡司員外郎。

> 《嘉慶戊辰恩科鄉試同年齒錄》：楊乾初，字葆元，號守齋，行一，甲辰年四月二十一日生，澤州府陵川縣廩生。福建邵武縣知縣。曾祖淳，庠生；祖華嶽，庠生；父炳，恩貢。

張淑欽：第五十五名。陽城潤城人，字企南，號環溪，舉人張廣基子，年四十九歲，澤州府歲貢生。臨縣教諭。

> 《嘉慶戊辰恩科鄉試同年齒錄》：張叔欽，字企南，號環溪，行□，己卯年正月二十八日生，澤州府陽城縣歲貢生，臨縣教諭。曾祖佑。祖存敬，庠生。父廣基，乾隆戊子舉人，河南臨漳縣知縣。

宋睿：第六十名。陽城崇薰里人，字衍思，號芝田，年四十七歲，縣廩貢生。絳縣訓導。

> 《嘉慶戊辰恩科鄉試同年齒錄》：宋睿，字衍思，號芝田，行一，壬午年六月二十日生，澤州府陽城縣廩貢生，絳縣訓導。曾祖本涵。祖佐，監生。父昌泰，庠生，議敘主薄。

山西鄉試副榜（十二人 澤州一人）

栗繼祖：副榜第七名。陽城上伏人，年四十五歲，縣學廩生。撰有《修南閣原委碑記》。

嘉慶十五年庚午科

山西鄉試（六十人 澤州二人 登進士一人）

孫丕承：第三十三名。陽城蒴村（今通義村）人，字光烈，號蓮亭、拙齋，年三十七歲，縣學學生。旌表孝子。著有《四書經典》《春秋解》。

> 《嘉慶庚午科鄉試同年齒錄》：孫丕承，字光烈，號蓮亭，一號拙齋，行二，乾隆甲午年八月十四日巳時生，山西澤州府陽城縣優廩生，民籍。鄉試中式第三十三名。世居城南十五里蒴村。曾祖應庫。曾祖母氏茹。祖錦。祖母氏原、氏范。父綺業。母氏侯。

慈侍下。胞弟考祥。娶侯氏。子希綽、希爽、希扜、希樵、希逖、希盛。

霍慶姚：第三十八名。沁水曲堤人，登進士。

山西鄉試副榜（十二人）

顧鎮：副榜第六名。陽城崇薰里人，年三十歲，澤州府學生。嘉慶十八年癸酉科舉人。

順天鄉試副榜

劉溥：陽城潤城人，易名丙，字廉甫，號石久，劉湜堂兄。道光三年十一月，選繁峙教諭。道光二十年八月，宣安徽舒城知縣。道光二十二年十二月，選安徽宣城縣知縣。道光二十七年十二月，升鳳陽府清軍同知。安慶府知府。

《嘉慶庚午科順天鄉試同年齒錄》：劉丙，原名溥，字廉甫，號石久，行十九，辛亥年八月二十一日生，係山西澤州府陽城縣民籍。庚午順天鄉試中式副榜第三十五名。現任安徽舒城縣知縣。曾祖振倫。曾祖母氏裴、張。祖隨光。祖母氏張、趙、韓。父堃。母氏王、張、楊、楊。胞伯元樸。胞弟洽。胞侄藏珠。妻張氏，繼衛氏。子檀、五銖。孫憙曾、念曾。

張薦棻：陽城人，嘉慶二十一年丙子科山西鄉試舉人。

《嘉慶庚午科順天鄉試同年齒錄》：張薦棻，字子絜，號小余，行一，丙午年九月初一日生，係山西澤州府陽城縣民籍。庚午順天鄉試中式副榜第二十四名。丙子本省中式舉人第三名。山東海豐縣知縣。曾祖際清。祖書。父敦仁。前母氏劉；母氏劉。胞弟葆采，庚午同科副榜，己卯本省舉人，現任福建平和縣知縣。妻劉氏；妾劉氏。胞侄愬、願。子愬、愬。孫八一、公望。

張葆采：陽城人，嘉慶二十四年己卯科山西鄉試舉人。

《嘉慶庚午科順天鄉試同年齒錄》：張葆采，字子實，號筠生，一號敬梅，辛亥年十一月初八日生，係山西澤州府陽城縣民籍。庚午順天鄉試中式副榜第十九名。己卯本省鄉試中式舉人第四十六名。現任福建平和縣知縣。曾祖際清。祖書。父敦仁。前母氏劉；母氏劉。胞弟薦棻。妻王氏；繼朱氏、王氏。胞侄愬、愬。子愬、願。孫四同。

嘉慶十八年癸酉科

山西鄉試（六十人 澤州四人）

衛濬都：第三名。陽城人，字子予，號淇園，年二十三歲，澤州府學學生。歷任山西河曲縣訓導。道光二十八年二月，選甘肅㣲縣知縣。祁爾誠授業師。

> 《嘉慶十八年癸酉拔貢同年錄》：衛濬都，字子予，號淇園，行二，乾隆辛亥生，澤州府陽城縣人，□生，民籍，本科中式。曾祖梅。祖士望。父新奉。子□。

施大士：第七名。榆次人，號蓮舟，年三十四歲，榆次縣學附生。父施璿樞官澤州府教授，遂家澤州。道光二十八年二月，選吉州學正。

顧鎮：第三十一名。陽城化源里人，顧維翰從侄，年三十四歲，澤州府學附貢生。道光十六年，署任四川樂山知縣。道光二十年七月，選永寧州訓導。

李丙光：第五十八名。高平人，年二十四歲，高平縣學學生。盂縣教諭，道光九年七月，選嵐縣訓導。河南寶豐知縣。

山西鄉試副榜

秦梅：澤州人。嘉慶三年八月，任陝西華陰縣丞。升涇陽知縣，升同州府潼關撫民同知。

鍾廷掄：澤州人。

李希白：陵川人，字長庚，號蓮谿。

> 《嘉慶十八年癸酉拔貢同年錄》：李希白，字長庚，號蓮谿，行一，乾隆乙未生，澤州府陵川縣人，廩生，民籍。曾祖洵。祖國麟。父秀。

張耄：陵川人，號雪塘。

嘉慶二十一年丙子科

山西鄉試（九十人 澤州五人 登進士一人）

張泰元：陽城人，字和齋，號西峰。

> 《嘉慶丙子科齒錄》：張泰元，字和齋，號西峰，行一，乾隆戊戌年正月二十七日亥時生，澤州府陽城縣人。本生曾祖全新。祖世普。父琚。

張薦粲：陽城人，字子潔，號小余。分發山東候補知縣，任山東海豐知縣。

　　《嘉慶丙子科齒錄》：張薦粲，字子潔，號小余，行二，乾隆丙午九月初一日吉時生，澤州府陽城縣人，分發山東候補知縣。曾祖際清，庠生。祖書，歲貢生。父敦仁，乾隆戊戌科進士，雲南鹽法道。子懃、懋、寠。

張林：第五十四名。陽城人，登進士。

韓鼎晉：澤州渠頭人，又名錫晉。道光十八年八月，補臨慶州同知。撰有《崔志元墓誌銘》等。

秦景宇：澤州人。

山西鄉試副榜（十二人　澤州二人）

李翹楚：副榜第二名。陵川人。

李初芳：副榜第五名。沁水端氏鎮人。

嘉慶二十三年戊寅恩科

山西鄉試（澤州八人　登進士一人）

王秘書：經魁。澤州郝匠人，字行南。道光十年九月，選臨汾訓導。升蒲州教諭。

李閒：第四名。高平人，登進士。

焦良貴：高平人，字葆初。道光六年，大挑一等。授知縣，以母疾改朔州訓導。

劉作霖：陽城西坡人，字雨蒼，曹翰書外祖父。道光十年十月，選定襄教諭。升吉州學正。著有《憑山堂課藝》《自怡悅詩集》。

孫希綽：陽城㕍村（今通義村）人，號彥寬，孫丕承子。歷官長治教諭、湖南寧遠知縣。撰有《上黨書院記》。有詩《前題》。

栗徵庸：陽城人。咸豐五年九月，選汾西訓導。有詩《九日龍巖寺登高》。

宋察：陽城崇薰里人，候選翰林院典簿。

劉儒鳳：字藻翔，陵川平城人。平順鄉學訓導。道光二十五年，任潞城縣學訓導。

　　《道光二十五年進士郭鑲遠履歷》：受業師　劉藻翔夫子，名儒鳳，澤州府陵川縣人，戊寅舉人，現署潞城縣訓導，前平順鄉學訓導。

嘉慶二十四年己卯科

山西鄉試（六十一人 澤州八人 登進士一人）

王士恒：第一名，解元。澤州江匠人，登進士。

馬百朋：第二十六名。高平東周人，年二十二歲，縣學附生。道光十六年十一月，選交城教諭。

司百川：第三十九名。高平焦河人，字會泉，號東園，年三十五歲，縣學生。道光十二年，任稷山教諭。撰有《補修普照寺碑記》。著有《歸裝輯錄》《歸裝續錄》。

李大鶴：第四十五名。陵川人，年三十歲，縣學生。

張葆采：第四十六名。陽城人，字子實，號筠生，一號敬梅，年三十歲，副貢生。考授鑲黃旗教習。道光十二年，任甘肅伏羌。福建平遠知縣。道光十九年二月，補平和知縣。

李麟伍：第四十八名。澤州人，字勳圖、子振，號石儕、鹿儕、不麟，年三十六歲，府學拔貢生。盂縣教諭。咸豐三年十一月，選朔州學正。咸豐年，舉孝廉方正。撰有《司東周先生傳》。有詩《懸壺山》等。

> 《嘉慶十八年癸酉拔貢同年錄》：李麟伍，字勳圖，一字子振，號石儕，行一，乾隆甲辰生，澤州府廩生，縣人，民籍。曾祖芬。祖自超。父錫章。

祁之鈐：第四十九名。高平孝義人，字次山，年二十三歲，澤州府學學生。道光六年，大挑一等。歷官江蘇句容、安東縣知縣，署任邳州知州，宜興縣知縣，淮安府通判。咸豐元年，充辛亥恩科江南鄉試同考官。咸豐二年，任高淳知縣。咸豐七年十二月，選睢寧知縣。

牛懷清：第五十五名。澤州人，年三十一歲，縣學增生。

山西鄉試副榜（十二人 澤州二人）

郭俊基：副榜第三名。澤州周村人，年三十一歲，縣學生。道光元年舉人。

宋尹夏：副榜第七名。澤州人，年二十二歲，縣學增生。

道光元年辛巳恩科

山西鄉試（八十一人 澤州八人 登進士三人）

李廷璿：第四名。陽城人，字毓源，號訥齋。

《道光辛巳各省同年全錄》：李廷璿，字毓源，號訥齋，行五，
乾隆壬子年二月十二日申時生，澤州府陽城縣人。曾祖蒲。祖培極。
父續，國學生。

楊豫成：第九名。陵川王家嶺人，字立之，號繹堂。贛州府知府，護理贛
南兵備道。孫楊勉〔註36〕，家世詳見《繹堂楊公墓誌銘》。

《道光辛巳各省同年全錄》：楊豫成，字立之，號繹堂，行一又
行三，丙辰年十月初五日吉時生，澤州府陵川人。曾祖淳，庠生。
祖華嶽，庠生。父炌，廩生。

郭俊基：第十二名。澤州周村人，字洛初，號仰青、怡山。道光十七年正
月，選盂縣訓導。

《道光辛巳各省同年全錄》：郭俊基，字洛初，號仰青，一號怡
山，行四，乾隆己酉年六月十四日吉時生，澤州府鳳臺人。曾祖元
壁。祖文公。父永義。

李貽典：第十四名。陽城中莊人，字鬴軒，號紹唐，道光二年恩貢，別
號南坡居士。

《道光辛巳各省同年全錄》：李貽典，字鬴軒，號紹唐，別號南
坡居士，行一，堂行二，乾隆壬寅年十一月二十九日生，澤州府陽
城縣人。曾祖慕賢。祖念祖，庠生。父穀梁，庠生。

王和中：第二十七名。澤州南馬匠人，登進士。

盧聯珠：第三十三名。陽城人，字星如，號緯堂，崇薰里人。歷官湖北公
安知縣。道光十七年四月，選河津襄陵教諭。〔註37〕

《道光辛巳各省同年全錄》：盧聯珠，字星如，號緯堂，行三又
行十五，己酉年正月十五日午時生，澤州府陽城縣人。曾祖金城，
州判。祖爾祥，國學生。父貴南，增廣生。

張涵：第四十一名。澤州西郜人，登進士。

薛鳴皋：第四十八名。陵川三泉人，登進士。

〔註36〕《宣統己酉科簡易明經通譜》：楊勉，勵堂，行二，年二十歲，陵川縣附生，
　　　曾祖炌，祖豫成，父長森。
〔註37〕鄉試錄作珠，《陽城縣志》作琭。

道光二年壬午科

山西鄉試（六十一人 澤州七人）

張翼：澤州黃頭人。道光二十四年，大挑二等。道光二十五年七月，選蒲縣訓導。朔州教授。

段鈞：澤州人。

陳彭齡：高平人，號仙樵。道光十五年，大挑二等。道光二十四年，任岢嵐學正。盂縣教諭。

唐瀛士：高平人，拔貢生。道光三年，選河津教諭。道光十一年，任蒲圻知縣。道光十八年，任福建武平知縣，撰《皇清待贈孺人常母朱孺人墓誌銘》。著有《寸知齋文抄》。

司舒錦：高平南朱莊人。曲沃教諭。道光十五年，大挑二等。道光十八年，任五臺教諭，撰《重修昭慶院碑記》。

郭逢辰：陽城人。和順訓導。有詩《青蘿齋》。

賈瑞清：陽城西封村人。咸豐八年，撰《補修周村堡垣記》。

山西鄉試副榜

祁之釪：高平孝義人，道光十一年辛卯科舉人。

順天鄉試

張鈞：沁水人，歷任直隸順義、故城、河南濟源等縣知縣。

道光五年乙酉科

山西鄉試（六十二人 澤州三人 登進士二人）

張域：第七名。陽城潤城人，詩人張晉子，字子正、式方，號風香、梅庵。道光十八年七月，選榆次教諭。道光二十七年三月，選長子訓導。著有《香雪龕詩抄》。

> 《道光乙酉科鄉試同年齒錄》：張域，字子正，號風香，行二，乾隆乙卯年十一月十九日吉時生，陽城縣附生，中式第七名。曾祖維清，姚李。祖樹佳，姚劉、陳。父晉，母栗。妻李。子孫枝。

祁爾誠：第二十二名。澤州尹寨人，登進士。

田秖：第三十三名。陽城人，登進士。

順天鄉試副榜（四十四人　澤州一人）

郭廷彥：副榜第八名。澤州周村人，郭象升本生曾祖，廩膳生，候選直隸州州判。

道光八年戊子科

山西鄉試（六十一人　澤州六人　登進士二人）

趙光第：第六名。澤州城外南關西巷人，字春及，號杏塢，鳳臺縣學附生。

> 《道光戊子科直省同年錄》：趙光第，字春及，號杏塢，行三，嘉慶甲子年七月初三日生，澤州府鳳臺縣附生。曾祖海山。祖培基。父德廣。胞伯叔德淵，監生；德茂；德頤。胞兄光太；光奎，廩生。世居城外南關西巷。

司尚錦：第十一名。高平南朱莊人，字襲斾，號芳溪，憂增生。道光十五年，大挑二等。咸豐二年七月，選聞喜教諭。咸豐四年六月，任寧武教授。

> 《道光戊子科直省同年錄》：司尚錦，字襲斾，號芳溪，行一又行二，乾隆壬子年閏四月十四日生，澤州府高平縣憂增生，乙未大挑二等。曾祖惠。祖碧元。父紳。胞伯縉。胞弟添錦；舒錦，壬午舉人，乙未大挑二等。胞姪長發、大酉、二酉。住城東南朱莊。

延彩：第十九名。陽城潤城人，登進士。

史聚祥：第二十三名。澤州東四義泰和寨人，字星占，號澗南，鳳臺縣學優廩生。道光九年，任景山官學教習。族叔史溥[註38]。

> 《道光戊子科直省同年錄》：史聚祥，字星占，號澗南，行五，乾隆己酉年十月十六日生，澤州府鳳臺縣優廩生，己丑景山教習。曾祖秉鈞。本生曾祖秉直。祖宗禮。本生祖宗仁，附貢。父浩。胞伯汀，議敘郎中；治，貢生；泰，附貢。胞弟履祥，監生；景祥，增生；兆祥；重祥。胞姪先立、增立。居邑東北四義村泰和寨。

衛昌齡：第三十七名。陽城章訓人，改名立言，字述周、書樵，號石舟。道光十五年，大挑二等。道光十六年，任解州訓導。道光二十年十二月，兼理

[註38] 《嘉慶十八年癸酉拔貢同年錄》：史溥，字雨田，號澗東，行六，乾隆己酉生，澤州府鳳臺縣人，附生，民籍，現任工部郎中。曾祖魁隆。祖秉彝。父宗簡。子超祥。

左雲訓導。

《道光戊子科直省同年錄》：衛昌齡：改名立言，字述周，一字書樵，號石舟，行二，嘉慶辛酉年八月初二日生，澤州府陽城縣增生，乙未大挑二等。曾祖克懷，庠生，軍功議敘庫大使。祖紹基，監生。父煥，庠生。胞伯璵，胞兄昌言。世居邑東章訓里。

翟鳴陽：第五十五名。澤州翟河底人，登進士。

山西鄉試副榜（十二人 澤州一人）

李必沛：副榜第十名。高平人，字竹舟，號心齋，優廩生。

《道光戊子科直省同年錄》：李必霈，字竹舟，號心齋，行五，乾隆丁未年十月十一日生，澤州府高平縣優廩生。曾祖式會。祖兆瑞。父來元。胞兄弟必壽，監生；必昌，監生；必達，監生；必秀；必鈺，庠生。胞侄淳，從九品；渤，丁卯舉人，直隸試用知縣；洸，監生；潔，監生；瀟，庠生；汪；淇；洞；澍。子潊、丞、湳、頴。侄孫克溫，庠生；向溫；秉溫；詩溫；經溫；長溫；誠溫；善溫；即溫；誕溫；補溫；根溫。

道光十一年辛卯恩科

山西鄉試（六十二人 澤州二人）

王丕基：第五十名。澤州東劉莊人，字宏緒，號鴻亭，年二十一歲，縣學附生，民籍。候選知縣。

《道光辛卯各直省同年錄》：王丕基，字宏緒，號鴻亭，行二，嘉慶乙丑年生。山西鳳臺縣附生，民籍。曾祖天統。祖公臨。父讓，例封文林郎。胞伯勤。胞兄紹基，國學生。子□。

田荊：第五十九名。陽城東關化源里人，字友棠，號樂亭，年二十八歲，縣學附生，民籍。道光二十九年，署休寧知縣，充己酉科江南鄉試同考官。咸豐元年六月，補黟縣知縣；八月，充江南鄉試同考官。

《道光辛卯各直省同年錄》：田荊，字友棠，號樂亭，行七，嘉慶癸亥年生，山西陽城縣附生，民籍。曾祖於都，庠生，敕授修職郎，鴻臚寺主簿，鄉飲大賓。祖瑤，恩授正九品，晉贈儒林郎。父亨運，例授儒林郎，布政司理問。胞伯韶運，附貢生，例贈儒林郎。子縢。

順天鄉試（澤州一人）

祁之釪：第二十一名。高平孝義人，字諧聲、子約，號玉厓。道光十九年，選教諭。道光二十年，任沙縣知縣，充庚子科福建鄉試同考官。同治十年，年五十一卒。

> 《道光辛卯各直省同年錄》：祁之釪，字諧聲，一字子約，號玉厓，嘉慶丁巳年生，山西澤州府高平縣副貢生，民籍。現任福建沙縣知縣。曾祖杲，附貢生，晉贈榮祿大夫。祖汝燮，嘉慶庚申恩科舉人，晉贈榮祿大夫。父貢，嘉慶丙辰進士，現任兩廣總督。胞伯叔培，嘉慶丁丑進士，翰林院庶吉士，廣東新寧縣知縣。胞叔堮，嘉慶丁卯科副貢生；埰，邑廩生，孝廉方正，候選教諭。胞弟之鏗，太學生；之鐔，太學生；之鏒，太學生；之鎔。胞姪通慶、增祿。子福臻、柏齡。

道光十二年壬辰恩科

山西鄉試（六十二人　澤州二人）

郭樹勳：第二十名。高平鞏村人，字欽若，號碧園，民籍，縣學廩生。道光二十四年，大挑一等，分發江蘇知縣。

> 《道光壬辰直省同年錄》：郭樹勳，字欽若，號碧園，行一，乾隆丁未年八月二十六日吉時生，山西澤州府高平縣廩生，民籍，甲辰大挑一等，知縣，分發江蘇。住鞏村。曾祖寬，曾祖母氏邢、張。祖爾璋，太學生；祖母氏劉。父長潤，母氏焦。慈侍下。胞弟樹德，太學生。胞姪三林。妻袁氏。子福林、又林。

王樹常：第三十八名。高平王報人，字惇五，號北居，民籍，縣學廩貢生。道光二十四年，大挑二等。道光二十九年九月，選和順訓導。

> 《道光壬辰直省同年錄》：王樹常，字惇五，號北居，行一，乾隆辛亥年七月初八日吉時生，澤州府高平縣廩貢生，民籍，甲辰大挑二等。住王報村。曾祖恒，軍功，主簿；曾祖母氏李、郜、郭、秦、趙、牛。祖步蟾，附貢；祖母氏王、李、秦、張。父耀宗，庠生；母氏牛。永感下。胞叔茂宗，太學生。妻邢、馮氏。子廷典、廷謨、廷訓。

山西鄉試副榜（十二人　澤州一人）

鄭時雍：副榜第八名。澤州沁水人，民籍，道光二十六年丙午科舉人。

道光十四年甲午科

山西鄉試（六十一人 澤州三人 登進士二人）

王逼昭：第三名。陽城人，登進士。

韓戀德：第十一名。陵川人，登進士。

李淡：第二十八名。高平城內儒林坊人，字左亭，號小塘，縣學廩生。屯留教諭。咸豐三年十一月，選應州學正。

> 《道光甲午科直省同年錄》：李淡，字左亭，號小塘，行六，嘉慶乙丑年四月二十六日生，山西澤州府高平縣廩生。道光甲午年山西鄉試中式第二十八名舉人。曾祖兆瑞，馳贈徵士郎，候選直隸州州判。曾祖母氏程，馳贈孺人。祖來元，例贈徵士郎，候選直隸州州判。祖母氏楊、王、秦，例贈孺人。父必沛，道光戊子副貢，候選直隸州州判。母氏秦、中、牛、閏。胞伯叔必壽，監生；必昌，監生，例封文林郎，直隸平鄉縣知縣；必達，監生；必秀；必鈺，庠生。胞弟丞，庠生；湳；穎。妻氏賈、王、王。世居城內儒林坊。

道光十五年乙未恩科

山西鄉試（六十一人 澤州三人 登進士一人）

延棠：第四名。陽城北音人，字召遲，號少池，監生，民籍。咸豐四年六月，選解州學正。

> 《道光乙未科鄉試直省同年全錄》：延棠，字召遲，號少池，行三，嘉慶己未九月初三日生，澤州府陽城縣監生，民籍，世居北音村。曾祖天培，庠生；曾祖母氏范。本生曾祖天秩，貢生；本生曾祖母氏李。祖青梅，祖母氏李。本生祖青雲，福建臺灣府鹿耳門海防同知；本生祖母氏郭、史。父君壽，安徽五河縣知縣；母氏衛。胞叔吉壽，南河巡檢；安壽；期壽，從生；祥壽；頤壽。胞兄弟賞〔註39〕，嘉慶癸酉拔貢；常，增生；裳。胞侄務滋。妻張、陳氏。子典午。

衛東陽：第十一名。陽城尹家溝人，登進士。

〔註39〕《嘉慶十八年癸酉拔貢同年錄》：延賞，字賞延，號東香，行一，乾隆辛丑生，澤州府陽城縣人，廩生，民籍。曾祖天培。祖青梅。父君壽。

馬鑄式：第六十一名。字文鎔，號楓階，之瑛孫，澤州高都人，鳳臺縣學附生，民籍。道光二十四年，大挑一等，分發河南知縣。道光二十七年，由河員署邳州州同、蕭縣知縣。著有《五嘉軒詩集》《沆瀣一瓢莽詩草》。

> 《道光乙未科鄉試直省同年全錄》：馬鑄式，字文鎔，號楓階，行一，嘉慶己巳八月二十五日生，澤州府鳳臺縣附生，民籍，甲辰大挑知縣，分發南河。曾祖萃英，曾祖母氏任。祖效周，太學生；祖母氏楊、盛。父廷擢，庠生；母氏李。胞叔廷一，庠生。妻門氏。

山西鄉試副榜（十二人　澤州三人）

曹升俊：副榜第八名。陽城人，曹恒吉父。嘉慶壬戌年生，廩貢生，民籍，道光甲辰恩科舉人。

邵健：副榜第十名。高平人，嘉慶己巳年生，廩生，民籍。道光二十九年己酉科舉人。

李廷傑：副榜第十二名。高平人，嘉慶癸亥年生，附生，民籍。

道光十七年丁酉科

山西鄉試（澤州六人）

溫希嶠：澤州三家店人，更名景洛。

王繼先：高平人。妻袁氏，有節行。

皇甫匯川：高平人，教諭，堂兄皇甫長庚[註40]。

徐鑑：陽城人。歷永和訓導。咸豐六年五月，選蒲州府教授。同治十三年，任平定州學正，充《新修陽城縣志》分修、光緒《平定州志》協修。

劉琯華：陽城西坡人，劉作霖子。咸豐三年六月，選翼城教諭。

張親義：沁水人。咸豐六年十一月，選長子訓導。介休教諭。

〔註40〕《道光十七年丁酉科明經通譜》：皇甫長庚，字少白，號西堂，行一，嘉慶丁巳年五月二十七日吉時生，山西澤州府高平縣優廩生，民籍。曾祖君恩，字九錫。曾祖妣氏董、氏牛、氏張。祖蕙，字楚伯，邑庠生，例馳贈文林郎。祖妣氏董。父驥，字宛良，邑庠生，例贈微士郎。母氏魏、氏李、氏霍。本生父偉，字雲漢，邑增生，例贈微士郎。本生母氏趙、馬。胞伯叔基，字式廓，邑庠生；偉，字越千，郡庠生，例贈文林郎；楫，字陶舟，邑庠生。胞弟向榮、惟寅、己科，俱業儒。堂弟匯川，丁酉科舉人；鶴齡、長保，俱業儒；柏齡，幼。胞侄紀元，業儒；德元，幼。堂姪兆元，業儒。妻成氏。子胎元、六成、掄元，俱業儒；女□。

山西鄉試副榜

王熙績：澤州江匠人，王士恒子。興縣教諭。

宋鑴弁：陽城崇薰里人，宋睿子。

鄭霆：沁水人。

道光十九年己亥科

山西鄉試（澤州三人　登進士二人）

侯玳：第三名。陽城上孔人，登進士。

竇奉家：第五十三名。沁水人，登進士。

段炳式：第二十四名。沁水人。

山西鄉試副榜

張禧贊：高平人。

郭煥文：高平人，舉孝廉方正。

道光二十年庚子恩科

山西鄉試（六十一人　澤州二人）

崔永貞：第三十六名。澤州城內進士坊人，字子元，號吉菴，年三十六歲，鳳臺縣學廩生，民籍。

　　　　《道光恩子直省同年鄉試齒錄》：崔永貞，字子元，號吉菴，行二又行七，嘉慶丁丑年十二月□日吉時生，山西澤州鳳臺縣廩生，民籍。曾祖允迪，邑庠生。祖浤，馳封文林郎。父步青，例封文林郎。胞叔步雲，武庠生。胞兄述灝。世居城內進士坊。

張竹書：第四十五名。沁水坪上人，字碧峰，號洪園，年四十二歲，縣學優廩生，民籍。六上春闈不第。景山教習，候選知縣。咸豐八年，年六十，卒於家，端氏副榜李初芳志其墓，詳見《皇清例授文林郎吏部揀選知縣官學教習庚子科舉人淇園張公暨德配霍孺人合葬墓誌銘》。著有《友聲園大題文》《友聲園小題文》《棣華園詩抄》《年譜》。

　　　　《道光恩子直省同年鄉試齒錄》：張竹書，字碧峰，號洪園，行二又行七，嘉慶己未年三月初六日吉時生，山西澤州府沁水縣學優廩生，民籍。曾祖翔。本生祖霞瑞龍，例馳贈文林郎。本生父毓林，例贈文林郎。父毓德，例贈文林郎。胞叔毓昌。胞兄弟洛書；憲書；

佩書，廩膳生。胞侄宗俶、宗儁、宗佟。娶霍氏，處士慶成公女，

嘉慶丁丑進士，咸安宮教習，現任汾州府教授慶姚公堂侄女。繼娶

霍氏，良□公女。子宗僑、宗伊。世居縣東坪上村。

道光二十三年癸卯科

山西鄉試（六十一人 澤州二人）

祁之鑅：第十一名。高平孝義人，字子健、季聞，號壺莊、壺公，年二十

五，監生。咸豐四年，署任樂亭知縣。咸豐五年六月，補直隸灤州知州。同治

八年五月，年五十三卒。孫祁耀曾〔註41〕，光緒丁酉拔貢，寄籍臨晉十餘年，

撰《高平祁氏先世遺跡及見錄》。

> 《道光癸卯科直省同年全錄》：祁之鑅，字子健，一字季聞，行
> 五，又行十二，嘉慶己卯三月初七日生，澤州府高平縣監生，前官
> 直隸灤州知州。住城東南孝義里。曾祖杲，附貢生，工部營繕司員
> 外郎。曾祖母氏賈、田。祖汝棻，嘉慶庚申舉人，中書科中書，都
> 察院經歷。祖母氏杜、溫。父貢，乾隆乙卯嘉慶丙辰聯捷進士，由
> 刑部主事官至兩廣總督，諡恭恪。母氏楊。胞伯叔墥，嘉慶丁卯舉
> 人，丁丑進士，由庶吉士官至廣西全州知州；埆，嘉慶丁卯副榜。
> 垛，廩生，繁峙縣教諭，候選知縣。胞兄之釪，道光辛卯舉人，福
> 建沙縣知縣；之銓，現官戶部員外郎；之鐸，太學生；之鏐，現官
> 四川茂州直隸州知州。胞姪惇，太學生；悰，太學生；愷；懌；寶
> 書；鳳鳴；遐齡；太平。妻任氏。子長齡、恒齡、嵩齡、芝齡。

秦文煥：第三十六名。澤州西後河人，字明俊，號有堂，年二十七，府學

廩生。癸丑大挑二等。咸豐三年七月十五日，任左雲訓導。

〔註41〕《光緒丁酉科明經通譜》：祁耀曾，字忍齋，一字鈺如，號心陶，行三又行五，
同知癸酉年二月初七日吉時生，山西澤州府高平縣優廩生，民籍。曾祖貢，
號竹軒，嘉慶丙辰進士，兩廣總督，刑部尚書，太子少保，賜諡恭恪，入祀
廣東廣西名宦祠。曾祖母氏楊，誥封一品夫人。祖之鑅，號季聞，道光癸卯
科舉人，花翎四品銜，候選道，直隸灤州知州。祖母氏任，誥封恭人。父恩
成，號丹崖，花翎五品銜，現任河南藩庫大使。母氏張，誥封宜人。胞伯恩
泰，早逝；恩元，號壽泉，藍翎五品銜，現任湖南藩庫大使；恩曜，早逝。
胞兄弟紹曾，廩生；效曾，附生；毓曾、蔭曾，俱幼讀。胞侄有麟，幼讀。
妻孫氏，乙丑進士花翎三品銜現任山西太原府知府名紀雲公女。子雲麟，幼。
女一。

《道光癸卯科直省同年全錄》：秦文煥，字明俊，號有堂，行二又行四，嘉慶丁丑五月初十日生，澤州府鳳臺縣廩生，咸豐癸丑大挑二等。住城東北平川廟西後河村。曾祖天順，曾祖母氏史。祖紹觀，祖母氏晉。父進，母氏賀。胞伯俊。胞兄弟文煜、文炳。胞侄□。妻氏李。子□。

順天鄉試（二百三十九人 澤州一人）

張法曾：第八名。原籍沁水，濟南歷城人，字唯堂，張鈞子，監生。曲阜訓導。

《道光癸卯科直省同年全錄》：張法曾，字子堅，號唯堂，行一，嘉慶戊寅二日二十二日生，山東濟南府歷城縣監生，原籍山西沁水縣。咸豐癸丑大挑二等。曾祖九臬；母氏李、高。祖啟宇，議敘鹽課司提舉；母氏李、鄧。父鈞，道光壬午舉人，歷官直隸故城、順義、懷柔等縣知縣；母氏李。胞叔鉞，候選守禦所千總；鎮，候選鹽經歷；釗。妻氏汪。子煥哥。

道光二十四年甲辰恩科

山西鄉試（六十人 澤州四人）〔註42〕

張樹標：第七名。澤州城內人，字仰清，號藝蘭，鳳臺縣學廩生，民籍。同治元年，大挑二等。同治五年二月，選廣靈訓導。

《道光甲辰恩科直省同年錄》：張樹標，字仰清，號藝蘭，行三，嘉慶戊寅十月二十一日吉時生，澤州府鳳臺縣廩生，民籍。曾祖大經。妣氏陳、姚。祖宗栻，附貢生。母氏王、馬。父淑，庠生。母氏毛。娶衛氏，子煥廊。

崔沆：第三十一名。澤州城內人，字鑒涵，嘉慶戊辰年生，廩生，民籍。

《道光甲辰恩科直省同年錄》：崔沆，字□，號□，行□，嘉慶戊辰□月□日吉時生，鳳臺縣廩生，民籍。

曹升俊：第四十五名。陽城西坡人，字靜山，號偉臣，民籍，附貢生。咸豐十一年六月，選文水教諭。

《道光甲辰恩科直省同年錄》：曹升俊，字靜山，號偉臣，行一

〔註42〕同知《陽城縣志》記載該科有舉人王儒穎，查甲辰山西鄉試錄六十名舉人名錄，未見此人。

又行四，嘉慶辛酉三月十九日吉時生，澤州府陽城縣附貢生，民籍。曾祖清仁，曾祖母氏趙。祖子聚，祖母氏郭。父師謨，太學生；母氏延、和。娶劉氏、張氏。子翰書〔註43〕，庠生；翰宜。

李可枚：第十九名。高平人，字吉臣，號樸齋，附生，民籍。本年四月，選河津縣教諭。

《道光甲辰恩科直省同年錄》：李可枚，字吉臣，號樸齋，行一，道光壬午四月二十六日吉時生，澤州府高平縣附生，民籍。曾祖廣昌，曾祖母氏馮。祖有，太學生；祖母氏張、趙。父天元，附生，按察司知事；母氏李、郜。娶王、康氏。

順天鄉試（澤州一人　登進士一人）

曹鴻舉：第三十二名。陵川縣城北關人，登進士。

道光二十六年丙午科

山西鄉試（六十一人　澤州四人）

申國英：第二名。高平城內招賢坊人，字逮三，號松柯，民籍，廩生。撰有《收養嬰兒說》。子申轔〔註44〕，貢生。

《道光丙午科山西鄉試同年齒錄》：申國英，字逮三，號松柯，行一，嘉慶丁丑相三月初六日吉時生，山西澤州府高平縣優廩生，民籍。始祖志祿，由團池村遷城。二世祖大有。二世祖妣氏王。太高祖瑄，太高祖妣氏李。高祖雲瑞。高祖妣氏張。曾祖嘉惠，國學生，馳贈修職左郎。曾祖妣氏郭，馳贈孺人。祖繼先，廩貢，署長子縣儒學訓導，例授修職佐郎，例贈徵士郎，例馳贈文林郎。祖妣氏李，國學生鵠升公女，例贈孺人；妣氏侯，處士順公女，乾隆丁酉科武舉萬程公胞侄女，例贈孺人。父起悟，乙巳恩貢，候選直隸州州判，例授徵士郎，例封文林郎。前母氏王，國學生邐齡公女，例贈孺人。母氏焦，庠生鵬程公女，例贈孺人。生母氏龐，耆賓鋐公女，例封孺人。具慶下。胞伯叔祖繼信，國學生，介賓；繼章，

〔註43〕咸豐二年壬子恩科進士。

〔註44〕《光緒乙酉科山西會考拔貢錄》：申轔，字□，號□，行□，咸豐丁巳年□月□日吉時生，係山西澤州府高平縣優廩膳生，民籍。曾祖繼先。祖起悟。父國英。

國學生，介賓；繼成，憂增生，介賓，屢膺鶚薦；繼德，九品職。堂伯起敬，耆賓；起孝，庠生；起予，耆賓。堂叔起勳，優廩生，己卯辛巳壬午乙酉乙未薦卷；起聰；起肅；起新；起化；起忠；起枝，優生；起烜，優廩生，壬午甲午丁酉癸卯薦卷；起貴，儒士；起瀾，庠生，戊子薦卷；起江；起發；起棟，儒士；起福；起財；起基；起源；起泉；起塗。胞弟國輔，郡庠生；國治，早逝；國昌，業儒。堂弟國選；以詩；以謨，業儒；以經；國臣，業儒；以頌；國光；國猷，業儒；國定，業儒；以禮，業儒；以倫，業儒；國綱，業儒；以謙；國鈞；以約；以恒，俱幼。娶李氏，九品職烜文公女；崔氏，處士維善公女；司氏，戊子舉人，現任交城縣教諭尚錦公女，壬午科舉人前五臺縣教諭舒錦公胞侄女。子□。女□。族繁不及備載。居城內招賢坊。業師 庭訓 堂叔烜，廩生。李老夫子，名崇德，廩生。陳老夫子，名彭齡，壬午科舉人，現任岢嵐州學正。李老夫子，名貞木，浙江秀水人，乙未進士，前高平縣知縣。鄉試中式第二名。會試中式第□名。殿試第□甲第□名。欽點□。

鄭時雍：第十六名。沁水沃泉村人，字心陶，號鹿泉，民籍，縣學優廩生。壬辰科副榜。

《道光丙午科山西鄉試同年齒錄》：鄭時雍，字心陶，號鹿泉，行一，堂行十一，嘉慶癸亥相六月初七日吉時生，山西澤州府沁水縣學優廩生，壬辰科副榜，民籍。始祖廣。二世祖璞。三世祖盈。四世祖文道，榮壽官。五世祖世明。六世祖福春。七世祖嘉謨。太高組諱拱周，邑廩生，應舉明經，以康熙元年奉旨停止歲貢，未得膺選。太高組姚氏王。太高組姚氏李，贈徵士郎光輝公女，歲貢生寧鄉縣訓導廷棟公胞妹。高祖諱慶昌。高祖姚氏張，鳳鳴公胞姑。曾祖諱元美，例馳贈修職郎。曾祖姚氏王，庠生同然公孫女，順治丙戌科進士四川川東道布政司參議同春公侄孫女處士敏義公女，例馳贈孺人。曾祖姚氏譚，肇先公姑，例馳贈孺人。曾祖姚氏李，玉樣公姊，例馳贈孺人。祖諱崇德，例贈修職郎，行實載家乘。祖姚氏吳，文行公女，例贈太孺人。父諱應炳，道光壬午恩進士，候選儒學教諭，著有《四書諸儒學義》《南邨文稿》《庚譜草》等集，例授修職郎，待贈文林郎。母氏席，可貴公女。母氏柳，丙午科舉人

陝西同州知州遇春公六世孫女，庠生蓁菀公胞姊妹，庠生渭濱公胞姑，例贈孺人。母氏劉，處士玉中公女，鄉飲耆賓繼倫公姑，待封太孺人。生慈侍下。太高伯叔祖興周、隆周、從周、紹周。高伯叔祖際昌；志全，庠生；咸林，庠生，贈文林郎，廣西靈川縣知縣；裔昌；茂昌，恩賜八品。曾胞叔祖元卿、元恭。曾伯叔祖元輔；元通；禹琨，庠生；元亨；惠宣，庠生；碧宣；采宣，康熙丙子科舉人，廣西靈川縣知縣，升都察院經歷，誥授奉直大夫；倫宣，庠生。胞伯祖德新。堂伯叔祖為禮、金玉、金芳、德芳。伯叔祖孟慶，候選主簿；孟儒，庠生；士銘；士暹，增生；有德，候選府經歷；知人；愛人；有四，庠生；有相，貢生；有命，庠生；有禮，監生；有為，監生；睦信；講信，庠生；光榮。胞叔應鼇，早逝；應臺。堂伯應桂、應斗、永年。從堂伯叔希河、永安、應奎、應鑑、應詔、應科。族伯叔彭明；彭年；希諶；涵中，庠生；協中；極中，庠生；邦藩，候選吏目；邦彥，監生；秉淳，增生；秉直；秉彝，庠生；秉鐸，從九；秉成，恩賜八品；鵬志，郡增生；希哲；希僑。嫡堂弟長城，早逝。從堂兄藩成，郡庠生；葆城；銀城；莊城。再從兄弟維城、綱城、春城、連城、敦城、百城、洧川。族兄弟珩，監生；琬，丙辰恩進士，候選教諭；鶴程；修程；鳴珂，庠生；鳴謙，庠生；鵬，庠生；鵾（昌鳥）尚友，庠生；鵝，監生；鼎，庠生；地寶，道光戊子歲貢，候選訓導；琦，監生；璋；鍾嶙，庠生；鍾珣，恩賜九品；珠，庠生；斑，從九品；俊；芝；寬；健；琳；逢原；斌；蔚；暄。從堂侄友蘭、湘蘭、如蘭、滋蘭、國蘭。再從侄馥蘭、茂蘭、穆蘭、姬蘭、秀蘭。族侄翊經，增生；觀洛，癸酉科拔貢，候選教諭；蘭田，庠生雍幼學受業；蘭圃；觀浬，監生；觀澧，從九；步瀛，庠生；蘭亭；蘭畹；玉麟，庠生；國麟，庠生；錫麟，庠生；觀潮；觀濤；觀海；觀汝；觀潮；觀洧；兆吉；開吉，廩生；謙吉；鎬堂；萬銘。堂侄孫曾禧、曾興、曾望，俱幼。族侄孫葆堂，從九；平康；伯康；仲康；季康；吉元，廩生；允諧；吉宗；萬倉；吉庶；吉豫。妻丁氏，儒士養直公女，國學生理直公、庠生璽直公胞侄女。子家彪，娶從九品捷第牛公女；家彪，殤，娶附貢生蔚東李公女。女一，許字庠生植本李公幼子。孫曾裕，幼。孫女一，幼。

族繁不及備載。世居邑西南鄉沃泉村。業師 庭訓 課師 劉雨蒼夫
子，印作霖，戊寅恩科舉人，現任吉州學正。郝夢山夫子，印臺魁，
辛未五臺召試，欽取舉人，咸安宮教習，借補太原縣訓導。李鶴生
夫子，印孔淳，戊辰恩科舉人，大挑一等，歷任五寨、陽城、鳳臺
縣知縣，現任太原府同知，壬辰科山西鄉試同考官。孫立亭夫子，
諱謙豫，壬午進士，原任沁水縣知縣，壬午乙酉山西鄉試同考官。
孫午泉夫子，印日庠，丙申進士，現任沁水縣知縣，癸卯丙午山西
鄉試同考官。壬辰本省鄉試中式副榜第四名。鄉試中式第十六名。
會試中式第□名。殿試第□甲第□名。欽點□。

陳培坤：第二十一名。澤州葦町村人，字子厚，號菊農，民籍，縣學
附生。

　　《道光丙午科山西鄉試同年齒錄》：陳培坤，字子厚，號菊農，
行一，道光癸未年二月二十日吉時生，山西澤州府鳳臺縣附生，民
籍。七世祖弼起，世居葛萬里。太高祖福興，遷居上町里。高祖秀
材。曾祖九玉。曾祖母氏殷、王、李。祖斌，例馳贈文林郎。祖母
氏閻，諱進功公女，例馳贈孺人。父輔仁，例贈文林郎。生母氏李，
諱有新公女，例贈孺人。母氏樊，諱春山公女，例封孺人。祖慈慶
下。繼慈侍下。曾伯祖九如。胞叔祖瑜，鄉飲耆賓。堂叔敦仁、體
仁、安仁。胞弟培順、培恒，業儒。娶李氏，諱永清公女。女一，
幼。族繁不及備載。現居城西葦町鎮。業師 張老夫子，諱從禮，庠
生。殷老夫子，名錫齡，庠生。霍老夫子，名敬亭，廩生。焦老夫
子，名維桐，增生。崔老夫子，名文鑣，丁酉拔貢，吏部候選分州，
本科同榜舉人。侯老夫子，名玭，己亥科經元，吏部揀選知縣。鄉
試中式第二十一名。會試中式第□名。殿試中式第□甲第□名。朝
考□等第□名。欽點□。

崔文鑣：第二十七名。澤州城內文廟街人，字子輴，號鑾坡、怡蘭，民
籍。道光十七年，拔貢。道光二十六年丙午科，山西鄉試舉人。咸豐三年，
大挑一等。陝西襄城、涇陽縣知縣，欽加同知銜，賞戴藍翎。第六子崔鏡溶
〔註45〕。

〔註45〕《光緒乙酉科山西會考拔貢錄》：崔鏡溶，字雲峰，號篠坡，行六，咸豐六年
　　五月十四日吉時生，係澤州府鳳臺縣學優廩膳生，民籍。曾祖晉階，廩生，

《道光丙午科山西鄉試同年齒錄》：崔文鑣，字子輻，號鑾坡，一號怡蘭，行一又行七，嘉慶辛未年正月初八日吉時生，山西澤州府鳳臺縣選拔貢生，民籍。始祖成，祖居高平古覃村，明洪武初從戎於河南開封府，後調寧山衛，占籍澤郡，保義校尉右營對正。二世祖溥才，明恩賜壽官。三世祖俊，邑庠生，膺鄉飲介賓。四世祖演，明天順己卯科舉人，歷任安徽定遠縣、瑞安縣知縣，署理鳳陽府事。五世祖鈺，邑廩膳生。六世祖鍾岳，郡庠生。七世祖騰元，明恩賜壽官。八世祖經，邑庠生。九世祖邦瑞，邑庠生。太高組崑瑾，歲貢生，候選訓導。高祖象泰，郡庠生。曾祖士傑，鄉飲耆賓。曾祖母氏申，歲貢士國楨公孫女；氏郭；氏劉。祖晉階，邑優廩生，例馳贈文林郎。祖母氏邢，例馳贈孺人；氏李，例馳贈孺人；氏劉，刑部員外郎柏齡公任孫女，例馳贈孺人；氏宋，歲貢生嶧縣訓導元達貢曾孫女，例馳贈孺人。父聯奎，優庠生，鄉飲介賓，例封文林郎；母氏申，懿典公女，嘉慶丙辰進士，寧武府儒學教授，前任潞安府儒學教授企中公叔姑母，例封孺人。庶母氏馬。嚴侍下。九世胞伯祖邦亮。胞叔太高祖崑瑚，庠生；崑玗，庠生。嫡堂伯太高祖崑璽，庠生；堂叔高祖象斗，歲貢生；象辰，太學生；象乾，庠生；象雲；象翼；象垣；象暄，庠生；象漢；象樞；象暐，庠生；象升；象林；廷佐，庠生。堂叔曾祖士喆，邑增廣生；士敏；庠生；士式，庠生。胞伯叔祖桂元、桂叢。堂伯叔祖桂豳，太學生；桂贇，太學生；桂榅，附貢生。胞叔肇奎，邑廩膳生。嫡堂伯叔聚奎、近奎、通奎、耀奎、向奎。從堂伯登名，邑廩膳生；知名；擴名；廣名，太學生；祿名；魁名；果名，歲進士。胞弟文銑，邑優廩生。嫡堂弟文鈐，業儒；文鐸。從堂兄弟文銓、文志、文鑑、文鐵、文鏴、文鏞、文鈞、文鐔、文銘、文錦。再從堂兄弟成勳；文祥；文基，歲貢生，清源鄉學訓導；文端；文英；文蔚，附貢生；文敷，附貢生；文德。從堂侄映江、映河、映濟、映漯，

例馳贈奉政大夫。曾祖母氏宋，例馳贈太宜人。祖聯奎，庠生，例贈奉政大夫。祖母氏申，例贈太宜人。父文鑣，道光丁酉拔貢，丙午舉人，癸丑大挑一等，陝西襃城縣知縣，欽加同知銜，賞戴藍翎，教授奉政大夫。母氏曲、孫、成，均誥贈宜人。胞叔文銑，廩生。胞兄鏡湖，廩生；鏡湘，庠生；鏡江，監生。妻張氏。繼娶韓氏。子葆棻，幼。女二。世居城內文廟街。

俱幼。再從堂侄秀三；五福；允哲，太學生；允讓；應申，庠生；允升，邑優廩生；允彝；允中；允武；允昭，業儒；允吉。再從堂侄孫（上從下且）霄，業儒；鼎年；義和，業儒；義全；印昌；運昌；麗昌；金生，俱幼。再從堂侄曾孫小駒，幼。娶孫氏，歲貢生，壺關縣訓導悉公曾孫女，太學生裕溫公女。曲氏，太學生步瀛公女，捐從九品職銜，步雲公侄女，武庠生榮生公胞姊。子映潢，殤；映匯，幼讀；映濤，幼讀；映澂，幼；映汜，幼。俱曲氏出。業師 庭訓 仰亭申老夫子，諱企中，嘉慶丙辰進士，歷任潞安、寧武府學教授。課師 數峰劉老夫子，諱京會，嘉慶戊辰舉人，鳳臺縣學教諭，推升大同府學教授。曉江張老夫子，諱雲裔，己丑進士，戶部主事，前任澤州府學教授。心齋王老夫子，諱惺，己丑進士，前任澤州府學教授。蓮舟施老夫子，名大士，嘉慶癸酉亞魁。晶齋段老夫子，名樹人，癸未進士，現任澤州府學教授。受知師雲舫龔老夫子，諱藻，嘉慶己卯進士，歷任山西寧武鳳臺縣知縣。漢南王老夫子，諱允楚，嘉慶乙丑進士，前任澤州府知府，署理雁平道。雲士蔡老夫子，名麕颺，現任戶部主事，前翰林院編修，提督山西學政。楠堂李老夫子，名煌，嘉慶丁丑進士，禮部右侍郎，前提督山西學政。崑山汪老夫子，名振基，道光壬辰進士，詹事府左贊善，前提督山西學政。丁酉科拔貢第一名。鄉試中式第二十七名。覆試□。欽取山西一等第一名。會試中式第□名。殿試第□甲第□名。朝考□。欽點□。

《咸豐三年癸丑大挑年譜》：崔文鑣，字子輞，號鷺披，行一又行七，嘉慶辛未年正月初八日吉時生，山西澤州府鳳臺縣拔貢生，民籍。曾祖士傑，鄉飲耆賓。曾祖母氏申、氏郭、氏劉。祖晉階，邑優廩生，例馳贈文林郎。祖母氏刑，例馳贈孺人；氏李，例馳贈孺人；氏劉，例馳贈孺人；氏宋，例馳贈孺人。父聯奎，邑優廩生，鄉飲介賓，例封文林郎。母氏申，例封孺人。嚴侍下。胞叔肇奎，邑優廩生。胞弟文銑，邑優廩生。娶孫氏、曲氏。子鏡潢，殤；鏡淮；鏡湖；鏡湘；鏡江。女二。丙午鄉試中式第十三名，癸丑科大挑一等，分發湖南省試用知縣。

道光二十九年己酉科

山西鄉試（六十人　澤州三人）

劉文忠：第三名。澤州人，字葉雅，號午村，年四十五歲，鳳臺縣學廩生。咸豐八年二月，選榮河訓導。

> 《道光二十九年己酉直省同年錄》：劉文忠，字葉雅，號午村，行一，嘉慶乙丑八月初七日生，鳳臺縣廩生，榮河縣教諭。曾祖大年，監生；曾祖母氏程。祖秉鉄，庠生；祖母氏王。父九經；母氏續。胞伯九銑。胞叔九綸。胞弟文明。妻牛、和、牛、王氏。子金義、永義。

邵健：第十六名。高平人，年四十一歲，副貢生。

> 《道光二十九年己酉直省同年錄》：邵健，字□，號□，行□，嘉慶己巳□月□日生，高平縣副貢生。

延亨齡：第三十八名。陽城人，年四十一歲，縣學廩生。

> 《道光二十九年己酉直省同年錄》：延亨齡，字□，號□，行□，嘉慶庚午□月□日生，陽城縣廩生。

山西鄉試副榜（十二人　澤州一人）

陳澤農：澤州人，年三十二歲，縣學廩生。咸豐八年戊午科舉人。

咸豐元年辛亥恩科

山西鄉試（八十人　澤州四人）

張士達：第一名，解元。澤州周村人，字練塘，號春園，年二十二歲，府學拔貢生。

> 《道光己酉科明經通譜》：張士達，字練塘，號春園，行一，道光庚寅四月十一日生，鳳臺縣，府學廩生，辛亥解元。曾祖元德，監生。母氏郭。祖秉陽，監生。母氏李。父鶴年，增生。母氏賈。胞弟士雋。妻司氏、潘氏。子振聲，庠生。

劉引之：第十五名。澤州城內上元巷人，字養恬、彝聽，號翼亭、翊亭、炳亭，別號浮生子，私謚康靖。道光十年〔註46〕十一月初四日，出生。咸豐

〔註46〕據《清代人物大事紀年》，劉引之出生於道光十年。據《咸豐元年辛亥恩科山西鄉試題名錄》和《晉城文史資料》，其出生於道光七年。

元年，年二十三歲，以府學附生身份中山西鄉試舉人。同治元年，大挑一等。同治六年，充丁卯正科補行壬戌恩科浙江武鄉試掌卷官。同治八年，任天台知縣。同治九年，充庚午科浙江鄉試同考官。同治十一年，任諸暨知縣。同治十二年，復任諸暨知縣。光緒元年，復任天台知縣。光緒二年，復任諸暨知縣。光緒十年，解組歸。民國三年，卒。著有《若寄書屋存稿》《國朝詩人徵略》《四書正解》。次子劉志詹，字蘇佛，拔貢，日本東京法政大學畢業，任山西教育總長、國會眾議院議員。孫子劉以東，留學日本振武學校，參加辛亥革命犧牲，時年二十四。

李成龍：第三十二名。高平人，號北漠，年二十八歲，縣學附生。咸豐六年，任刑部主事，貴州司行走。

郜光祐：第五十六名。高平人，年二十七歲，縣學附生。同治九年六月，選解州學正。

順天鄉試（澤州一人）

曹翰書：第二百六名。陽城人，登進士。

咸豐二年壬子科

山西鄉試（六十人 澤州五人 登進士一人）

趙光發：第二十一名。高平人，二十八歲，縣學增生。教諭。

路鳴珂：第二十六名。陵川人，二十四歲，縣學附生。歷官正紅旗覺羅官學教習、國史館謄錄、吉州學正。

顧玉林：第二十八名。陽城人，二十七歲，縣學廩生。邵武知縣。

李倬錦：第三十一名。高平人，三十二歲，縣學廩生。貴州知縣。

霍潤生：第六十名。沁水曲堤人，登進士。

山西鄉試副榜

李補溫：高平人。

祁悰：高平人。留壩同知。

韓戀行：陵川人，字子庚，進士韓戀德弟，早卒。

咸豐五年乙卯科

山西鄉試（八十人 澤州六人）

劉善果：第十名。高平劉家莊人，字吉因，號靜山、古平，年二十五，縣

學附生。教諭。

　　　　《咸豐乙卯科山西鄉試同年齒錄》：劉善果，字吉因，號靜山，
　　亦號古平，行二，道光辛卯年三月二十八日吉時生，澤州府高平
　　縣附生。曾祖官懋，例馳贈徵士郎。祖銘，例贈徵士郎，馳贈文
　　林郎。

　馮學淵：第二十三名。陵川人，字鑒堂，號鏡心，年三十五，縣學廩生。

　　　　《咸豐乙卯科山西鄉試同年齒錄》：馮學淵，字鑒堂，號鏡心，
　　行二，嘉慶庚辰年六月二十四日吉時生，澤州府陵川縣廩生。曾祖作
　　周，庠生。祖廷稷，馳贈文林郎。父鎬，例贈文林郎。子春潤。

　衛河陽：第五十九名。陽城人，字少岳、春華，號柳塘，年四十三，縣學
廩生。咸豐九年十二月，選沁州學正。

　　　　《咸豐乙卯科山西鄉試同年齒錄》：衛河陽，字少岳，一字春
　　華，號柳塘，行三，嘉慶丁丑年七月二十二日吉時生，澤州府陽城
　　縣優廩生。曾祖澤。祖鴻儒，增生，例馳贈文林郎。父藍田，庠生，
　　例贈文林郎。子雍熙、恬熙。

　侯季玉：第六十二名。陽城人，原名瑗，字季玉，號郎峰，年三十五，縣
學增生。大挑二等。教諭。

　　　　《咸豐乙卯科山西鄉試同年齒錄》：侯季玉，原名瑗，字季玉，
　　應試以字名，號郎峰，行五，道光辛巳年六月初二日吉時生，澤州
　　府陽城縣增生。曾祖鎮都。祖捷，例封登仕郎，馳封文林郎。父百
　　昌，候選州吏目，例授登仕郎，例贈文林郎。

　原錦麟：第七十七名。沁水人，字甲先，號子騰，年四十一，縣學拔
貢生。

　　　　《咸豐乙卯科山西鄉試同年齒錄》：原錦麟，字甲先，號子騰，
　　行二，嘉慶乙亥年正月十七日吉時生，澤州府沁水縣恩貢生。曾祖
　　廷選。祖德，例馳贈文林郎。父效孔，鄉飲耆賓，例贈文林郎。

　祁之鑅：第八十名。高平孝義人，字梓儲，號叔慎、曉齋、梅坨，年四十
一，監生。同治十年，大挑二等。平順教諭。

山西鄉試副榜（十二人）

　李善溫：副榜第二名。高平人，年四十二歲，縣廩生。

　郜光輔：副榜第六名。澤州人，年五十一歲，府廩生。

順天鄉試（澤州一人）

霍兆梅：第二百二十名。沁水人，字伯芳，號銘謙，別號香嚴，年二十九，附監生。

> 《咸豐乙卯科順天鄉試同年齒錄》：霍兆梅，字伯芳，號銘謙，別號香嚴，行一，道光乙酉年十月初四日生吉時生，山西澤州府沁水縣附監生。曾祖隆脣。祖慶唐，庠生，例馳贈文林郎。父慈生，附監生，例封文林郎。

順天鄉試副榜（澤州一人）

祁悰：高平孝義人，初名通慶，字芷耘。陝西留壩廳同知。

咸豐八年戊午科

山西鄉試（六十五人 澤州二人）

陳澤農：第四名。澤州城內人，字雨亭，號乙齋，年四十一歲，鳳臺縣學附貢生。原選甘肅合水知縣，以親老改選近省。同治四年八月，改授陝西甘泉知縣。同治六年，土匪橫行，領兵抗敵攻城殉難，妻苗氏〔註47〕，有節行，同殉難。

> 《道光二十九年直省鄉貢同年錄》：陳澤農，字雨亭，號乙齋，行一，嘉慶戊寅三月二十五日生，鳳臺縣廩生，戊午舉人。曾祖所友，曾祖母氏祁、苗、孫。祖玉璧。祖母氏尹。父肇新，歲貢，候選訓導；母氏金、郝。胞弟鳳梧，監生。妻苗氏。子載書。

李苾：第十四名。陵川人，字蓮溪，年二十六歲，陵川縣學附生。辛未大挑一等，分發直隸北河候補知縣，代理雄縣未周月去任遽卒。

咸豐九年己未恩科

山西鄉試（六十五人 澤州一人）

延彭年：第二十二名。陽城北音人，字壽民，年三十六歲，府學廩生。同治十三年，充《新修陽城縣志》參閱。

〔註47〕《清實錄》：殉難知縣陳澤農，妻苗氏，旌表如例。《鳳臺縣續志》：甘泉縣知縣陳澤農妻苗氏，澤農宦甘泉，氏隨任所，值土匪亂，以刃迫氏，令解衣，氏曰：吾頭可斷，衣不可解也。因大罵賊，賊怒，手刃之，遂遇害。

咸豐十一年辛酉科

山西鄉試（六十七人　澤州三人）

郭俊民：第五十名。高平人，年二十九歲，高平縣學廩生。

葛守誠：第五十五名。澤州人，年三十五歲，鳳臺縣學優增生。同治十年，辛未科大挑一等，分發東河試用知縣。光緒八年，任山東黃縣知縣，充《鳳臺縣續志》經辦。

關懷清：第六十四名。澤州賈泉人，年三十一歲，鳳臺縣學附生。

同治元年壬戌恩科

山西鄉試（八十九人　澤州二人）

王鳳岐：第五十名。澤州西窰人，字聖徵，號瑞峰，縣學優廩生，民籍。

《同治元年壬戌恩科山西鄉試同年齒錄》：王鳳岐，字聖徵，號瑞峰，行一又行七，道光辛卯年十一月十八日吉時生，係山西澤州府鳳臺縣學優廩生，民籍。始祖，諱朝崗。二世祖，諱孟陽，字顯之。三世祖，諱允泰，字執中。太高祖，諱澤遠，字君輔。高祖，諱廣倫，字敦五，馳贈奉直大夫。高祖妣氏宋，馳贈宜人。曾祖，諱統堯，字煥章，候選布政司經歷，誥贈奉直大夫。曾祖妣氏徐、趙、李，誥贈宜人。祖，諱誠愚，字實甫，號守一，候選州同知。嫡祖妣氏吳，例封安人。繼祖妣氏汪。庶祖妣氏汪、李。父，諱體元，號仁山，候選布政司經歷。母氏趙，例封安人。繼母氏楊、呂、魏。俱慶下。胞伯叔高祖，廣錫、廣善、廣恩、廣益。堂伯叔曾祖，統舜；統禹；統程，太學生；統晉；統儒；統政，太學生；統德，武庠生。胞伯祖，若愚，字拙庵，太學生；如愚，字退齋，候選布政司理問加二級，誥授奉直大夫。胞伯叔，啟元，例授登仕郎；殿元，議敘鹽運司知事。嫡堂伯叔，安元，貢生；贊元，太學生；兆元，軍功議敘正八品；景元，太學生；調元，太學生。胞弟，鳳鳴、鳳毛、鳳舉、鳳池，俱業儒。嫡堂兄，鳳齋，庠生。堂兄弟，鳳儀；鳳書，議敘從九品；鳳翔，太學生；鳳詔，議敘鹽運司知事；鳳輝，議敘從九品；鳳舞。嫡堂姪，世芳，業儒。從堂姪，世昌、世熙、世俊、世隆、世盛、世順、世亨、世美。再從堂姪孫，際辛、際壬。胞妹二。娶原氏、趙氏。子□。女二。族繁不及備載。世居本邑西

宓村。業師。庭訓。丁老夫子，諱復亨，歲貢生。武老夫子，名培楨，辛亥舉人。徐老夫子，名建中，歲貢生。王老夫子，諱錫光，歲貢生。王老夫子，諱適昭，丙辰翰林，前山東道監察御史。張老夫子，諱□，廩生。受知師。胡老夫子，名瑞瀾，司經局洗馬，前山西學政。孫老夫子，名晉珅，辛丑翰林，前山西學政。張老夫子，名振鈞，候補知縣，乙卯薦卷。吳老夫子，名輝坦，前榆社知縣，戊午薦卷。余老夫子，名懷堂，前平陸知縣，己未薦卷。鄉試中式第五十名。會試中式第□名。殿試第□甲第□名。朝考第□等第□名。欽點。

李芳聲：第八十七名。沁水西陽延人，字子振，號鳳林，縣學附生，民籍。

> 《同治元年壬戌恩科山西鄉試同年齒錄》：李芳聲，字子振，號鳳林，行六，道光庚寅年六月十二日吉時生，係山西澤州府沁水縣附生，民籍。高祖，諱大成。曾祖，諱學惠。曾祖母氏靳。祖，諱茂枝，例封文林郎。祖母氏高，例封孺人。父，諱秉明，庠生，平生正直慷慨，誨人不倦，例封文林郎。母氏閻，例封孺人。永感下。胞叔祖桂枝。胞伯秉祥；秉昌；秉祿，耆賓。堂叔秉榮，耆賓。胞兄續白。嫡堂兄弟宗白、師白、傚白、供白、廛陽。堂姪典、雲泰、清泰、仙。娶閻氏，處士永庫公女。繼娶廉氏，處士金科公女。了□。女一，幼。族繁不及備載。世居本邑南鄉西陽延村。鄉試中式第八十七名。會試中式第□名。殿試第□甲第□名。朝考第□等第□名。欽點。

山西鄉試副榜（十二人 澤州一人）

翟廷襄：副榜第三名。澤州城內人，年三十一歲，優貢生。

同治三年甲子科

山西鄉試（七十一人 澤州五人 登進士一人）

都賦三：第一名，解元。陵川人，父九疇，字京堂，號彙甫，五十二歲，縣學廩生。光緒八年，充《陵川縣志》分輯。銓選知縣。著有《秋由書屋文稿》《睡餘隨筆詩草》。

郭士基：第六名。高平北莊人，三十五歲，縣學增生。同治九年，任廣靈

訓導。光緒十一年，革職居家。抗捐坐獄而亡。

成魯云：第九名。陽城人，二十八歲，府學廩生。襄陵教諭。同治十一年五月，選絳州學正。

楊伯朋：第四十二名。陽城下莊人，四十歲，縣學廩生。同治十三年，充《新修陽城縣志》參閱。著有《蛙天蠡海集》，今存陽城縣檔案館。子楊念先〔註48〕，貢生。

曹登瀛：第七十一名。陵川人，登進士。

山西鄉試副榜

吳薪照：陽城人。

同治六年丁卯科

山西鄉試（七十一人　澤州二人）

李鉽：第二十五名。高平人，年三十九，廩生。

郭維垣：第三十六名。澤州〔註49〕人，年三十，優廩生。光緒八年，任明道書院山長，充《鳳臺縣續志》編纂。

同治九年庚午科

山西鄉試（七十一人　澤州五人　登進士一人）

李廷一：第十一名。高平人，字策軒，號香麗，年三十八。同治六年，優貢。光緒六年，充《續高平縣志》纂輯。知縣，掌教仰山書院。

> 《同治九年庚午科大同年齒錄》：李廷一，字策軒，號香麗，道光癸巳年九月二十日生，山西澤州府高平縣優廩生。第十一名舉人。曾祖華。母氏馬、賀、武。祖德昆，附生。母氏楊。父禧，附生。母氏靳。胞伯祺。胞叔禮。胞弟廷翰；廷豸，廩生；廷斌；廷元。胞侄穆如、溫如。妻馬、張氏。

秦念祖：第十九名。澤州城內人，字紹庭，號繩齋，年二十五，廩生。

〔註48〕《光緒乙酉科山西會考拔貢錄》：楊念先，字子繩，號少梧，行一，道光二十七年九月三十日吉時生，係澤州府陽城縣學優廩膳生，民籍。曾祖桂馥。曾祖母氏徐。祖昱，恩貢生。祖母氏延。父伯朋，甲子科舉人。母氏李。胞叔叔雅，季善。胞弟景先。妻王氏。子蘭階。女三。世居城東鄉白巷里。

〔註49〕疑為巴公鎮人。

光緒六年，大挑一等，分發雲南試用知縣。光緒八年，充《鳳臺縣續志》採訪。

> 《同治九年庚午科大同年齒錄》：秦念祖，字紹庭，號繩齋，道光丙午年七月十七日生，山西澤州府鳳臺縣廩生。第十九名舉人，大挑一等。雲南知縣。曾祖鳳周。母氏李。祖永成。母氏馬、李。父人鏡，增生，六品銜。母氏中。胞伯承業。胞兄相祖，附生。胞弟光祖。妻王氏。子素履、敦復。

郭培元：第四十五名。高平人，字吉甫，號養亭，年四十五，廩生。分部主事。

> 《同治九年庚午科大同年齒錄》：郭培元，字吉甫，號養亭，道光丙午年十一月十三日生，山西澤州府高平縣廩生。第四十五名舉人。分部主事。曾祖發。母氏李。祖子禮。母氏李、劉。父清。母氏李、賀、孫。胞叔椿。胞弟希元，附生；鍾元，附生。胞侄桂榮。妻張、李、常氏。子春榮、根榮。

劉昂華：第六十四名。陽城西坡人，更名榕，字次奎，號西明，劉作霖子，年四十六，優廩生。同治十三年，充《新修陽城縣志》分修。光緒七年十月，選沁州學正。

> 《同治九年庚午科大同年齒錄》：劉昂華，字次奎，號西明，道光乙酉年六月初八日生，山西澤州府陽城縣優廩生。第六十四名舉人。曾祖泳安。母氏張。祖漢斌。母氏曹。父作霖，嘉慶戊寅舉人，定襄靈石縣教諭。母氏張、常、杜。胞伯作基。胞叔作新。胞兄琯華，道光丁酉舉人，翼城縣教諭。胞弟昇華，附生。胞侄大成。妻張、曹氏。子還珠。

竇渥之：第七十一名。沁水竇莊人，登進士。

同治十二年癸酉科

山西鄉試（澤州二人）

楊毓俊：澤州城內人，號映襯。光緒六年，大挑一等，分發浙江試用知縣。光緒八年，充《鳳臺縣續志》編纂。光緒十四年，任孝豐知縣，充戊子科浙江鄉試同考官。光緒十七年五月，補孝豐知縣。

郭煥芝：澤州周村人，字芳九，號敏齋，鳳臺縣學優廩生，民籍。光緒八

年，充《鳳臺縣續志》採訪。子四，郭象觀，附貢生；郭象桓〔註50〕，拔貢，分省補用直隸州州判。郭象升〔註51〕，拔貢〔註52〕；郭象蒙，山西大學堂畢業，舉人，長蘆補用鹽大使。

　　《同治癸酉山西鄉試同年齒錄》：郭煥芝，字芳九，號敏齋，行一，堂行二，道光壬寅年九月初七日吉時生，山西澤州府鳳臺縣優廩生，民籍。曾祖俊三，太學生，直隸州分州，敕封儒林郎，晉贈奉直大夫。曾祖妣氏張，敕贈安人晉贈宜人；氏范，敕封安人，晉封宜人；氏鄭，敕贈安人，晉贈宜人；氏周，敕贈安人，晉贈宜人。祖兆熊，邑庠生，誥贈奉直大夫。祖妣氏李，誥贈宜人。父宗式……堂伯叔曾祖俊都，太學生；俊升，太學生；俊基，道光〔註53〕己卯科副榜，辛巳恩科舉人，盂縣教諭。俊卿，貢生；俊英，運糧千總。胞叔祖承謙，候選同知；廷弼，督查院都事。胞伯統勳，鹽課司提舉；元勳，從九品。堂叔建章，候選同知；繼練，山東候補府經歷；綸燦，郡增生；維城；維藩，議敘八品；維翰。胞弟煥堂，邑庠生；煥藻，業儒。堂兄弟煥，按察司照磨；煥辰，候選吏目；煥昭；煥珠……族繁不及備載。世居城西周村鎮。鄉試第□名，會試中式第□名，殿試第□甲第□名，朝考第□等第□名。

山西鄉試副榜

武培德：陵川人，字樹滋，銓選直隸州州判。光緒八年，充《陵川縣志》

〔註50〕《宣統己酉科簡易明經通譜》：郭象桓，月如，行二，年三十二歲，鳳臺縣廩生，曾祖兆熊，祖宗式，父煥芝。

〔註51〕《宣統己酉科簡易明經通譜》：郭象升，可堦，行三，年二十八歲，澤州府廩生，曾祖兆熊，祖宗式，父煥芝。

〔註52〕《宣統二年庚戌科拔貢授職官職錄》：郭象升，字允叔，號可齋，行三，又行十，光緒辛巳年閏七月二十六日吉時生，山西澤州府鳳臺縣廩生，民籍。曾祖兆熊，邑庠生；妣氏衛。本生曾祖廷彥，道光乙酉科副榜，候選直隸州州判；妣氏常、趙、劉。祖宗式，前署山東沂水縣知縣；妣氏李。父煥芝，同治癸酉科舉人，吏部截取知縣，欽加五品銜；母氏衛、李、劉。氏梁、李。胞叔煥棠，邑庠生；煥藻，邑庠生，軍功五品銜。胞兄象觀，附貢生；象桓，本科同榜拔貢，分省補用直隸州州判。胞弟象蒙，本省大學堂畢業，舉人，長蘆補用鹽大使。堂兄弟象震，從九品；象謙，國學生；象頤，本省大學堂畢業，舉人。妻范氏，繼娶薛氏。子□。女二。世居城西五十里周村鎮。朝考一等第八名，保和殿復式一等第六名，欽點七品小京官，籤分學部。

〔註53〕原文錯誤，應為嘉慶。

分輯。子武孔泗。

光緒元年乙亥恩科

山西鄉試（九十二人 澤州三人）

王庶皞：第三名。陵川城西關北人，字舜民、濬臣，號恭壘，年三十五，民籍，縣學優廩生。光緒八年，充《陵川縣志》分輯。

> 《光緒元年乙亥恩科山西鄉試同年齒錄》：王庶皞，字舜民，一字濬臣，號恭壘，行一，道光十九年三月初二日吉時生，澤州府陵川縣優廩生，民籍。曾祖，諱永祥，字惠圃，例封登仕佐郎。妣氏董，例封太孺人。祖，諱之衡，字炳南，候選州吏目，例封登仕佐郎，馳贈文林郎。妣氏徐，例封太孺人。父，諱臨池，字墨溪，號香村，同治丙寅恩貢生，候選直隸州州判，例授徵士郎，晉贈文林郎。母氏傅，例贈孺人；氏秦，例贈孺人；氏都，例封孺人。慈侍下。胞叔祖，諱之羽，字守樸。胞弟，諱庶熙，字春臺，邑庠生。胞侄甫勷，幼。妻武氏，例封孺人，邑庠生旌表孝子武公諱心楚公之女。子甫功、甫勳，俱業儒。女四，長適傅公諱如意公之次子，餘俱幼。族繁不及備載。世居城西關北，祖居東關廟。鄉試中式第三名。會試中式第□名。殿試第□甲第□名。朝考第□等第□名。欽點。

牛世修：第七十名。高平嶺坡人，字芸圃，號蘭坡，年五十，民籍，縣學廩生。

> 《光緒元年乙亥恩科山西鄉試同年齒錄》：牛世修，字芸圃，號蘭坡，行三，道光五年十一月十六日吉時生，山西澤州府高平縣廩膳生，民籍。曾祖父，諱光斗。曾祖妣氏張。本生曾祖父，諱射斗，字允九，歲貢生。本生曾祖妣氏楊。祖父，諱得，例馳贈文林郎。祖妣氏王，例馳贈孺人。父，諱年喜，字復元，例馳贈文林郎。母氏成，例馳贈孺人。本生祖父，諱瑛，字玉英，邑庠生，例馳贈文林郎。本生祖妣氏姬，例馳贈孺人。本生父，諱浴淇，字衛泉，邑庠生，例馳贈文林郎。本生母氏焦，例贈孺人。本生母氏杜，例贈孺人。永感下。胞伯祖瑭、璐、珏。胞伯溥之。胞兄育秀，奎文閣典籍，鄉飲大賓；育傑。胞侄開先，郡廩生。妻元娶氏姬，繼娶氏

李，鳳邑西張村成龍公女。子二，榮先，出繼亡兄育傑，少亡；雙慶，幼。女一，適本城己酉拔貢毓章田公〔註54〕第三子凝暉，邑庠生。族繁不及備載。世居城南李門東里南坡屯。鄉試中式第七十名。會試中式第□名。殿試中式第□名。欽點。

申天賜：第七十一名。高平黃葉河人，字子莘，號訒齋，年三十一，民籍，縣學廩生。撰有《中村補修廟宇書院碑記》。

《光緒元年乙亥恩科山西鄉試同年齒錄》：申天賜，字子莘，號訒齋，行一，道光二十五年正月十三日吉時生，澤州府高平縣優廩生，民籍。曾祖父，諱永祿。妣氏□。祖父，諱萬麒，例馳贈文林郎。妣氏□，例馳贈孺人。父，諱桂，字月香，例贈文林郎。母氏田，例封孺人。本生祖，諱萬麟，鄉飲耆賓，例馳贈文林郎。本生祖妣氏席，例馳贈孺人；氏魏，例馳贈孺人。本生父，諱邦彥，邑庠生，例贈文林郎。本生母氏許，例封孺人。慈侍下。胞叔祖，諱萬鳳。胞弟天錫，少亡。妻氏田，邑廩膳生，延泗先生胞妹。子二，玉振、玉成。族繁不及備載。世居城北圍池北里黃葉河村。鄉試中式第七十一名。會試中式第□名。殿試第□甲第□名。朝考第□等第□名。欽點。

光緒二年丙子科

山西鄉試（七十二人　澤州二人）

杜生周：第二十名。澤州西黃石人，年二十七歲，附生。

張光節：第三十四名。陽城潤城人，年二十八，廩生。

光緒五年己卯科

山西鄉試（七十二人　副榜八人　澤州三人　登進士一人）

賈作人：第三十一名。沁水端氏人，登進士。

邵祖奭：第五十三名。高平人，字翼君、翊君，號蔭棠，年三十一，府學優廩生，民籍。光緒二十一年十二月，補獲嘉知縣，修城池。

〔註54〕《道光己酉科山西拔貢優貢同年錄》：田毓璋，字我甫，號藍溪，行三，嘉慶甲戌正月二十七日生，高平縣廩生。曾祖燕。母氏王。祖盛京。母氏王、馬、王。父本禮。母氏郭。胞伯叔本仁、本智、本信。胞弟毓璜。妻秦、李氏。子喜中、喜慶、喜潤。

《光緒己卯科直省同年全錄》：邵祖爽，字翼君，號蔭棠，行一，道光己酉年四月十五日吉時生，山西澤州府學優廪生，高平縣民籍。現官。曾祖福順。母氏陳、王、李。祖德光，國學生。母氏張、庶母氏王。父崇文，例貢生。母氏賈，胞弟祖穆、祖燕、祖蒯。妻氏郭。子鋆、銘。女一。

衛之鴻：第七十二名。陽城人，字秋遠、秋皋，號稚蓉，年五十一，縣學拔貢生，民籍。歷官蒲州教授、解州訓導、曲沃訓導。

《光緒己卯科直省同年全錄》：衛之鴻，字秋遠，初字秋皋，號稚蓉，行二又行三，道光戊子年正月十九日吉時生，山西澤州府陽城縣拔貢生，民籍。署理蒲州府儒學教授。曾祖在茲。母氏姬。祖儒易。母氏田。父象權，歲貢生，候選訓導。母氏李、趙、牛、張。胞叔象杓，增廣生。胞兄弟之鵰，祀生；之鵠，庠生。胞侄東藩，監生；東華；東侯。妻氏宋、氏白、氏白。子東關。女五。

光緒八年壬午科

山西鄉試（七十一人 澤州一人）

李懋政：第六十三名。高平人，年三十三歲，廪生。光緒二十九年十一月，選河曲縣訓導。

光緒十一年乙酉科

山西鄉試（七十二人 澤州一人）

王蔭頎：第三十九名。陽城人，年三十四歲，縣學優廪生，大挑二等。絳縣訓導。

光緒十四年戊子科

山西鄉試（七十二人 澤州一人）

李繼韓：第四十九名。澤州人，廪生。

光緒十五年己丑恩科

山西鄉試（九十二人 澤州三人 登進士一人）

陳汝明：第十三名。陵川重興鎮人，字黼堂，年三十三，縣廪生。宣統三年，任汾西縣訓導。歷官壺關、崞縣教諭。

張文煥：第五十名。沁水人，登進士。

張一：第六十五名。陽城人，年三十八，廩貢生。

山西鄉試副榜（十二人　澤州二人）

李廷弼：副榜第六名。澤州人，年二十七，廩生。光緒十九年癸巳恩科舉人。

都桓：副榜第十二名。陵川人，年三十，優廩生。光緒甲午科舉人。

光緒十七年辛卯科

山西鄉試（七十二人　澤州三人）〔註55〕

賈西山：第三名。沁水端氏鎮人，又名賈耕，字書農，年二十八，以拔貢中式。掌教上黨書院、山西大學堂東齋。歷官奉天西豐知縣、岫岩知州北洋政府總統典禮官、約法會山西議員、段祺瑞國會參議院議員。撰有《南坪玉皇廟三次修葺記》等。

> 《光緒乙酉科山西會考拔貢錄》：賈西山，字□，號□，行□，同治甲子年□月□日吉時生，係山西澤州府沁水縣優廩膳生，民籍。
>
> 曾祖殿卿。曾祖母氏□。祖聯瑛。祖母氏□。父沂。母氏□。

蓋仰惠：第四名。沁水端氏人，字慕柳、柳塘，年二十四，廩生。師從端氏進士賈作人等。光緒二十四年，大挑一等。光緒二十八年，主講長子書院。光緒三十一年，補定州州同知。宣統三年，任曲陽知縣。民國七年，年五十四，卒於端氏，詳見《清誥授中憲大夫直隸定州同知調任曲陽縣知縣蓋公柳塘墓誌銘》。

光緒十九年癸巳恩科

山西鄉試（七十二人　澤州二人）

李廷弼：第二十四名。澤州城內中和坊人，字亮臣，號說巖，民籍，副貢生。光緒三十三年，舉貢〔註56〕。

> 《光緒癸巳恩科山西鄉試同年齒錄》：李廷弼，字亮臣，號說

〔註55〕據光緒十七年九月初九日《申報》，第五十七名劉尚賢為陽城人，據《字林滬報》為趙城人，據徐州聖旨博物館名錄為牛尚賢，黎城人。查光緒《續陽城縣志》選舉無此人，應為刊誤。

〔註56〕據光緒三十三年六月初二日《申報》第十版《丁未考試舉貢題名錄》。

岩，行一，同治甲子年正月初六日吉時生，山西澤州府鳳臺縣副貢生，民籍。曾祖繼蘇，字學坡，例贈文林郎。曾祖妣氏趙，例贈孺人。祖長發，字春山，例贈文林郎。祖妣氏司，例贈孺人。本生祖長禧，字玉山，鄉飲耆賓，例封文林郎。本生祖妣氏郝，例贈孺人；繼祖母氏張，例封孺人。父兆琨，字貢南，號一峰，邑優行廩生，例封文林郎。母氏郝，例封孺人。本生重嚴繼慈侍下。具慶下。胞叔祖長齡，字嵩山。本生胞叔兆璠，字魯珍；兆琪，業儒；兆瑾，幼讀。堂叔兆璜，字夏珍；兆瑞，字符卿。胞弟廷敬，字心臣，郡增生；廷翊，字虎臣，業儒，嗣堂叔兆璜。妻苗氏，國學生，殿璽公長女，候選府經歷，得春公胞妹，邑增生得濬公胞姊。子鳳薾，幼讀，女一，幼。族繁不及備載。世居城內中和坊下元巷。己丑鄉試中式副榜第六名。鄉試中式第二十四名。會試中式第□名。殿試第□甲第□名。朝考第□等第□名。欽點。

王炳森：第六十四名。澤州南社村人，字茂林，號竹樓，民籍，鳳臺縣學廩生。撰有《重修萬年橋小記》。

《光緒癸巳恩科山西鄉試同年齒錄》：王炳森，字茂林，號竹樓，行一，同治乙丑年九月二十二日吉時生，係山西澤州府鳳臺縣優廩生，民籍。曾祖丹年，武德佐騎尉，馳贈文林郎。曾祖妣氏原、原，俱例贈宜人。祖九德，鄉飲耆賓，馳贈文林郎。祖妣氏馬、張，馳贈孺人。父恒泰，從九品，馳封文林郎。母氏毛，如倫公女，祥順公胞姊，馳封孺人。庶母氏李。具慶下。胞伯叔祖九杲、九齡、九英。胞伯叔吉泰、協泰。胞弟葆元，業儒。妻晉氏，國子監鴻澤公女。子式金，幼。女一，幼。族繁不及備載。世居城東南社村。鄉試中式第六十四名。會試中式第□名。殿試第□甲第□名。朝考第□等第□名。欽點。

山西鄉試副榜（十二人 澤州一人）

趙子英：副榜第十一名。澤州人，增生。

光緒二十年甲午科

山西鄉試（九十一人 澤州二人）

都桓：第三十一名。陵川人，字贊侯，解元都賦三長孫，年三十五，副貢

生。撰有《重修黃圍洞記》《重修聖水院碑記》。歷官陵川高小校長、陵川商會總經理、山西省議會議員。子都之燿，北京內務部自治模範講習所畢業，歷任武鄉、高平、陽城區長、陵川公安局經理、陵川商會會長；都之煜，山西銀行學校畢業。

申玉振：第七十八名。高平黃葉河人，舉人申天賜子，年三十二，廩生。光緒二十五年六月，選臨縣訓導。

山西鄉試副榜（十二人　澤州一人）

段一清：副榜第三名。澤州人，年四十，府學優廩生。

光緒二十九年癸卯恩科

山西鄉試（七十人　澤州一人　登進士一人）

賈景德：第三名。沁水端氏人，登進士。

第三節　恩賜舉人和學堂舉人

恩賜舉人

王鏐：字涵紫，澤州楸木窪人，王廷揚子。雍正七年己酉科欽賜舉人。官至刑部山東司員外郎。其父王廷揚為歲貢生，捐納由例歷官戶部主事、員外郎、郎中、左僉都御史、太僕寺少卿、戶部右侍郎、工部左侍郎等。

田玉麟：田從典孫、田懋子，欽賜舉人。嘉慶十九年，任靈丘訓導。

王夢熊：乾隆五十四年，以年老恩賞副榜。乾隆五十七年，以年老恩賞舉人。乾隆五十八年，以年老恩賞翰林院檢討銜，加賞綢緞二匹。

馬延年：嘉慶十二年，以年老恩賞副榜。嘉慶十三年，以年老恩賞舉人出身。嘉慶十四年，以年老恩賞國子監學正銜。子馬佩衡，字健庵，師從沁水竇奉家。

曹廷選：嘉慶十二年，以年老恩賞副榜。嘉慶十五年，以年老恩賞舉人出身。嘉慶十六年，以年老恩賞國子監學正；同年四月十五日，因事革去舉人身份和國子監學正銜，僅留副榜身份。

學堂舉人

馬駿：字君圖，回族，晉城東關人，山西大學堂西學專齋第二期畢業生，

到京會考中等第十三名，獎給舉人出身。光緒三十三年，赴英國牛津大學留學，專攻冶金科。子馬松年，英國塞菲爾大學冶金科畢業。

郭象蒙：字春泉，澤州周村人，郭象升胞弟，山西大學堂西學專齋第二期畢業生，到京會考中等第十九名，獎給舉人出身。長蘆補用鹽大使。

申湘：字慎之，高平人，山西大學堂西學專齋第二期畢業生，到京會考中等第二十五名，獎給舉人出身。光緒三十三年，赴英國塞菲爾大學留學，專攻土木工程科，獲碩士學位。曾任職交通部技士。

郭象頤：澤州周村人，郭象升堂兄弟。山西大學堂西學專齋預科第五期畢業生，到京會考中等第五名，成績七十二分八釐，因兩科不及四十分降為中等，獎給舉人出身。山西省立第四中學校（今長治二中）數學教員、會計主任。

白溥霖：陽城東關人，山西大學堂西學專齋預科（法律科）第五期畢業生，到京會考中等第十一名，成績六十七分，獎給舉人出身。

第四節　明清澤州武舉

明代武舉

永樂年間

山西武鄉試

王鵬遠：高平人，登武進士。

司寅：澤州人。

宣德年間

山西武鄉試

王宴：高平人，登武進士。

嘉靖年間

山西武鄉試

裴本立：澤州大陽人，登武進士。

楊秉鉁：寧山衛籍，登武進士。

楊淳：寧山衛籍，字建庵，登武進士。

萬曆二十五年丁酉科

山西武鄉試

郭嗣炳：高平建寧人。

萬曆四十年壬子科

山西武鄉試

李名世：高平人。

崇禎年間

宣府武鄉試

王開泰：宣府武鄉試第八十名。高平人，龍門衛官籍。登武進士。

清代武舉

順治五年戊子科

山西武鄉試

苗士容：澤州城內人，苗胙土子。

順治十四年丁酉科

山西武鄉試

吳興周：高平人。

康熙二年癸卯科

山西武鄉試

趙克績：澤州人。

武崇文：高平大周人，雲南武定參將武超之父。

康熙五年丙午科

山西武鄉試

王斌：澤州大陽人。興武衛千總。

李瑤：澤州大陽人。

袁繞龍：高平人。

石子固：陽城化源里人，進士石鳳樨子。康熙二十八年，任定海中營游擊。康熙三十二年，任北樓營參將。

陝西武鄉試

殷化行：陝西武鄉試舉人，陝西咸陽籍，沁水人，登武進士。

康熙八年己酉科

山西武鄉試

孫紹武：第一名，武解元。陽城人。

衛若青：第八名。澤州人，登武進士。

衛漢超：第十七名。澤州人，登武進士。

王廷璜：第四十九名。澤州人，平順籍，登武進士。

王業偉：第八十六名。澤州南河底人，登武進士。

衛聖圖：澤州人。

陳威鳳：澤州人，舉人陳攀龍子。歷官浙西督運官、湖州領運千總。

段君章：澤州人。

王憲沆：澤州大箕人，王允成侄。乾隆二十二年，任澄海守禦千總。

龐之蛟：澤州人。

張昱：澤州人。

崔旦：陵川人。山東滿家城守備，湖廣襄陽中營都司。

陳毓秀：高平人，字挺生。康熙二十六年，任龍門城守守備。康熙三十九年，任江西永鎮營守備。

李淵資：高平人。

武徵：高平大周人。

琚秀璽：陽城人，登武進士。

康熙十一年壬子科

山西武鄉試

牛青云：第四十七名。澤州大陽人，登武進士。

溫文龍：澤州人。

范允芳：澤州人。

左一達：陽城人。

張恩：陵川人。

馮震：陵川人。

李汝憑：陵川人，登武進士。

順天武鄉試

宋琚：澤州大陽人，登武進士。

王世奇：澤州人。

康熙十四年乙卯科

山西武鄉試

朱三英：澤州人，登武進士。

司道生：澤州人。

閆守：澤州人，登武進士。

朱之麟：澤州人。

衛奪：澤州人。

王業隆：澤州南河底人。

范莛：澤州人。

王世美：字敦大，澤州大陽人，王國士孫。

張琨：澤州人。

都廣疇：澤州大陽人。

靳青兆：高平人。

王珣：澤州人，登武進士。

都澤遠：陵川人，潞安府城守營專城千總。

康熙十六年戊午科

山西武鄉試

宋珽：澤州大陽人。

張捷武：澤州西郜人。

牛秉鈞：澤州人。

徐大章：澤州人。

范之章：澤州人。

程昌：高平人。

張巽乾：高平人，登武進士。

康熙二十年辛酉科

山西武鄉試

鍾世茂：澤州人。

焦濤：澤州人。

葛世鍾：澤州人。

孔弘錡：澤州人。

孔銓：澤州人。

李唐弼：澤州人。

李援：澤州人。

郭允恭：高平人。

武儀典：高平人。

鄭之賓：高平人，登武進士。

劉烈：陽城下伏人。

竇榮仁：沁水竇莊人，字充之，號心端。衛千總。張道濂志其墓。

康熙二十三年甲子科

山西武鄉試（一百一十人 澤州四人）

宋瓔：高平人。

賈松年：高平北蘇莊人。

楊大田：陽城下莊人。

曹汴：陽城人。

康熙二十六年丁卯科

山西武鄉試（四十人 澤州七人）

陳王輔：第一名，武解元。澤州人，登武進士。

張徵典：澤州人。

張恪：高平人。

李應煊：高平人。

李孝德：陽城中莊人。

王永彰：陽城上莊人。

王勇略：沁水人。

康熙二十九年庚午科

山西武鄉試

秦達：澤州人。

朱之鵬：澤州人，登武進士。

康熙三十二年癸酉科

山西武鄉試

侯殿英：澤州人。

段緒笏：澤州大陽人。

關迪：澤州大陽人。

石文甫：陽城人。

康熙三十五年丙子科

山西武鄉試

段克勤：澤州東四義人。

李英：澤州人。

王延中：澤州人。

琚瑭：陽城人，登武進士。

王在齊：陵川人。

康熙三十八年己卯科

山西武鄉試（四十人 澤州二人）

李芃：第一名，澤州人，州學武生。

丁錦：第二十四名，澤州人，州學武生。

康熙四十一年壬午科

山西武鄉試

張翩：澤州人。

丁偉：澤州人。

趙培基：澤州人。

孔毓潤：第三十七名。澤州人，登武進士。

原維華：陽城人。雍正二年，任廣東前衛守備。

康熙四十四年乙酉科

山西武鄉試

孔興鈞：第一名，武解元。字協中，澤州人。舉賢良方正。雍正十三年，充《澤州府志》分輯。

焦慕密：澤州人。

陳世楫：澤州人。

裴讓：澤州人。

秦世璋：陽城人。

康熙四十七年戊子科

山西武鄉試（四十人 澤州三人）

鄭國棟：第二十一名，澤州人，州學武生。

張則明：第二十二名，澤州人，州學武生。

曹雲龍：第三十三名，陵川人，州學武生。

康熙五十年辛卯科

山西武鄉試

郭安逸：第一名，武解元。澤州大陽人。

郭鳳翔：澤州人。

康熙五十二年癸巳科

山西武鄉試

牛金宿：澤州大陽人。

申奇英：澤州人。

武安遠：高平人。

霍得威：沁水人。

康熙五十三年甲午科

山西武鄉試

劉有漸：澤州大陽人。

范時敬：澤州周村人，號慎公。

袁繞龍：〔註57〕高平人。

康熙五十六年丁酉科

山西武鄉試

范鶴齡：澤州人。

康熙五十九年庚子科

山西武鄉試

葛芮：澤州人。

王謨：澤州人。

劉堯興：陵川人。乾隆五年，充《陵川縣志》參訂。

雍正元年癸卯科

山西武鄉試

王振傑：澤州人。

雍正二年甲辰科

山西武鄉試

酒萬選：陽城人。

雍正七年己酉科

山西武鄉試

朱紱：高平人。

雍正十年壬子科

山西武鄉試

衛克壯：陽城章訓人，登武進士。

〔註57〕《高平縣志》注：與丙午同姓名，待考。

雍正十三年乙卯科

山西武鄉試

劉朝辰：澤州人。

乾隆三年戊午科

山西武鄉試

朱聯珠：高平人。

乾隆六年辛酉科

山西武鄉試（四十人　澤州一人）

龐德欽：第三十七名。高平人，縣學武生，以合式取中，頭場馬中四箭，開弓十二力，二場步中二箭，舞刀一百二十斤，掇石三百斤。

乾隆九年甲子科

山西武鄉試

鄭遇時：澤州人。

乾隆十二年丁卯科

山西武鄉試（四十人　澤州一人）

張大經：第二名。澤州大陽鎮人，登武進士。

乾隆十七年壬申恩科

山西武鄉試

呂德昌：澤州人。

王沛霖：沁水郭壁人。

張大武：高平永寧寨人，字威遠，號東山。乾隆三十九年，充《高平縣志》同修。兵部候選營千總。有詩《青蓮寺》《款月臺》。

乾隆十八年癸酉科

山西武鄉試

朱崙：澤州人，登武進士。

常佖：澤州下村鎮劉村人。

乾隆二十一年丙子科

山西武鄉試（四十人 澤州一人）

董啟先：第三十四名。澤州人，縣學武生，以雙好字號取中，頭場馬中五箭，開弓十二力，二場步中三箭，舞刀一百二十斤，掇石三百斤。

乾隆二十七年壬午科

山西武鄉試（四十人 澤州一人）

尚欽：第三十一名。高平人，縣學武生，以雙好字號取中，頭場馬中五箭，開弓十二力，地球中三箭，舞刀一百二十斤，二場步中四箭，掇石三百斤。侯推衛千總。

乾隆三十三年戊子科

山西武鄉試

成萬里：澤州人。

乾隆三十六年辛卯科

山西武鄉試

尹元弼：澤州上城公村人。

乾隆三十九年甲午科

山西武鄉試

常大寧：高平人。

乾隆四十二年丁酉科

山西武鄉試

侯萬程：高平人。

乾隆四十四年己亥科

山西武鄉試

張鉽：陽城化源里人，舉人張錦兄。甘肅寧夏花馬池參將。

楊國威：高平人。

乾隆五十一年丙午科

山西武鄉試

杜紹預：澤州西黃石人。候選守府。

乾隆五十四年己酉恩科

山西武鄉試

張維翰：高平永寧寨人，號亦僑，武舉張大武子。候補守備。書有《王會極墓表》。

嘉慶五年庚申科

山西武鄉試

韓覲朝：澤州人。

道光二十年庚子科

山西武鄉試（四十人 澤州一人）

黃其正：第二十五名。高平人，年二十六歲，縣學武生，馬劍六矢，開弓十三力，舞刀一百二十斤，步箭六矢，掇石三百斤。道光二十九年，任遼州營千總。

道光二十三年癸卯科

山西武鄉試

苗得恭：澤州人。

道光二十六年丙午科

山西武鄉試

黃其舉：高平人。

道光二十九年己酉科

山西武鄉試（四十四人 澤州二人）

毛鴻飛：澤州人。

黃德：澤州人。

咸豐二年壬子科

山西武鄉試

郭萬年：澤州人。

同治元年壬戌科

山西武鄉試

王樹本：澤州人。

郭再汾：澤州雙廟（今屬河南焦作）人。

李奪錦：澤州柏楊坪人，登武進士。

同治六年丁卯科

山西武鄉試

吉崇德：陽城人。

同治十二年癸酉科

山西武鄉試

王樹聲：澤州人。

光緒二年丙子科

山西武鄉試

劉廣魁：澤州人。

宋明謨：陽城人。

光緒八年壬午科

山西武鄉試（五十四人　澤州三人）

李鳳藻：第二十八名。澤州柏楊坪人。光緒十四年，管理山西全省駐京塘務。

趙謙益：第四十五名。澤州人。

郭毅：第四十八名。陽城人。

光緒十五年己丑科

山西武鄉試（七十四人　澤州三人）

閻九如：第三名。高平人。

李作楨：第三十二名。高平人。

董占鼇：第五十一名。澤州冶底人。

光緒十七年辛卯科

山西武鄉試（五十四人　澤州一人）

高善民：第四名。澤州人。

光緒十九年癸巳恩科

山西武鄉試（五十四人　澤州一人）

原廷俊：第四十四名。陽城人，縣學武生，馬劍六矢，開弓十二力，馬球一矢，舞刀一百二十斤，步箭二矢，掇石三百斤。

光緒二十年甲午科

山西武鄉試（五十四人　澤州一人）

吉士俊：第四十二名。陽城人，澤州府學武生，馬劍四矢，開弓十二力，馬球一矢，舞刀一百二十斤，步箭四矢，掇石三百斤。

科年不詳（僅列備考）

柴望：高平人。武舉，乾隆元年，任商水縣駐防把總。

張德誠：光緒年，大陽人。

王義：陵川人。

李傑科：武舉，澤州人。光緒間，任昔陽縣外委把總。

第五章　明清澤州科舉家族

　　自唐開設科舉以來，澤州出現相當數量的科舉家族，如高平李氏家族、陵川武氏家族、澤州段氏家族等，這些家族對當地的政治、教育、文化、經濟各方面均產生了極為重要的影響。科舉家族的典型特徵為「代有聞人」或「一代群英」，具體就是歷朝歷代均有進士登科或同一代出現數個舉人進士，「德積一門九進士，恩榮三世六翰林」的澤州陳氏家族就是明清澤州科舉家族的最典型代表。

　　本書選取明清兩代澤州進士、舉人群體作為研究對象，對於家族前代的科考情況不予追溯。關於科舉家族的定義，張傑曾首次提出應是世代聚族而居至少取得舉人或五貢的家族，錢茂偉則提出「出舉人或貢士以上功名，門檻稍嫌過低，其實出二個以上進士才是關鍵」〔註1〕。本書綜合上述條件，以至少出過 2 名進士或 3 名舉人作為標準，對澤州明清兩代 285 名進士、28 名武進士、765 名舉人、144 名武舉人進行研究。

　　明清澤州科舉家族的關係梳理，則是一個較為繁瑣和費力的過程。本書依據方志、家譜、登科錄等文獻記載，對 1222 名〔註2〕科舉人物進行了姓氏的數量統計、地域劃分、傳承關係等方面的梳理，以期對明清澤州科舉文化以及科舉家族對地方社會與文化影響的深入研究有所增益。

〔註 1〕錢茂偉：《明代的科舉家族：以寧波楊氏為中心的考察》，北京：中華書局，2014 年，第 4 頁。
〔註 2〕此處的 1222 名科舉人物，包含異籍進士和舉人。

第一節　明清澤州科舉人物姓氏分布

　　明清兩代澤州 1222 名科舉人物群體來自 125 個姓氏，複姓 2 個，單姓 123 個。以此可得出每個姓氏的競爭值標準約為 10，高於此標準的有 28 個姓氏，28 個姓氏所出的科舉人物總數達到 895 人，占到總人數的 73.8%。其中排名前 20 的分別為張姓 141 人占比 11.6%，王姓 132 人占比 10.9%，李姓 109 人占比 9%，郭姓 51 人占比 4.2%，楊姓 42 人占比 3.5%，陳姓 39 人占比 3.2%，田姓 34 人占比 2.8%，趙姓 32 人占比 2.6%，衛姓 32 人占比 2.6%，劉姓 30 人占比 2.5%，韓姓 21 人占比 1.7%，賈姓 19 人占比 1.6%，牛姓 18 人占比 1.5%，白姓 16 人占比 1.3%，竇姓 16 人占比 1.3%，司姓 16 人占比 1.3%，宋姓 16 人占比 1.3%，崔姓 15 人占比 1.2%，秦姓 15 人占比 1.2%，孟姓 13 人占比 1.1%。

　　進士（含武進士）人數排名前 10 的姓氏為張姓 42 人，王姓 39 人，李姓 21 人，楊姓 15 人，田姓 15 人，陳姓 13 人，衛姓 13 人，趙姓 9 人，韓姓 8 人，牛姓 8 人，這 10 個姓氏的進士數占 311 名總進士人數的 58.9%。文進士人數排名前 10 的為張姓 40 人，王姓 33 人，李姓 19 人，田姓 15 人，楊姓 13 人，陳姓 12 人，衛姓 10 人，趙姓 9 人，韓姓 8 人，孟姓 7 人，這 10 個姓氏人數占文進士總人數的 58.6%。武進士人數排名前 10 的姓氏為王姓 6 人，衛姓 3 人，朱姓 3 人，張姓 2 人，李姓 2 人，楊姓 2 人，琚姓 2 人，陳姓 1 人，牛姓 1 人，宋姓 1 人，這 10 個姓氏的武進士數占 28 名總武進士人數的 82.1%。舉人（含武舉人）人數排名前 10 的姓氏為張姓 99 人，王姓 93 人，李姓 88 人，郭姓 45 人，楊姓 27 人，陳姓 26 人，劉姓 26 人，趙姓 23 人，田姓 19 人，衛姓 19 人，這 10 個姓氏的舉人數占 901 名總舉人數的 48.7%。

　　進士（含武進士）登科率排名前 10 的姓氏為琚姓、鄒姓、岳姓、薛姓、車姓、闓姓、殷姓，這 7 個姓氏均達到 100%，值得注意的是這幾個姓氏科舉人物總數均等同於進士人數，且人數基本都是 1 個或 2 個；喬姓 66.7%，朱姓 62.5%，翟姓 60%。進士登科率排名前 10 姓氏的科舉人物總數都不多。而進士（含武進士）人數排名前 10 的姓氏的進士登科率分別為 29.8%，29.6%，19.3%，35.7%，44.1%，33.3%，40.6%，28.1%，38.1%，44.4%。文進士登科率人數排名前 10 的姓氏為朱姓 2 人 100%，毛姓 1 人 100%，靳姓 1 人 100%，吉姓 1 人 100%，鄒姓 1 人 100%，岳姓 1 人 100%，薛姓 1 人 100%，車姓 1 人 100%，曹姓 4 人 66.7%，喬姓 2 人 66.7%。武進士登科率排

名前 10 的姓氏為琚姓 2 人 100%，閆姓 1 人 100%，殷姓 1 人 100%，衛姓 3 人 60%，朱姓 3 人 50%，楊姓 2 人 50%，裴姓 1 人 50%，牛姓 1 人 33.3%，宋姓 1 人 33.3%，鄭姓 1 人 33.3%。舉人人數排名前 10 的姓氏的進士登科率分別為 29.8%，29.6%，19.3%，11.8%，35.7%，33.3%，13.3%，28.1%，44.1%，40.6%。

　　張、王、李三個姓氏是科舉人物過百的姓氏，其中只有張姓、王姓是明清兩代澤州、高平、陽城、陵川、沁水五個縣域均出現進士的姓氏。張姓 141 名科舉人物中，進士 40 人占比 28.4%，武進士 2 人占比 1.4%，舉人 88 人占比 62.4%，武舉人 11 人占比 7.8%。王姓 132 名科舉人物，進士 33 人占比 25%，武進士 6 人占比 4.5%，舉人 79 人占比 59.8%，武舉人 14 人占比 10.6%。李姓 109 名科舉人物，進士 19 人占比 17.4%，武進士 2 人占比 1.8%，舉人 78 人占比 71.6%，武舉人 10 人占比 9.2%。

表 5-1 　明清澤州科舉人物姓氏分縣統計表

序號	姓氏	人數	澤州				高平				陽城				陵川				沁水			
			進士		舉人		進士		舉人		進士		舉人		進士		舉人		進士		舉人	
			文	武	文	武	文	武	文	武	文	武	文	武	文	武	文	武	文	武	文	武
1	張	141	9	1	24	6	5	1	5	3	15	－	33	1	2	－	3	1	9	－	23	－
2	王	132	7	3	27	10	3	3	15	－	16	－	19	1	1	1	9	1	6	－	9	2
3	李	109	5	1	22	6	2	－	24	3	7	－	19	1	－	1	7	－	5	－	6	－
4	郭	51	－	－	9	4	6	－	20	2	－	－	5	1	－	－	2	－	－	－	2	－
5	楊	42	3	2	6	－	3	－	5	1	7	－	9	1	－	－	2	－	－	－	3	－
6	陳	39	9	1	16	2	3	－	6	1	1	－	1	－	－	－	1	－	－	－	－	－
7	田	34	－	－	3	－	4	－	5	－	11	－	10	－	－	－	－	－	－	－	1	－
8	趙	32	3	－	7	3	3	－	6	－	1	－	1	－	－	－	1	－	2	－	5	－
9	衛	32	2	2	3	2	－	－	－	－	8	1	13	－	－	－	－	－	－	－	－	－
10	劉	30	－	－	9	3	2	－	2	－	1	－	6	1	－	－	2	1	1	－	2	－
11	韓	21	－	－	7	1	－	－	－	－	－	－	1	－	－	－	1	－	6	－	4	－
12	賈	19	－	－	1	－	－	－	1	1	2	－	6	－	－	－	－	－	2	－	6	－
13	牛	18	2	1	－	－	2	－	4	－	－	－	－	－	－	－	1	－	－	－	－	－
14	白	16	－	－	3	－	－	－	－	－	3	－	10	－	－	－	－	－	－	－	－	－
15	竇	16	－	－	1	－	－	－	－	－	－	－	－	－	－	－	－	－	3	－	11	1
16	司	16	2	－	9	2	－	－	3	－	－	－	－	－	－	－	－	－	－	－	－	－

17	宋	16	–	1	6	1	–	–	1	1	1	–	5	–	–	–	–	–	–	–	–	–
18	崔	15	–	–	6	–	1	–	3	–	–	3	–	–	–	1	1	–	–	–	–	–
19	秦	15	2	–	7	1	–	–	2	–	–	–	1	1	–	1	–	–	–	–	–	–
20	孟	13	7	–	6	–	–	–	–	–	–	–	–	–	–	–	–	–	–	–	–	–
21	武	13	–	–	–	–	–	–	1	4	–	–	3	–	1	–	3	–	–	–	1	–
22	常	12	1	–	1	1	1	–	1	1	–	–	–	–	–	–	–	3	–	3	–	–
23	原	11	–	–	1	–	–	–	–	2	–	6	1	–	–	–	–	–	–	–	1	–
24	馮	11	–	–	1	–	2	–	3	–	–	–	–	–	–	4	1	–	–	–	–	–
25	段	11	3	–	2	3	–	–	1	–	1	–	–	–	–	–	–	–	–	–	1	–
26	馬	10	1	–	4	–	–	–	1	–	–	1	–	2	–	–	–	–	–	–	1	–
27	侯	10	1	–	3	1	1	–	0	1	1	–	2	–	–	–	–	–	–	–	–	–
28	孔	10	1	1	4	3	–	–	–	–	–	1	–	–	–	–	–	–	–	–	–	–
29	裴	9	2	1	3	1	–	–	1	–	–	1	–	–	–	–	–	–	–	–	–	–
30	苗	9	2	–	5	2	–	–	–	–	–	–	–	–	–	–	–	–	–	–	–	–
31	焦	9	–	–	1	2	–	–	5	–	–	1	–	–	–	–	–	–	–	–	–	–
32	都	9	–	–	2	1	–	–	–	–	–	–	–	–	–	5	1	–	–	–	–	–
33	祁	8	1	–	–	–	2	–	5	–	–	–	–	–	–	–	–	–	–	–	–	–
34	申	8	1	–	–	1	–	–	6	–	–	–	–	–	–	–	–	–	–	–	–	–
35	石	8	–	–	1	–	–	–	2	–	2	–	1	2	–	–	–	–	–	–	–	–
36	曹	8	–	–	–	–	–	–	2	–	1	1	2	–	1	1	–	–	–	–	–	–
37	朱	8	2	3	–	1	–	–	2	–	–	–	–	–	–	–	–	–	–	–	–	–
38	孫	7	–	–	–	–	–	–	–	2	1	–	–	–	–	–	–	–	2	–	2	–
39	龐	7	1	–	3	1	1	–	0	1	–	–	–	–	–	–	–	–	–	–	–	–
40	範	7	–	–	2	5	–	–	–	–	–	–	–	–	–	–	–	–	–	–	–	–
41	閻	6	–	–	4	–	–	–	–	–	–	1	–	–	–	–	–	1	–	–	–	–
42	邢	6	–	–	–	–	1	–	5	–	–	–	–	–	–	–	–	–	–	–	–	–
43	和	6	–	–	1	–	–	–	–	–	–	–	–	–	3	–	2	–	–	–	–	–
44	霍	6	–	–	1	–	–	–	–	–	–	–	–	–	–	–	–	–	2	–	2	1
45	關	6	1	–	4	1	–	–	–	–	–	–	–	–	–	–	–	–	–	–	–	–
46	成	6	–	–	–	1	–	–	–	–	–	5	–	–	–	–	–	–	–	–	–	–
47	丁	6	2	–	2	2	–	–	–	–	–	–	–	–	–	–	–	–	–	–	–	–
48	鄭	6	–	–	–	2	1	1	0	–	–	–	–	–	–	–	–	–	–	–	2	–
49	盧	5	–	–	–	–	–	–	–	–	–	5	–	–	–	–	–	–	–	–	–	–
50	姬	5	–	–	1	–	–	–	3	–	–	–	–	–	–	1	–	–	–	–	–	–
51	杜	5	–	–	1	–	–	–	2	–	–	–	1	–	–	1	–	–	1	–	–	–

52	翟	5	3	–	2	–	–	–	–	–	–	–	–	–	–	–	–	–	–	–
53	鍾	5	2	–	2	1	–	–	–	–	–	–	–	–	–	–	–	–	–	–
54	尚	5	–	–	–	–	1	–	0	1	–	–	–	–	–	–	1	–	2	–
55	呂	5	2	–	2	1	–	–	–	–	–	–	–	–	–	–	–	–	–	–
56	董	5	1	–	3	1	–	–	–	–	–	–	–	–	–	–	–	–	–	–
57	程	5	–	–	2	–	–	1	1	–	–	–	–	–	1	–	–	–	–	–
58	袁	5	–	–	–	–	–	2	2	–	–	–	1	–	–	–	–	–	–	–
59	延	4	–	–	–	–	–	–	–	1	–	3	–	–	–	–	–	–	–	–
60	梁	4	1	–	2	–	–	1	–	–	–	–	–	–	–	–	–	–	–	–
61	郜	4	–	–	2	–	–	1	–	–	–	–	–	–	1	–	–	–	–	–
62	畢	4	–	–	–	–	2	–	2	–	–	–	–	–	–	–	–	–	–	–
63	徐	4	1	–	–	1	–	–	–	1	–	–	–	–	1	–	–	–	–	–
64	吳	4	–	–	1	–	–	1	1	–	–	–	–	–	1	–	–	–	–	–
65	於	3	–	–	1	–	–	–	–	–	–	2	–	–	–	–	–	–	–	–
66	蘇	3	–	–	1	–	1	–	1	–	–	–	–	–	–	–	–	–	–	–
67	史	3	–	–	3	–	–	–	–	–	–	–	–	–	–	–	–	–	–	–
68	喬	3	–	–	–	–	–	–	2	–	–	1	–	–	–	–	–	–	–	–
69	栗	3	–	–	–	–	–	–	1	–	–	2	–	–	–	–	–	–	–	–
70	顧	3	–	–	–	–	–	–	–	–	–	3	–	–	–	–	–	–	–	–
71	邵	3	–	–	–	–	–	3	–	–	–	–	–	–	–	–	–	–	–	–
72	樊	3	–	–	–	–	–	–	–	–	–	1	–	–	–	–	1	–	1	–
73	溫	3	–	–	2	1	–	–	–	–	–	–	–	–	–	–	–	–	–	–
74	葛	3	–	–	1	2	–	–	–	–	–	–	–	–	–	–	–	–	–	–
75	黃	3	–	–	–	–	–	3	–	–	–	–	–	–	–	–	–	–	–	–
76	周	2	1	–	1	–	–	–	–	–	–	–	–	–	–	–	–	–	–	–
77	魚	2	–	–	–	–	–	–	–	–	–	2	–	–	–	–	–	–	–	–
78	唐	2	–	–	–	–	–	2	–	–	–	–	–	–	–	–	–	–	–	–
79	任	2	–	–	1	–	–	–	–	–	–	–	–	–	–	–	–	–	1	–
80	路	2	–	–	–	–	–	1	–	–	–	–	–	–	–	–	1	–	–	–
81	柳	2	–	–	–	–	–	–	–	–	–	–	–	–	–	–	–	–	2	–
82	金	2	–	–	2	–	–	–	–	–	–	–	–	–	–	–	–	–	–	–
83	胡	2	–	–	1	–	–	1	–	–	–	–	–	–	–	–	–	–	–	–
84	高	2	–	–	–	–	–	–	–	–	–	–	–	–	–	–	–	–	2	–
85	暢	2	–	–	–	–	–	–	–	–	–	2	–	–	–	–	–	–	–	–
86	尹	2	–	–	1	1	–	–	–	–	–	–	–	–	–	–	–	–	–	–

87	毛	2	1	−	−	1	−	−	−	−	−	−	−	−	−	−	−	−
88	靳	2	−	−	−	−	1	−	−	1	−	−	−	−	−	−	−	−
89	琚	2	−	−	−	−	−	−	2	−	−	−	−	−	−	−	−	−
90	吉	2	−	−	−	−	−	−	−	−	1	−	−	−	1	−	−	−
91	鄒	1	−	−	−	−	1	−	0	−	−	−	−	−	−	−	−	−
92	岳	1	1	−	−	−	−	−	−	−	−	−	−	−	−	−	−	−
93	郁	1	−	−	−	−	−	−	−	−	−	−	−	−	−	−	1	−
94	庾	1	−	−	1	−	−	−	−	−	−	−	−	−	−	−	−	−
95	顏	1	−	−	1	−	−	−	−	−	−	−	−	−	−	−	−	−
96	薛	1	−	−	−	−	−	−	−	−	1	−	−	−	−	−	−	−
97	毋	1	−	−	1	−	−	−	−	−	−	−	−	−	−	−	−	−
98	魏	1	−	−	1	−	−	−	−	−	−	−	−	−	−	−	−	−
99	施	1	−	−	1	−	−	−	−	−	−	−	−	−	−	−	−	−
100	師	1	−	−	1	−	−	−	−	−	−	−	−	−	−	−	−	−
101	上官	1	−	−	−	−	−	−	1	−	−	−	−	−	−	−	−	−
102	茹	1	−	−	1	−	−	−	−	−	−	−	−	−	−	−	−	−
103	丘	1	−	−	1	−	−	−	−	−	−	−	−	−	−	−	−	−
104	潘	1	−	−	1	−	−	−	−	−	−	−	−	−	−	−	−	−
105	寯	1	−	−	−	−	−	−	−	−	−	−	1	−	−	−	−	−
106	寧	1	−	−	−	−	−	−	−	−	−	−	1	−	−	−	−	−
107	羅	1	−	−	−	−	−	−	−	−	−	−	−	−	−	−	1	−
108	凌	1	−	−	−	−	−	−	1	−	−	−	−	−	−	−	−	−
109	林	1	−	−	1	−	−	−	−	−	−	−	−	−	−	−	−	−
110	連	1	−	−	−	−	1	−	−	−	−	−	−	−	−	−	−	−
111	樂	1	−	−	1	−	−	−	−	−	−	−	−	−	−	−	−	−
112	郎	1	−	−	1	−	−	−	−	−	−	−	−	−	−	−	−	−
113	景	1	−	−	−	−	−	−	−	−	−	−	−	−	−	−	1	−
114	晉	1	−	−	−	−	1	−	−	−	−	−	−	−	−	−	−	−
115	皇甫	1	−	−	−	−	1	−	−	−	−	−	−	−	−	−	−	−
116	鼓	1	−	−	1	−	−	−	−	−	−	−	−	−	−	−	−	−
117	緱	1	−	−	−	−	1	−	−	−	−	−	−	−	−	−	−	−
118	蓋	1	−	−	−	−	−	−	−	−	−	−	−	−	−	−	1	−
119	刁	1	−	−	−	−	−	−	−	−	−	−	−	−	−	−	1	−

120	鄧	1	–	–	–	–	–	–	–	–	–	–	–	–	1	–
121	車	1	1	–	–	–	–	–	–	–	–	–	–	–	–	–
122	閆	1	–	1	–	–	–	–	–	–	–	–	–	–	–	–
123	左	1	–	–	–	–	–	–	–	1	–	–	–	–	–	
124	酒	1	–	–	–	–	–	–	–	1	–	–	–	–	–	
125	殷	1	–	–	–	–	–	–	–	–	–	–	1	–	–	
		1222	84	18	272	84	52	5	164	31	87	3	178	18	16	1	53	7	46	1	98	4

　　澤州本州，科舉人物數量超過 3 的姓氏有 40 個。文進士排名前 10 的姓氏為張姓 9 人，陳姓 9 人，王姓 7 人，孟姓 7 人，李姓 5 人，楊姓 3 人，趙姓 3 人，段姓 3 人，翟姓 3 人，衛姓 2 人。武進士排名前 5 的姓氏為王姓 3 人，朱姓 3 人，楊姓 2 人，衛姓 2 人，宋姓 1 人。文舉人排名前 10 的姓氏為王姓 27 人，張姓 24 人，李姓 22 人，陳姓 16 人，郭姓 9 人，劉姓 9 人，司姓 9 人，韓姓 7 人，趙姓 7 人，秦姓 7 人。武舉人排名前 5 的為王姓 10 人，張姓 6 人，李姓 6 人，范姓 5 人，郭姓 4 人。

　　高平縣，科舉人物數量超過 3 的姓氏有 24 個。文進士排名前 10 的姓氏為郭姓 6 人，張姓 5 人，牛姓 5 人，田姓 4 人，楊姓 3 人，王姓 3 人，趙姓 3 人，畢姓 2 人，祁姓 2 人，馮姓 2 人。武進士排名靠前的姓氏為王姓 3 人，張姓 1 人，鄭姓 1 人。文舉人排名前 10 的姓氏為李姓 24 人，郭姓 20 人，王姓 15 人，趙姓 6 人，申姓 6 人，焦姓 5 人，田姓 5 人，楊姓 5 人，祁姓 5 人，邢姓 5 人。武舉人排名靠前的姓氏為武姓 4 人，李姓 3 人，張姓 3 人，黃姓 3 人，郭姓 2 人。

　　陽城縣，科舉人物數量超過 3 的姓氏有 23 個。文進士排名前 10 的姓氏為王姓 16 人，張姓 15 人，田姓 11 人，衛姓 8 人，李姓 7 人，楊姓 7 人，白姓 3 人，原姓 2 人，石姓 2 人，曹姓 2 人。武進士排名靠前的姓氏為琚姓 2 人，衛姓 1 人。文舉人排名前 10 的姓氏為張姓 33 人，王姓 19 人，李姓 19 人，衛姓 13 人，田姓 10 人，白姓 10 人，楊姓 9 人，原姓 6 人，賈姓 6 人，劉姓 6 人。武舉人排名靠前的姓氏為衛姓 2 人，秦姓 1 人，吉姓 1 人。

　　陵川縣，科舉人物數量超過 3 的姓氏有 9 個。文進士排名前 10 的姓氏為和姓 3 人，馬姓 2 人，張姓 2 人，曹姓 2 人，郜姓 1 人，薛姓 1 人，袁姓 1 人，韓姓 1 人，武姓 1 人，秦姓 1 人。武進士只有李姓 1 人。文舉人排名前 10 的姓氏為王姓 9 人，李姓 7 人，都姓 5 人，馮姓 4 人，張姓 3 人，武姓 3

人，楊姓 2 人，劉姓 2 人，郭姓 2 人，和姓 2 人。武舉人方面，王姓、都姓、馮姓、張姓、劉姓、崔姓、曹姓均為 1 人。

沁水縣，科舉人物數量超過 3 的姓氏有 13 個。文進士排名前 10 的姓氏為張姓 9 人，韓姓 6 人，王姓 6 人，李姓 5 人，竇姓 3 人，常姓 3 人，霍姓 2 人，賈姓 2 人，孫姓 2 人，趙姓 2 人。武進士唯有殷姓 1 人且為異籍進士。文舉人排名前 10 的姓氏為張姓 23 人，竇姓 11 人，王姓 9 人，李姓 6 人，賈姓 6 人，趙姓 5 人，韓姓 4 人，楊姓 3 人，常姓 3 人，郭姓 2 人。武舉人唯有王姓 2 人，竇姓 1 人，霍姓 1 人。

根據前文的分析，我們可以再進一步得到以下信息。除張、王、李等常規大姓在每個縣區均有較多數量的科舉人物外，每個縣區其實均有幾個科舉人物較多的代表性姓氏。澤州本州的陳、段、孟、翟、司、秦，高平的郭、畢、祁、申、焦，陽城的田、白、衛、石、琚、賈，陵川的和、馬、武、都，沁水的韓、竇、常、霍、賈，這些姓氏的科舉人物基本上都來自於同一個家族。

同時，我們也注意到科舉人數為 1 的姓氏數量高達 35 個，這些姓氏中的部分存在較為特殊的情況。如施姓，舉人施大士，因其父施璿樞任澤州府教授，遂家澤州，他是以榆次縣學附生的身份參加的山西鄉試，嚴格意義上不能算作澤州舉人，但《鳳臺縣志》選舉表將其收錄；再如連姓，舉人連筥，《澤州府志》《高平縣志》均未著錄此人，《乾隆庚寅恩科順天鄉試同年齒錄》記載其為「山西澤州府高平縣監生」，連姓在晉城區域內有一定數量的分布，其中有一支遷往安徽阜陽，出土於阜陽市潁泉區西湖農校的《皇清待贈省吾連六公墓誌銘》由陽城進士田六善撰、澤州進士陳廷敬書、澤州進士楊仙枝篆，遷居阜陽的連氏與祖居地的聯動依舊頻繁，所以才有三個澤州籍進士為其墓誌撰書，連筥正是墓誌主人連加善的第四輩孫，連姓已入籍阜陽超過三代，因此祖籍地也就未予著錄。再如車姓，進士車璽鄉貫澤州，役籍為順天府宛平縣匠籍，本地方志予以著錄。

第二節　明清澤州科舉家族的梳理推斷

對澤州明清兩代 1222 名科舉人物的籍貫確定、地域劃分、傳承研究是一個相當耗費精力的過程。即便筆者已經盡最大努力地歸納整理出其中的科舉家族，但依舊有相當程度的遺漏，一是囿於筆者的遺漏，二是受制於佐證文

獻的不足，在此只能盡心梳理以期最大限度地降低遺漏的可能。

　　籍貫和傳承關係的確定，主要依據五種文獻記載：一是現存 23 種澤州地方志中的文獻記載，二是各地現存碑刻記錄，三是各類存世文集和已出土墓誌銘中的傳承記錄，四是傳世家譜中的譜系表，五是登科錄等科舉文獻中的家狀。

　　地方志中的坊表、選舉、封贈、姓氏、文集等部分有直接的科舉人物傳承信息。如乾隆《陵川縣志》坊表部分中，「祖孫濟美坊」是元代御史李虞賓、明代推官李用賓、國子學錄李夢熊、舉人李萃秀祖孫三代的牌坊，「世科坊」是明代舉人王玘、王璣、王潔、王㫷的牌坊，「喬梓聯芳坊」是明舉人都永思、都一陽的牌坊。順治《高平縣志》中的「三世甲科」坊是贈大理寺評事楊昇、天順甲申進士楊振、弘治己酉科舉人楊恒、嘉靖丁酉科舉人楊紹先的牌坊，「鳴崗三鳳」坊是進士郭鋆、郭鎜、郭鑒三兄弟的牌坊。乾隆《高平縣志》記載有邢氏家族、郭氏家族的科第情況，「明朝又有曰校曰璉曰惪曰國庶俱以鄉舉」，郭氏「一門顯耀，有如祖孫媲美，叔侄同登，兄弟聯科」〔註3〕。再如乾隆《鳳臺縣志》，「王采，字拱垣，忠顯子，舉進士，偕侄緒宏紹承家訓，力學誌古」〔註4〕。

　　陽城縣上莊村爐峰院有塊科舉題名碑，在各類已出版書籍中幾乎無人提起，卻是晉城地區保存下來的唯一一塊科舉題名碑，因此本書著意將全文抄錄如下：

　　　　進士　王國光，明嘉靖癸卯科舉人，聯登甲辰科進士，歷官刑部尚書兩京戶部尚書，□□神宗即位，特追光祿大夫、太子太保、吏部尚書，賜麒麟，服玉帶，□□經筵，崇祀鄉賢。王淑陵，明嘉靖戊午科舉人，登乙丑科進士，歷官正議大夫，資治尹，整飭大□道□□兵備副使兼理河務，河南右參政，□湖廣□參政，□詔進□二品。王徵俊，明萬曆壬子科舉人，登天啟乙丑科進士，歷官亞中大夫整飭寧前道兵備副使兼督學政，□□右參政，□□□□□之變，身殉國難，盡□□□，崇祀鄉賢。王潤身，清順治乙酉科舉人，聯登丙戌科進士，歷官奉直大夫，戶部湖廣清吏司主事。王蘭彰，清順治乙酉科舉人，聯登丙戌科進士，授官文林郎，山東濟南府陽穀

〔註3〕乾隆《高平縣志》卷十七。
〔註4〕乾隆《鳳臺縣志》卷八，第22頁。

縣知縣。

舉人　王遵，明成化甲午科亞元。王道，明嘉靖丙午科舉人，歷官奉政大夫，戶部陝西清吏司郎中。王兆河，明萬曆壬午科舉人，擬授別駕。王洽，明萬曆乙酉科舉人。

貢士　王化，明嘉靖辛酉歲貢，官河南汝寧府□□縣儒學訓導，歷南京盧州府□縣□□教諭，轉鄢陵王府教授。王雍熙，明萬曆丁亥歲貢，官山西平陽府萬泉縣儒學教諭。王如春，明萬曆乙巳歲貢，官湖廣承天府當陽縣儒學教諭，以子徵俊公貴，誥贈文林郎，陝西西安府□城縣知縣。王溥，明萬曆巳酉歲貢，官山西平陽府臨汾縣儒學教諭，□□府大寧縣。王楷符，清康熙癸丑歲貢，官山西大同府□□縣儒學教諭。王萬化，清同治丁酉科副榜貢，候選知縣。

官生　王兆渠　王平□

武舉　王永彰，清康熙丁卯科舉人。

貢監　王兆星，官崇府右長史。王兆雲。王準。王元楨，官江西南安府經歷。王龍御。王復繪，候選縣丞。王惲，候選縣丞。楊進，候選州同知。

生員　王冔，以孫國光公貴誥贈光祿大夫、太子太保。王□。王淑曾。□□□。王淑艾。王兆行。王厚。王□棐，廩生。王沖，孝子。王洋。王渾。王沛。王□瞻。王□孫。王好善。王衡俊，廩生。王師俊。王永康。王祥符。王栻符。王奎光。王堯伯。王兆官。王兆佳。王鶴□。王如夏。王淳。王濟。王公用。王□□。

　　該題名碑無名無款，分進士、舉人、貢士、官生、武舉、貢監、生員七種身份，記錄上莊村王氏家族5位進士、4名舉人、1名武舉人，6名貢生，33名生員的科名、仕宦情況。另澤州縣巴公鎮有一方儒林題名碑，記錄了該鎮宋代以來的貢生、官階題名，推測應該同時刻有進士舉人題名碑，但至今未見，或是不存。

　　墓誌銘中的家世情況也能極大的補充科第的傳承情況。出土於巴公鎮渠頭村的《明禮部儒官小湖李公暨配王孺人合葬墓誌銘》記載，渠頭李氏家族一進士四舉人，「迨弘治，曰哲、曰斐、曰訓、曰訥、曰諒者，相踵以科第顯蔚」。沁水舉人賈西山為其父所撰的《誥封奉政大夫候選訓導先考寅清府君行狀》中，「我賈氏世居沁水縣東九十里之端氏故城，自明隆、萬時，以科第起

家，為縣著姓」〔註5〕，正是說的賈景德家族兩進士四舉人的科第情況。

　　家譜文獻則會更為直接的記錄族人的科名情況。陽城縣中莊村《李氏族譜》譜系記錄了該族非常詳細的科第情況，第九世長門長支舉人李思恩，第十世長門長支進士李豸、二門二支進士李春茂、二門三支進士李養蒙，第十一世長門長支進士李可久，第十二世長門長支進士李蕃、二門三支舉人李兆甲，第十三世二門三支進士李煜，第十四世二門三支武舉人李孝德，第十九世長門長支舉人李貽典，不僅能統計出李氏家族明清兩代出了6進士4舉人，還能清晰的知道他們的代系、分支情況，對於研究該家族科舉的沿襲、持續、傳承情況有著極大作用。

　　再就是登科錄、序齒錄等科舉文獻中的家狀，對梳理和界定澤州科舉人物的關係作用最大。如《崇禎十六年癸未科進士三代履歷》王曰俞的履歷批註有「子王璋，康熙戊辰進士」，《康熙二十七年戊辰科會試一百五十名進士三代履歷便覽》王璋履歷中是「父自俞，丙子舉人，癸未進士」，由此斷定王曰俞、王璋為父子關係，履歷中的「父自俞」也應為「父曰俞」。王曰俞、王璋的父子關係在《陳氏家譜》中有提及，但始終未能查看此譜。《順治四年丁亥科進士履歷便覽》董琰履歷中記載其祖父董嘉謨為舉人，父親董緒也是舉人。《順治三年丙戌科會試四百名進士三代履歷便覽》中張汧和張流謙是同父同母的親兄弟。以上諸人的家族關係在地方志和其他文獻中並未見到相關記錄，正是參閱了他們的登科錄文獻資料，才得以明確他們之間的人物關係。

　　五種文獻相互參考對照則會有更大的收穫。篩選明清澤州科舉人物數據庫，呂姓人物有四人，初步推斷應為同族，但進士呂黃鐘、呂元亮的登科錄不存，即便有也僅僅記述三代情況；依據《呂元亮墓誌銘》，其曾祖呂大英，祖呂為純，父呂諮，子男呂臨、呂觀，再有《潁州府通判呂君墓誌銘》，「呂君名轍，字天衢，其先世家汾州，祖廷弼始遷澤州之鳳臺，廷弼子成章，成章子黃鐘」〔註6〕，其曾祖呂大武，祖呂紹瑞，父呂寅，子呂仁慶；《皇清故處士西星鍾公墓表》中記載「次適呂大英，前明進士山東僉事贈光祿寺卿黃鐘之侄，處士應鍾之子」，再考《西街玉皇廟》呂氏施銀題名，由此我們推斷進士呂黃鐘為澤州呂氏第三代，進士呂元亮為第七代，舉人呂怡慶為第八代，而

另一名舉人呂洙則和這個家族沒有關係。

高平唐安馮氏一族同樣是多種資料互相佐證才確定下來的。明代進士馮養志在《萬曆丙戌科進士同年總錄》中的家狀明確記載其曾祖父馮裕，祖父馮顒為舉人，父馮春，子馮堯年、馮舜華，《高平縣志》也記載過馮顒為馮養志祖父。《康熙五十七年進士登科錄》記錄進士馮嗣京曾祖馮景明、祖馮鼎樞、父馮銘。相當長時間只能懷疑兩者有關係，但無法確認具體脈絡。直至筆者關注到《康熙己丑科會試同年齒錄》中高平良戶進士田長文的家狀，其「曾祖母馮氏，誥封夫人，庠生諱景明公女，前丙戌進士，吏部文選司郎中諱養志公孫女」，由此豁然開朗，馮景明成為聯繫明代進士馮養志與清代進士馮嗣京的關鍵人物，兩者為相差三代的同族。

當然也有部分科舉人物在文獻互相參照後顯示出高度關聯性但無法確定的。進士張涵為西部人，依據《道光辛巳各省同年全錄》，其「曾祖崑瑞，祖大有，父宗仁」，舉人張樹標推斷為澤州城內人，依據《道光甲辰恩科直省同年錄》，其「曾祖大經，祖宗栻，父淑」，可以看出，兩個家族有三代人的名字出現高度關聯性，字輩為大、宗、水字旁。再如《咸豐乙卯科順天鄉試同年齒錄》記載有舉人霍兆梅「曾祖隆膺，祖慶唐，父慈生」，光緒《沁水縣志》記載進士霍潤生父景曾，祖隆吉。由此我們推斷，舉人霍兆梅與進士霍慶姚、霍潤生為族祖、祖叔的關係，曲堤霍氏在這三代的字輩也能推定為「隆、慶、生」，但因《霍氏家譜》不存，《嘉慶庚午科鄉試同年齒錄》對霍慶姚的家世記載全部缺失，只能推測而不能斷定。這類推斷型的結論，想最終確認只能等待更多的資料面世。

第三節　明清澤州科舉家族的地理分布

運用前文數據和判斷方法，我們梳理出了明清澤州科舉家族的情況如下：

表 5-2　明清澤州各縣科舉家族數量區間值

	澤　州	高　平	陽　城	陵　川	沁　水
姓氏數量	84	51	47	29	35
≧3 姓氏	40	24	24	9	13
≧3 人數	398	199	266	52	124
數量區間	40～133	24～66	24～88	9～17	13～41

　　明清時期的澤州本州有 84 個姓氏出現科舉人物，高平為 51 個，陽城為 47 個，沁水為 35 個，陵川為 9 個。澤州本州有 398 人分布在科舉人數≧3 的 40 個姓氏中，陽城有 266 人分布在科舉人數≧3 的 24 個姓氏中，高平有 199 人分布在科舉人數≧3 的 24 個姓氏中，沁水有 124 人分布在科舉人數≧3 的 13 個姓氏中，陵川有有 52 人分布在科舉人數≧3 的 9 個姓氏中。

　　根據本書對科舉家族的判斷原則，即以至少出過 2 名進士或 3 名舉人作為標準，在最理想的條件下，澤州本州科舉家族的數量在 40 到 133 個之間，陽城科舉家族的數量在 24 到 88 個之間，高平科舉家族的數量在 24 到 66 個之間，沁水科舉家族的數量在 13 到 41 個之間，陵川科舉家族的數量在 9 到 17 個之間。

表 5-3　明清澤州本州科舉家族統計

序　號	家　　族	科舉人物	其他人物	進士數	舉人數
1	澤州陳氏	陳廷敬	陳靜淵	9	10
2	大陽孟氏	孟春	孟履明	5	2
3	二聖頭張氏	張光緝	張肇昇	3	2
4	大陽裴氏	裴宇	裴述祖	3	3
5	翟河底翟氏	翟學程	翟於釗	3	2
6	城內苗氏	苗胙土	苗傑	2	4
7	城內呂氏	呂黃鐘	呂轍	2	1
8	鍾莊鍾氏	鍾錫	鍾鎏	2	2
9	城內秦氏	秦百里	秦嶠	2	3
10	城西趙氏	趙九思	趙永昭	2	3
11	城內司氏	司福	司巡	2	4
12	大箕衛氏	衛漢超	衛其傑	3	0
13	寧山衛丁氏	丁謹	丁顯祖	2	3
14	西郜張氏	張烈	張能敏	2	2
15	大陽張氏	張養蒙	張光奎	2	
16	楊窪王氏	王采	王忠顯	2	1
17	寧山衛楊氏	楊仙枝	楊克慎	3	3
18	大陽龐氏	龐浩	龐資	1	2

19	大陽關氏	關遇年	關衛周	1	3
20	渠頭李氏	李諒	莊隱王妃	1	3
21	呂匠侯氏	侯璡	侯鼎	1	3
22	澤州董氏	董琰	董嘉誼	1	2
23	寧山衛孔氏	孔調元	孔毓潤	2	2
24	周村郭氏	郭煥芝	郭象升		4
25	城內崔氏	崔文鑲	崔成		5
26	大張郭氏	郭志學	郭昭		3
27	高都李氏	李青藜	李本淵		3
28	東掩張氏	張京	張所蘊		3
29	三家店溫氏	溫中和	溫永興		3
合計	29			56	81

表 5-4　明清高平科舉家族統計

序　號	家　　族	科舉人物	其他人物	進士數	舉人數
1	北莊郭氏	郭鋆	郭嗣炳	6	13
2	唐安陳氏	陳珽	陳璠	4	3
3	良戶田氏	田逢吉	田可耘	3	4
4	唐安馮氏	馮養芯	馮景明	2	2
5	孝義祁氏	祁壇	祁公得	2	5
6	西關張氏	張汧	張齊	2	1
7	市望牛氏	牛兆捷	牛位坤	2	1
8	米山劉氏	劉崇文	劉虞夔	2	
9	南關楊氏	楊振	楊昇	1	2
合計	9			24	31

表 5-5　明清陽城科舉家族統計

序　號	家　　族	科舉人物	其他人物	進士數	舉人數
1	化源里田氏	田從典	田懋	8	9
2	中莊李氏	李豸	李應舉	6	4
3	上莊王氏	王國光	王四	5	5

4	通濟里衛氏	衛立鼎	衛仲賢	5	3
5	下莊楊氏	楊樞	楊行周	5	4
6	化源里白氏	白胤謙	白方厚	3	6
7	衛一鳳家族	衛一鳳	衛繼高	2	1
8	下交原氏	原傑	原紹基	2	6
9	匠禮楊氏	楊繼宗	楊勝	2	1
10	郭峪張好古家族	張好古	張從儀	3	2
11	郭峪張鵬雲家族	張鵬雲	張閭	2	1
12	郭峪張拱辰家族	張拱辰	張天福	1	2
13	屯城張氏	張慎言	張純	3	1
14	潤城五甲張氏	張敦仁	張晉	1	3
15	潤城六甲張氏	張瑈	張全	1	3
16	張林家族	張林	張文炳	1	2
17	城內王氏	王曰俞	王國丞	2	1
18	化源里王氏	王玹	王用良	2	2
19	東關喬氏	喬映伍	喬永興	2	1
20	章訓衛氏	衛學瑗	衛克壯	2	1
21	張黻家族	張黻	張本	1	2
22	陽高泉賈氏	賈之鳳	賈益淳	1	3
23	崇薰里宋氏	宋裕	宋昌泰		4
24	西坡劉氏				3
合計	24			60	70

表 5-6　明清陵川科舉家族統計

序　號	家　　族	科舉人物	其他人物	進士數	舉人數
1	王砥家族	王砥	王如玉	1	4
2	和氏家族	和維	和震	4	
3	城內李氏	李萃秀	陵川男李順		3
4	義門都氏	都永思	都之煜		6
合計	4			5	13

表 5-7　明清沁水科舉家族統計

序　號	家　族	科舉人物	其他人物	進士數	舉人數
1	竇莊張氏	張五典	張鉁	6	9
2	韓王韓氏	韓君恩	韓能	6	2
3	郭壁王氏	王度	王廷璽	3	1
4	西樊莊常氏	常倫	常君美	3	
5	竇莊竇氏	竇奉家	竇堅	3	8
6	湘峪孫氏	孫居相	孫德輝	2	2
7	曲堤霍氏	霍慶姚	霍景曾	2	3
8	端氏賈氏	賈景德	賈西山	2	3
9	郭壁張氏	張之屏	張克履	1	3
10	宣化坊李氏	李瀚	李異品	1	3
合計	10			29	34

　　根據歷代方志、現存譜牒、科舉檔案、地方碑刻等的全面系統整理，實際上可整理出的整個澤州符合科舉家族標準的家族數量為 76 個，其中本州 29 個，高平 9 個，陽城 24 個，陵川 4 個，沁水 10 個，和預判的各縣的家族數量整體趨勢大體一致。

　　本州明清兩代共產生進士人 84 人，武進士 18 人，舉人 272 人，武舉人 84 人，總計 458 名科舉人物。29 個家族共產生 56 名進士、81 名舉人，占本州所有進士、舉人（文武合計）數量的 54.9%和 22.6%。

　　高平明清兩代共產生進士人 52 人，武進士 5 人，舉人 164 人，武舉人 31 人，總計 252 名科舉人物。9 個家族共產生 24 名進士、31 名舉人，占高平所有進士、舉人數量（文武合計）的 42.1%和 15.9%。

　　陽城明清兩代共產生進士人 87 人，武進士 3 人，舉人 178 人，武舉人 18 人，總計 286 名科舉人物。24 個家族共產生 60 名進士、70 名舉人，占陽城所有進士、舉人數量（文武合計）的 66.7%和 35.7%。

　　陵川明清兩代共產生進士人 16 人，武進士 1 人，舉人 53 人，武舉人 7 人，總計 77 名科舉人物。4 個家族共產生 5 名進士、13 名舉人，占陵川所有進士、舉人數量（文武合計）的 29.4%和 21.7%。

　　沁水明清兩代共產生進士人 46 人，武進士 1 人，舉人 98 人，武舉人 4 人，總計 149 名科舉人物。10 個家族共產生 29 名進士、34 名舉人，占沁水

所有進士、舉人數量（文武合計）的 61.7%和 33.3%。

　　澤州科舉家族的統計結果，對於研究科舉人物群體有著直接意義，同時還能反映一些現實問題。

　　首先可以直觀的呈現出澤州內部各縣區的差異，通過進士家族數量與區域科舉人物總數的比對，還能對科舉人物的姓氏分布、村落分布、家學傳承等有所瞭解。從上面數據可以看出，各縣區進士群體遠比舉人的占比大，陽城進士群體的家族分布率最高，陵川最低，數值的高低意味著各縣區將來可能通過新資料發現科舉家族的空間大小。

　　其次是可以反映出進士群體的資料要遠比舉人群體高，資料多寡造成了整理研究其里籍的難易程度，還有就是各縣區的差異，還能反映出各縣區現存碑刻文獻、家譜文獻的豐富多寡，從以上數值來看，與《三晉石刻大全》各縣區的碑刻數量是成正比的。

　　除了以上統計出的澤州科舉家族，還有一些限於目前資料尚少，還未明確人物關係的進士、舉人也需要注意。

　　如父進子舉的澤州庾能村周盤、周圖駿，澤州夏莊張璉、張宗明，澤州柏楊坪李奪錦、李鳳藻父子，陵川張瓚、張信，高平裴泉趙介、趙筏，陽城福民里賈為煥、賈萬瑾，陽城下芹田嘉穀、田圻等；父舉子進的高平王良、王宴；祖舉孫進的陽城李華、李經；兄進弟舉的澤州南河底王業隆、王業偉，澤州王麗中、王密。

　　還有父子舉人的沁水鹿路北里張瀆、張光，沁水張鈞、張法曾，陽城潤城王道照、王竣功，陽城通義村孫丕承、孫希綽，澤州陳攀龍、陳威鳳，高平李弻、李綏，太原左衛申綱、申偉，陽城劉植、劉照青，陽城下交魚淵、魚鯨；沁水趙鏊、趙育溥；叔侄舉人的澤州大箕王允成、王憲沆；澤州上城公尹良鼎、尹元弼；祖舉孫進的高平米山崔三省、崔子明；叔進侄舉的澤州陳王輔、陳卿；兄弟舉人的高平南朱莊司舒錦、司尚錦，高平李淥、李淡，陽城郭昊、郭昌，陽城化源里張錦、張銤，陽城上伏村于瓚、于琇，陵川楊豫成、楊乾初兩堂兄弟。

　　再如澤州大陽有田輔 3 名田氏舉人，周村有 3 名范姓舉人，陽城有成公瑜等 5 名成氏舉人，高平有姬顯廷等 3 名姬姓舉人，焦元卿等 5 名焦姓舉人，陵川有馮學淵等 4 名馮姓舉人，沁水有楊燧等 3 名楊姓舉人均來自西曲里；這幾個都有同族人的可能性。

第四節　明清澤州科舉家族

澤州陳氏家族

　　澤州陳氏是澤州境內首屈一指的科舉大家族，明清兩代共出 9 位進士，10 位舉人，6 人選庶吉士，「德積一門九進士，恩榮三世六翰林」說的正是其家族的科舉成就。

　　《陳氏家譜》云，陳氏原為河南彰德府臨漳縣人，始祖陳靠、陳虎逃荒來到山西，入籍「澤州天戶里三甲民籍」，陳靠子陳林於宣德四年遷居陽城縣中道莊。從陳氏九名進士的履歷家狀可知，他們一直「貫山西澤州民籍」，與家譜所述一致。今人常有「陽城人」與「澤州人」的爭論，雖有不少學者做了相對客觀的解釋，但從其論述中可知還未理清明清役籍的概念，關于役籍和黃冊制度前文已有論述。陳氏自明初入籍「澤州天戶里三甲民籍」後，家族成員的戶籍一直未曾變更，即明清兩代陳氏的戶口、賦役、就學等始終在「澤州天戶里三甲」，這就是陳氏族人為何一直以「澤州人」、「高都人」自稱。

　　明清對於流寓者的戶口管理大體相同，清代的規定如下：

> 入戶於寄居地方，置有墳廬，已逾二十年者，准其入籍。〔註7〕

　　即流寓移民在寄居的地方要想入籍，需要滿足「建有墳墓」、「超過二十年」這兩個條件。明清兩代的戶籍變更並不困難，根據陳氏族人的履歷記載，其由澤州天戶里遷居陽城郭峪里已幾百年，但戶籍依舊是澤州，並不是戶籍無法變更，而更多是個人意向的選擇。

　　推測其一直未變更戶籍的原因，一是遷徙兩地相隔僅幾十公里，雖分屬兩縣但同屬一州，戶籍變更並非必要；二是通過戶籍屬澤州，居住為陽城的方式，造成戶籍統計和管理上的不便，有逃避人丁賦稅的嫌疑；三是占籍本州，子孫後代可以擁有更好的教育資源。

　　陽城歷代方志一直未列陳氏族人在其中，直至同治十三年重修《陽城縣志》，才首次將陳氏族人列入本縣方志。

> 陳文貞相國祖籍初係澤州，然其自題譜牒云緬維卜東莊始自宣
> 德年，蓋稽其於宣德四年，其先世已遷居邑東之郭峪，逮入國朝康
> 熙年，仕宦輩起，由此時回溯遷來幾三百載，而兩修縣志僅列流寓，

〔註7〕《欽定會典則例》卷十七《戶口》。

其科名暨相業之盛概未收錄，殊不足慰山川鍾毓之靈副士民折衷之論，茲近五百年終不得與土著並傳，可乎哉？且乘中紳宦其先人由他籍遷來正復不少，一概置諸流寓必有訕笑而阻之者矣，所以搜而詳錄，世之攀援顯宦增光我乘者不得以此為藉口。〔註8〕

光緒八年修編《鳳臺縣續志》時，提到陳氏家族的里籍疑惑，可知當時的修志者已經對役籍概念有所模糊。

　　陳文貞公廷敬，祖籍鳳臺縣西鄉之天戶里，後遷居陽城縣東鄉之郭峪里，二里相距十餘里，文貞墳墓田產多在兩縣交界處，舊志列文貞於鳳臺，而書為郭峪里人，按鳳臺里中原無郭峪名目，非特自相矛盾且使文貞籍貫久而失實，謹錄之以備考核。〔註9〕

前期修撰方志，陳廷敬和其族人是有參與的，兩縣所修方志區分明顯也無異議。清晚期陽城首列陳氏入志，可能是當時的陳氏終於變更了戶籍的原因，也可能是「式微」的陳氏個人選擇發生了變化。

表5-8　澤州陳氏家族科舉傳承簡表

輩	承	姓　名	身　份	官　至	備　註
		陳仲名			彰德府人
一	仲名	陳靠			入籍澤州天戶里三甲
		陳虎			
二	靠	陳林			
三	林	陳秀		陝西西鄉典史	
		陳武			
四	秀	陳珏		河南滑縣典史	
五	珏	陳仁			
		陳儒			
		陳偉			
		陳天祐	嘉靖十三年舉人 嘉靖二十三年進士	陝西按察司副使	

〔註8〕同治《陽城縣志》卷首《凡例》。
〔註9〕光緒《鳳臺縣續志》卷三《人物糾錯》。

		陳俊			
		陳傑			
		陳修			
		陳信			
六	天祐	陳三晉		滎澤縣教諭	
	修	陳三樂			
七	三樂	陳經濟	庠生		
八	經濟	陳昌言	崇禎三年舉人 崇禎七年進士	浙江道監察御史	
		陳昌期	拔貢		
	天祐曾孫	陳所知	萬曆十三年舉人	虞城知縣	
九	昌言	陳元	順治八年舉人 順治十六年進士	翰林院庶吉士	
	昌期	陳廷敬	順治十四年舉人 順治十五年進士	文淵閣大學士 吏部尚書尚書	
		陳廷繼	拔貢	行人司司副	
		陳廷薦	廩生		早逝
		陳廷愫	恩貢	武安知縣	
		陳廷辰	歲貢	羅定州知州	
		陳廷統	歲貢	福建道副使	
		陳廷弼	貢生	廣東糧驛道	
		陳廷翰	康熙二十三年舉人	揀選知縣	
十	廷敬	陳謙吉	監生	淮安府同知	
		陳豫朋	康熙二十九年舉人 康熙三十三年進士	翰林院庶吉士 浙江道監察御史	
		陳壯履	康熙三十五年舉人 康熙三十六年進士	翰林院侍讀學士	
	廷弼	陳隨貞	康熙三十五年舉人 康熙四十八年進士	翰林院庶吉士	
	廷統	陳觀顒	康熙三十五年舉人 康斯四十五年進士	浚縣知縣	
		陳復剛	貢生	內閣纂修官	
	廷愫	陳賁懿	康熙五十年舉人	寧晉知縣	

	廷繼	陳咸受	貢生	靈石縣教諭	
十一	豫朋	陳師儉	雍正元年舉人 雍正五年進士	翰林院庶吉士 泗城府同知	
	謙吉	陳壽岳	康熙五十年舉人	四川通江知縣	
		陳壽華	雍正七年舉人	貴州清平知縣	
	壯履	陳傳始	雍正十年舉人	福建鹽大使	
	豫朋	陳名儉	乾隆九年舉人	山東榮成知縣	
		陳崇儉	乾隆九年舉人	揀選知縣	
	隨正	陳式玉	雍正四年舉人		
	廷敬旁系孫	陳恂	康熙五十九年舉人		
計有進士9人，舉人10人。					

澤州大陽孟氏家族

大陽孟氏目前可知有有進士五人，孟春、孟陽、孟顏祖父孫三人和孟霈、孟雷兄弟二人兩個孟應為同族，孟顏與孟霈、孟雷兄弟常一起活動於澤州各處，但具體關係不詳。據孟陽墓誌銘，其族世籍「澤州大陽南里」。此外，還須注意孟春一族三進士、二舉人所習科目均為《詩經》，孟氏兄弟所習則為《書經》。河北滄州孟兆祥、孟章明父子祖籍也是大陽。

表 5-9　澤州大陽孟氏家族科舉傳承簡表

輩	承	姓　名	身　份	官　至	備　註
		孟誠			
	誠	孟泰			
	泰	孟鑒			
	鑒	孟彪			
		孟欽			
		孟錦			
	彪	孟春	弘治八年舉人 弘治九年進士	吏部侍郎 贈工部尚書	祀鄉賢
		孟夏			
		孟秋			
		孟冬			

	春	孟陽	正德二年舉人 正德九年進士	行人司行人 贈山東道監察御史	祀鄉賢
		孟階	嘉靖十年舉人	承天同知	廩生
	陽	孟顏	嘉靖十六年舉人 嘉靖十七年進士	四川參議	恩生
		孟金菊			女
		孟孔			
		孟思	嘉靖二十五年舉人		
		孟頻			
		孟項			
		孟堯			
	階孫	孟履明	廩生		
	思	孟履約			
		孟履長	萬曆年貢	遷安知縣	
		孟履信	萬曆年貢	潞城訓導	
	陽曾孫	孟師文	廩生	鄖陽府同知	
	履約	孟士貞			
	士貞	孟璋			
	璋	孟淑			
		孟瑋			
	瑋	孟鎬		義官	
	鎬	孟漢		義官	
	漢	孟霓			
		孟霢	嘉靖四年舉人 嘉靖八年進士	雲南按察司僉事	
		孟雷	嘉靖四年舉人 嘉靖八年進士	陝西按察司僉事	
		孟霽			
		孟霏			
		孟需			
		孟霍			
計有進士 5 人，舉人 2 人。					

澤州二聖頭張氏家族

　　澤州二聖頭張氏以張光縉、張光前兄弟進士聞名，明清兩代計出三進士，二舉人，一副榜。家族墓地已不存，張光縉墓志存晉城博物館，張光前墓誌存澤州縣巴公鎮渠頭村。張奕曾雖知為二聖頭人，但不知與兄弟進士的關係，據《康熙九年庚戌科會試三百八名進士履歷便覽》方知，其為張光先之孫，即張光縉、張光前之侄。

表5-10　澤州二聖頭張氏家族科舉傳承簡表

輩	承	姓 名	身 份	官 至	備 註
		張仲實			
	仲實	張朝器		贈通議大夫河南按察使	
	朝器	張思烈		贈通議大夫河南按察使	
	思烈	張光先	貢生	教授	
		張光縉	萬曆二十八年舉人萬曆三十二年進士	陝西右布政使	
		張光前	萬曆二十八年舉人萬曆三十八年進士	大理寺少卿	
		張光繡	恩貢		
		張光祚	生員		
		張光宇	生員		
		張光宅	清順治三年舉人		
		張光復	附生		
	光先	張肇熊	附生		
		張肇曄			
	光縉	張肇升	廩生	甘肅道	縣志作升
		張肇昱	崇禎十二年舉人	海寧知縣	
		張肇晟	國子生		
		張肇昇	例貢	河間府通判	縣志作昌
		張肇景		雲南趙州知州	縣志作暻
	光前	張肇隆	附生		
		張肇陽			

		張肇興	附生		
		張肇壁	增生		
		張肇達	附生		
		張肇熙	增生		
		張肇佳	附生		
		張肇仕	附生		
	肇昱	張象寵			
		張象容			
		張象榮			
	肇升	張象守	順治十一年副榜貢		
	肇興	張象瑗			
		張象城			
		張象鐸			
		張象鏞			
		張象垣			
		張象鉉			
		張象均			
	肇熊	張奕曾	康熙八年舉人 康熙九年進士	中書舍人	生父肇曄
	奕曾	張訥			
計出進士 3 人，舉人 2 人，副榜 1 人。					

澤州大陽裴氏家族

　　澤州大陽裴氏以南京禮部尚書裴宇、山東按察司副使裴騫兄弟為代表，據裴宇行狀可知，「裴氏其先蓋出唐開國公行儉之裔，元進士諱仕儀者徙澤州下村裏，數傳而至公遠祖榮，自下村徙大陽居焉」。裴氏共出進士二人，武進士一人，舉人 3 人。

表 5-11　澤州大陽裴氏家族科舉傳承簡表

輩　承	姓　名	身　份	官　至	備　註
一	裴榮			自下村徙大陽
二	裴彥			

三		裴廣			
四		裴椿	成化年貢	清豐縣丞	祀鄉賢
五	椿	裴黼			
		裴黻			
		裴冠			
		裴爵	弘治十一年舉人	豐縣知縣	
		裴繡	嘉靖年貢	保定教授	
六		裴宣			
	黼	裴寵	嘉靖年貢	定陶教諭	
		裴騫	正德十一年舉人 正德十六年進士	山東按察司副使	祀鄉賢
	爵	裴寧	諸生		
		裴宇	嘉靖十三年舉人 嘉靖二十年進士	南京禮部尚書	祀鄉賢
		裴案	嘉靖十六年舉人	南陽同知	
		裴守			
		裴宸			
		裴宦			
		裴□			
七	黻孫	裴襲			
		裴褧			
		裴□			
	寧	裴本固		禮部聽試	
		裴本正	生員		
	宇	裴本立	嘉靖四十一年武進士	河南河北道守備	
		裴本厚			
		裴本隆			
	案	裴本一		光祿寺監事、聊城縣丞	
八	本一	裴述伊	庠生		
		裴述說	庠生		
	本固	裴繩祖			
	本立	裴述祖	蔭生	平涼知府	

九	述伊	裴□祖			
		裴弘生			
		裴弘才			
		裴弘綱			
	述說	裴弘毅			
十		裴一耆			
	弘生	裴必德			
		裴必聞			

計出進士 2 人，武進士 1 人，舉人 3 人。

澤州翟河底翟氏家族

　　澤州翟河底翟氏以明代御史翟學程著稱，清初又有翟鳳梧、翟於磐、翟於樵叔侄先後中舉人和進士。翟鳳梧和翟於磐關係可通過進士履歷中的家狀得以明確，萬曆十九年舉人翟學程、道光十八年進士翟鳴陽雖關係不明，但墓葬都在翟河底村，應為同族。翟於磐履歷標注有「進賢人、澤州籍」應為印刷錯誤。

表 5-12　澤州翟河底翟氏家族科舉傳承簡表

輩	承	姓　名	身　份	官　至	備　註
		翟從儒			
	從儒	翟學程	萬曆十九年舉人	監察御史	
		翟一清		壽官	
	一清	翟文月	生員		
		翟文明			
	文月	翟鳳標	生員		
	文明	翟鳳梧	順治二年舉人 順治三年進士	蒲城知縣	
	鳳標	翟於磐	順治十四年舉人 順治十五年進士	督查院觀政	
	鳳梧	翟於釗			詩人
		翟於樵	康熙二十三年舉人		

	翟於京	康熙年貢		
	翟漢英			
漢英	翟大舉			
大舉	翟裕元			
	翟林元			
裕元	翟鳴陽	道光八年舉人 道光十八年進士	東陽知縣	
	翟鳴岐			
鳴陽	翟聯科			
	翟聯雋			
計有進士 3 人，舉人 2 人。				

澤州城內苗氏家族

澤州苗氏為春秋楚國王室賁皇之後，自長子、屯留一帶先遷居到大陽鎮，後復遷至澤州城西的苗莊和城內。明代時登鼎科甲數人，顯赫一時，是明清澤州享有盛名的望族之一，以學識著稱的苗時雍，以義行著稱的苗傑，以吏治著稱的保寧知府苗煥，各有聲名的苗胙土、苗有土、苗廣土三兄弟，均來自這一家族。

據苗廣土的墓誌可考其六世祖諱浩，是目前已知最早的澤州苗氏先祖，苗浩生苗昱，苗昱生苗銑，苗銑生苗時雍。苗氏科甲自苗時雍為開端，孫苗煥為苗氏首個進士，苗煥之前的苗氏一直居住於大陽鎮，其辭官後才遷居澤州城創修府邸、營造園林，苗煥父子兩代營建的大椿園、可園是澤州歷史上著名的兩處園林。

明清兩代，澤州苗氏一族計出進士二人，舉人三人，武舉人一人，祀鄉賢者二人。明代澤州還有苗瓚為永樂庚子科舉人，苗濟民為萬曆己酉科舉人，應該與苗煥一族為同宗。另據苗胙土文集及苗士寅墓誌，可知其族有家乘數卷，今不得見。

表 5-13　澤州城內苗氏家族科舉傳承簡表

輩　承	姓　名	身　份	官　至	備　註
	苗浩			
浩	苗昱			

昱	苗銑			
銑	苗時雍	監生	常熟縣丞	
時雍	苗傑	貢生		
傑	苗煥	嘉靖四十三年舉人 隆慶五年進士	保寧府知府	
煥	苗有土	萬曆十三年舉人	知縣	
	苗廣土		金吾左衛指揮僉事	
	苗胙土	萬曆四十六年舉人 天啟二年進士	僉都御史	
胙土	苗士寅	廩生	安縣知縣	
	苗士容	順治五年武舉		
士寅	苗繩之		候選州同知	
士容	苗振之			
繩之	苗彭年	邑庠生		
	苗喬年	年貢 舉賢良方正	沁源訓導未仕	
喬年	苗大素	乾隆六年舉人		著《含章詩集》
	苗大綏			
大素	苗令琮	乾隆三十六年舉人	鄉寧教諭	著《一瓢山房》等
計有進士 2 人，舉人 3 人，武舉人 1 人。				

澤州城內呂氏家族

清吳省欽所撰寫的《鳳臺呂氏家廟碑記》中說，呂氏「世處汾州，明初諱發祥者始遷澤州，即今之鳳臺縣治，再傳至封朝議大夫成章」，桐城劉大櫆在《潁州府通判呂君轍墓表》內也提到呂氏「其先世家汾州，祖廷弼始遷澤州之鳳臺，廷弼子成章」，吳省欽提到的澤州呂氏始遷祖「發祥」與劉大櫆提到的始遷祖「廷弼」實為一人，是為澤州呂氏始祖。

呂氏在移民到澤州兩代後開始發科。第三世呂黃鐘，天啟五年進士，官至山東布政司右參政。第四世呂大咸，以歲貢官靈丘訓導。第七世呂轍，官潁州府通判；呂元亮，乾隆二十八年進士，官至刑部安徽司郎中。第九世呂貽慶，乾隆五十三年舉人，贊皇知縣。

呂氏雖然第三世已經顯露科第，但直到第五世的呂維純與其子呂資，即

呂元亮的祖與父，均為貢生，在鄉里頗有聲望，節衣縮食，才在呂氏家宅的東面創修家廟一二十楹，族中子弟皆讀書於其中。

呂氏府邸與家廟應該位於西街玉皇廟附近的呂宅巷中，玉皇廟中有呂黃鐘兩子呂大韶、呂大咸的施銀記錄，康熙三十七年的《重金玉皇大帝並侍衛諸神小記》內的鄉紳記錄有「呂三宅，諱大武」即呂應鍾長子呂大武。這些記錄透露了呂氏遷家澤州後的定居地信息，也反饋了呂氏熱衷於參與遷居地的鄉土建設，以期呂氏家族能更好的在澤州地域內發展下去的願望。

表 5-14　澤州城內呂氏家族科舉傳承簡表

輩	承	姓　名	身　份	官　至	備　註
一世		呂廷弼			由汾遷澤
二世	廷弼	呂成章			
三世	成章	呂黃鐘	萬曆四十三年舉人 天啟五年進士	山東僉事	
		呂應鍾		候選州同知	
四世	黃鐘	呂大韶			
		呂大咸	康熙年貢	靈丘訓導	
	應鍾	呂大武			
		呂大英			
五世	大武	呂紹端			
	大英	呂維純	乾隆年貢		
六世	紹端	呂寅	歲貢		
	維純	呂諮	廩生		
七世	寅	呂轍	貢生	潁州府通判	
	諮	呂元亮	乾隆二十七年舉人 乾隆二十八年進士	刑部郎中	
九世	轍	呂仁慶		休寧巡檢	
		呂貽慶	乾隆五十三年舉人	贊皇知縣	
		呂普慶	乾隆三十年拔貢		
	元亮	呂臨			
		呂觀			
計有進士 2 人，舉人 1 人。					

澤州鍾莊鍾氏家族

據張廷玉所撰的《皇清故處士西星鍾公墓表》，鍾氏世居「澤州晉城縣黃華廂」〔註10〕，譜牒失傳，可考者最早為元代處士鍾元。後代遷居本州陽城縣堯溝村、河南林縣合潤等處。

表 5-15　澤州鍾莊鍾氏家族科舉傳承簡表

輩	承	姓　名	身　份	官　至	備　註
		鍾元			元代處士
	元	鍾懷祖			
		鍾懷祺			
	懷祖	鍾順			
	順	鍾景昌			
	景昌	鍾厚	景泰年貢	鞏昌府經歷	
	厚	鍾儼			
	儼	鍾珣	庠生		
		鍾錫	正德八年舉人 正德九年進士	陝西副使	
		鍾銓			
		鍾銳			
		鍾鑾			
		鍾鏊			
		鍾鐮			
	珣	鍾鑑	嘉靖四年舉人 嘉靖八年進士	陝西參政	祀鄉賢
		鍾鑄			
		鍾鍔	嘉靖四年舉人		
		鍾釗			
		鍾銑			
		鍾鎏	監生	陝西苑馬寺寺丞	女適隰川朱俊緗
		鍾鋐			
		鍾鏵			

〔註10〕《三晉石刻大全・晉城市陽城縣卷》，《皇清故處士西星鍾公墓表》。

		鍾欽			
		鍾鈞			
		鍾鋒			
	鑑	鍾湛靈	嘉靖二十八年舉人	延安府同知 荊府長史	
		鍾澳靈	庠生		
	鑑孫	鍾材達			望鳳鄉君出
	湛靈	鍾才周	郡庠生		
	才周	鍾辰龍			
		鍾瑞龍	處士		
		鍾祥龍			
計有進士2人，舉人2人。					

澤州城內秦氏家族

　　秦氏家族是清代澤州府新崛起的望族，據竇光鼐為戶部員外郎秦嶠所撰的墓誌銘可知，其族先世太原，為唐清水郡公秦行師後人，後避梁晉之亂遷居平遙，「明初又遷高都，遂為澤州府鳳臺縣人」[註11]。秦家宅邸位於晉城老城的大十字西北。據耆老回憶，該處的旗杆院便是秦家宅邸，是一處南起西大街北側、北至北大街中段鐵路家屬院中、西至府衙街的龐大院落群，正門懸掛有「三世翰林」的門匾。

　　秦氏一族的崛起自秦嶠為始，秦嶠起官營田，善於經營，得到大學士蔣廷錫舉薦，得授官戶部山東司員外郎。四子秦由余、秦學溥、秦百里、秦紹雷，孫輩秦標、秦榀，均有官名。據《乾隆庚寅恩科順天鄉試同年齒錄》內秦榀家狀可知，秦氏有一支留在了滄州入籍鹽籍。

　　秦榀家狀未記載的乾隆二十五年舉人秦標、嘉慶十八年副貢秦梅，應該與其同族，但支系比較遠。《鳳臺縣志》《鳳臺縣續志》中還有秦景宇、秦文煥、秦念祖、秦頤齡、秦鶴齡、秦達齡、秦華齡等舉人和仕進者，秦恒齡這一輩以「壽年」取名，其中的秦頤齡等應該都是同族。

　　就目前已明確關係的秦氏族人，計有進士二、舉人三、入翰林一，可謂「三世科甲、四世簪纓」，是清代澤州府鳳臺縣境內首屈一指的科舉家族。

〔註11〕竇光鼐《省吾齋古文集》卷十《郎怡園秦君墓誌銘》。

表 5-16　澤州城內秦氏家族科舉傳承簡表

輩	承	姓 名	身 份	官 至	備 註
		秦奇遇			
	奇遇	秦世勳			
	世勳	秦嶠	諸生	戶部山東司員外郎	
		秦嵩		候選州同知	
	嶠	秦由余		雲南試用通判	
		秦學溥	乾隆十七年舉人	江南蘇松糧儲道	
		秦百里	乾隆十五年舉人 乾隆十六年進士	潁州府知府	
		秦紹雷	太學生		
	嵩	秦學浩	太學生		
		秦學詩	太學生		
		秦學禮			
		秦椿		候選縣丞	
	百里	秦樸	乾隆三十六年舉人		
		秦柵	乾隆三十五年舉人		
	紹雷	秦杞	太學生		
		秦桐			
		秦棠			
		秦榛			
		秦樞			
		秦柏			
	樸	秦永齡			
		秦永安			
	柵	秦彭年			
	杞	秦恒齡	嘉慶十三年舉人 嘉慶十六年進士	吳橋知縣	
		秦鶴年			
計有進士 2 人，舉人 3 人。					

澤州城西趙氏家族

　　澤州城西趙氏家族為宋太宗昭成太子之後，先居山河鎮土河村，七世祖趙毅始遷家於澤州城西郭，經四代到趙九思始有科名。苗胙土稱「趙氏四世，中舉南宮者一，領鄉薦者三，以科目充貢者一」〔註12〕，以畫名聞於時的趙嗣美正是來自這個家族。從目前已知的資料可查證，其族明清兩代共出進士二人，舉人三人。

表5-17　澤州城西趙氏家族科舉傳承簡表

輩	承	姓 名	身 份	官 至	備 註
一		趙毅			始遷郡城西郭
二	毅	趙燧			
三	燧	趙雄			
四	雄	趙錫			
五	錫	趙維邦			
六	維邦	趙九思	隆慶庚午科舉人 隆慶五年進士	中憲大夫 陝西按察司副使 四川夔州兵備副史	
		趙九經			
		趙九疇			
		趙九韶			
		趙九江			
七	九思	趙友益	郡廩生		早卒
		趙求益	萬曆二十二舉人		
		趙弘益	萬曆二十五舉人		
八	求益	趙嗣美	崇禎六年舉人 順治三年進士	福建僉事	子十人
		趙嗣彥	順治三年舉人	武邑知縣	
		趙嗣昌			
		趙嗣盛			
九	嗣美	趙永昭	貢生		
計有進士2人，舉人3人。					

〔註12〕苗胙土《大中丞苗晉侯先生文集》卷二《貢士趙子融墓誌銘》。

澤州城內司氏家族

澤州城內司氏家族在明代計出進士二人，舉人四人，在科舉上取得的成就是中國司姓最輝煌的，有明一代司姓中進士者六人，而澤州司氏占二。除司福、司迪兩人登甲科外，澤州司氏還有司憲、司牧、司文、司進等人登籲鄉試。

澤州司氏應該居住於州城內。根據隰川王府教授司巡墓在屋廈村、廣西道御史司福墓在屋廈村、陝西僉事司迪墓在白水村河北岸、堂邑縣知縣司進墓在葉家河村東南等幾個司姓族人得墓葬地，依據澤州州城及附近的世家大族的墓葬多選在屋廈村、白水等幾處得傳統，推測司姓一族應是居住於州城內，今東街辦事處的司家巷可能為其宅第所在。再據司福、司迪皆軍籍，可能與寧山衛存在聯繫。

軍籍「役皆永充」，軍戶不得遷徙不得改行，還經常受到各級衛所役使。因此，不少軍戶通過科考入仕、聯姻宗室等方式來擺脫軍籍，回歸主流社會。司氏一族也正是如此，希望通過科考等來改變低下的身份地位，這一點從其幾代人孜孜不倦的求名科甲以及聯姻宗室等行為中足以看出。

司家科名自司憲為始，司憲為永樂九年辛卯科舉人，先任南陽府推官，後擢鄭王府審理正。據司巡墓誌可知，司憲孫司牧娶懷慶府鄭簡王妃之妹。司氏一族早期主要活動在河南，與河南境內的宗室鄭藩、伊藩關係密切，與澤州本土得隰川王府也關係匪淺，通過宗室聯姻促進家族發展。比如司憲長子司齊為貢生，任伊王府審理正；司齊子司牧，官懷慶府溫縣教諭，娶鄭簡王妃妹張氏；司牧次子司巡，以例貢出仕，升至臨漳趙府正教授，因丁母喪歸家，補本州隰川王府教授。

司氏在取得科名後，仕途上以學職和刑職為主。司牧、司文、司巡、司五行均任官教職；司憲、司齊為審理正，掌管王府刑事；司迪任職提刑按察使司僉事，掌一省刑訟之事。但官階都不高，司福為正七品，司憲、司齊為正六品，司迪為正五品，官階最高的是司遵為二品中奉大夫，卻是靠尚鄭藩郡主所得。

表 5-18　澤州城內司氏家族科舉傳承簡表

輩　承	承	姓　名	身　份	官　至	備　註
		司禮卿			
	禮卿	司誠甫			
	誠甫	司憲	永樂九年舉人	鄭王府審理正	

	憲	司齊	貢生	伊王府審理正	
		司壽			
		司福	正統十二年舉人 天順四年進士	監察御史	
		司祿			
	齊	司牧	弘治二年舉人	溫縣教諭	
		司文	天順六年舉人	甘泉縣訓導	
	牧	司遵		鄭王府儀賓	
		司巡	例貢	隰川王府教授	
		司遂			
		司迸			
	文	司道			
		司遜			
		司迪	正德二年舉人 正德十二年進士	陝西按察使司僉事	
		司遠			
		司進	正德二年舉人	堂邑知縣	
	巡	司五經	貢生	朔州學正	
		司五行	庠生		
計有進士 2 人，舉人 4 人。					

澤州大箕衛氏家族

　　衛氏為大箕望族，主要居住於大箕鎮，其中一支於清代初期遷居滄州。衛正心、衛正禮為親兄弟，居住於大箕，並在澤州城內置有房產，各有一子中武進士。衛正身「國初大臣安撫至滄，率眾歸附」，徙居滄州入鹽籍，孫衛璠中進士。

表 5-19　澤州大箕衛氏家族科舉傳承簡表

輩	承	姓　名	身　份	官　至	備　註
		衛奉炳			
	奉炳	衛順			
		衛正身		贈光祿大夫	徙滄州
	順	衛正心			

		衛正禮			
	正身	衛其傑		授光祿大夫 候選州判	
	正心	衛漢超	康熙八年武舉人 康熙九年武進士	沅州游擊	
	正禮	衛若青	康熙八年武舉人 康熙十二年武進士	四川撫標中軍守備	
	其傑	衛璪	貢士	福建按察司副使	義士
		衛瑤	康熙二十九舉人 康熙三十年進士	陝西按察司僉事	
		衛瑛	拔貢	刑部員外郎	
	漢超	衛樞		和州知州	
		衛楷	康熙三十八年副榜	候選員外郎	
	璪	衛封濟	貢士	臨洮知府	
	瑤	衛封沛	歲貢	候選州同	
計有進士1人，武進士2人。					

澤州寧山衛丁氏家族

　　嘉靖《陝西通志》記載丁讓為「寧山衛人，舉人，知米脂」，萬曆《澤州志》也標注丁謹、丁讓為寧山衛籍，丁謹、丁讓、丁泰運墓都在張家嶺，此三人應該為入籍寧山衛的同族人。康熙年間武舉人丁錦、丁偉，疑為同族。

表 5-20　澤州寧山衛丁氏家族科舉傳承簡表

輩 承	姓 名	身 份	官 至	備 註
	丁樸			
樸	丁謹	嘉靖四年舉人 嘉靖五年進士	宜興知縣	
	丁讓	嘉靖元年舉人	米脂知縣	
	丁恪	廩生		
恪	丁顯祖			
顯祖	丁時正			
時正	丁泰運	崇禎三年舉人 崇禎十三年進士	河內知縣	
計有進士2人，舉人1人，武舉人2人。				

澤州西郜張氏家族

　　據《皇清太學生豐安張公暨配連孺人合葬墓誌銘》，西郜「張氏之先自洪洞遷於澤」，計出進士二人，舉人一人，武舉人一人，四人間關係不詳。依據《道光辛巳各省同年全錄》，其「曾祖崑瑞，祖大有，父宗仁」，舉人張樹標推斷為澤州城內人，依據《道光甲辰恩科直省同年錄》，其「曾祖大經，祖宗栻，父淑」，可以看出，兩個家族有三代人的名字出現高度關聯性，字輩為大、宗、水字旁。

表5-21　澤州西郜張氏家族科舉傳承簡表

輩	承	姓　名	身　份	官　至	備　註
		張一桂			
	一桂	張問行			
	問行	張璉			
	璉	張烈	康熙五年舉人 康熙九年進士	中書舍人	
		張捷武	康熙十六年武舉		
	捷武姪	張弘謨		縣丞	
		張恢謨			
	捷武孫	張樹聲	貢士		
		張樹穀			
		張樹本			
		張崑瑞			
	崑瑞	張大有			
		張大經			
	大有	張宗仁			
		張宗栻			
	宗仁	張涵	道光元年舉人 道光十三年進士	萊陽知縣	
	宗栻	張淑			
	涵	張可遠	庠生		
		張能敏		候選州同知河工效力	
		張可永	庠生		
		張可能	庠生		

	淑	張樹標	道光二十四年舉人	廣靈訓導	
	涵孫	張維鵬			
		張維寅			
		張維學			
		張維鴻			
		張維鶴			
		張維鵠			
	樹標	張煥廊			
計有進士 2 人，舉人 1 人，武舉人 1 人。					

澤州大陽張氏家族

據張養蒙墓誌銘和行狀，大陽張氏係出黃帝，為漢留侯張良之後，「先世居澤西北隅五十里一小莊，族寖大，人以張莊名其地，後徙居大陽，遂為大陽望族」，與東掩張氏為同族。

表 5-22　澤州大陽張氏家族科舉傳承簡表

輩承	承	姓名	身份	官至	備註
		張郁			
	郁	張順			
	順	張擴			
	擴	張穩			
	穩	張四維		儒官	
	四維	張啟蒙		禮部儒士	
		張養蒙	萬曆元年舉人 萬曆五年進士	戶部右侍郎	
	養蒙	張光房	萬曆十九年舉人 萬曆二十九年進士	光祿寺少卿	
		張光斗	蔭生		
		張光奎	蔭生	贈光祿寺卿	殉難
		張光樞			
	光房	張茂初	庠生		
	光奎	張茂貞		贈順天府儒學教授	殉難
		張茂恂		贈順天府儒學教授	殉難

		張茂和	廕生	工部都水司員外郎	
		張茂素	庠生		
		張茂琨			
		張茂璋			
	茂初	張碩抱	廕生		
計出進士 2 人。					

澤州楊窪王氏家族

據《蠡縣知縣拱垣王公墓誌銘》〔註13〕，王氏家族世居澤州城南，墓地在楊家窪。

表 5-23　澤州楊窪王氏家族科舉傳承簡表

輩	承	姓　名	身　份	官　至	備　註
六		王普			
七	普	王和			
八	和	王應道			
九	應道	王激			
十	激	王忠顯	萬曆四年解元	陝西按察司副使	
十一	忠顯	王□			
		王采	天啟四年舉人 崇禎六年進士	蠡縣知縣	
		王棐	增廣生		
十二	棐	王緒宏	崇禎九年舉人 崇禎十六年進士	戶部觀政	
計出進士 2 人，舉人 1 人。					

澤州寧山衛楊氏家族

明清兩代，澤州共有 3 位楊氏進士、6 位楊氏舉人、2 位武進士。萬曆《澤州志》中，楊秉鈴、楊淳、楊溥、楊鎬、楊爾中均標注為寧山衛人，楊砥、楊謨、楊瓚則標注為「州人」，應該屬於不同的兩支楊氏。雍正《澤州府志》時，已經將寧山衛全部標為「州人」。

〔註13〕王鐸《擬山園選集》卷六十七。

　　查碑刻可知，常見楊氏擔任寧山衛指揮、同知等，如金村顯慶寺中的《顯慶寺藏經記》中有「寧山衛指揮胡永、陳謨、楊顥」，原存長治沈王府的《大明宗室隰川王令旨》中「直隸寧山衛指揮同知澤州楊昭」。楊仙枝在科舉文獻中被標注為寧山人，實為寧山衛楊氏遺留的印記。

　　清代巴公舉人師周官在給大同楊氏所寫家譜中，提到楊砥、楊謨、楊仙枝等同族，應該是混淆寧山衛楊氏與本土楊氏所致。

　　寧山衛楊氏居住於澤州城內西街附近，在西街玉皇廟常見楊氏的相關記錄，如天順年，指揮楊信善等營修西街玉皇廟拜殿，楊仙枝父楊克慎在西街玉皇廟有施銀記錄。

表 5-24　澤州寧山衛楊氏家族科舉傳承簡表

輩	承	姓　名	身　份	官　至	備　註
		楊鎬	弘治十一年舉人		
		楊爾中	嘉靖十六年舉人	衛輝通判	
		楊秉鈴	武進士		
	秉鈴	楊淳	武進士		字建庵
		楊溥	萬曆四年舉人	伏羌知縣	字公庵
		楊君美			
	君美	楊心一			
	心一	楊克慎			
	克慎	楊仙枝	康熙五年舉人 康熙六年進士	翰林院檢討	
		楊脩枝			
	仙枝	楊文焯			
		楊文燦			
	修枝	楊文煥			
		楊文煜			
計出進士 1 人，舉人 3 人，武進士 2 人。					

澤州大陽龐氏家族

　　據陸深所撰《勅封徵仕郎刑科給事中龐公墓誌銘》，龐氏世籍「澤州大陽南里」，墓主龐能曾祖龐宏為洪武二十九年舉人，祖龐毅為永樂十五年舉人，子龐浩為正德十六年進士。

表 5-25　澤州大陽龐氏家族科舉傳承簡表

輩	承	姓　名	身　份	官　至	備　註
		龐資			
資		龐淵			
淵		龐沛			
沛		龐濟安			
濟安		龐宏	洪武二十九年舉人	訓導	
宏		龐毅	永樂十五年舉人	兵部郎中	
毅		龐聰			
聰		龐能			
能		龐浩	正德五年舉人 正德十五年貢士 正德十六年進士	河南按察司按察使	
		龐澤			
		龐沐			
計出進士 1 人，舉人 2 人。					

澤州大陽關氏家族

　　大陽關氏由解州遷居而來，據裴騫所撰關衛周墓誌銘，「先世自解州遷澤州之陽阿里」，關衛周對子孫教育特別重視，「不惜重費立家塾延名師，以經義訓諸子弟」，兒子關琪、侄子關琪先後中舉人。

表 5-26　澤州大陽關氏家族科舉傳承簡表

輩	承	姓　名	身　份	官　至	備　註
		關天欽		光祿寺署正	
		關和	貢生		
和		關克詵		候選州判	
克詵		關勰	監生		
勰		關衛周	監生		
		關衛邦			
衛周		關琪	乾隆三十六舉人	右玉教諭	
		關玨			

	關琪	乾隆三十年舉人		
衛邦	關廣譽			
珙	關大年			
廣譽	關遐年	乾隆四十二年舉人 乾隆四十九年進士	廣西平樂知府	
	關彭年	乾隆五十七年舉人	忻州學正	
計有進士 1 人，舉人 3 人。				

澤州渠頭李氏家族

　　渠頭李氏家族號稱「澤潞首富」，是明代澤州境內首屈一指的世家大族。渠頭李氏為唐朝宗室後裔，唐末因避「偽梁之篡」〔註14〕自關中遷居堀頭莊（巴公鎮渠頭村），先代世業耕讀，至明代則顯，大陽裴騫曾以「金玉輝映、蟬聯亦赫、袍笏滿庭」來形容其族。

　　李氏一族歷史上共出一進士、三舉人。第六世李斐中永樂十五年舉人，為家族首個舉人。至第八世言字輩呈現「井噴」狀，李訓為天順六年舉人，官至貴州都勻府知府；李諒為成化八年壬辰科進士，官至南京禮部郎中；李訥為弘治五年舉人，官至敘州同知；另外還有五城兵馬司指揮李詵，其女為隰川王府莊隱王妃，是代藩隰川王遷來澤州後的第一個王妃，之後幾乎每代都有聯姻。李氏科舉之盛得益於家族世代經營鹽業，「家累數十萬金」，富甲一方，這也是隰川王府與本土宗族李氏聯姻的關鍵原因。

　　從明代中葉到清代早期，李氏一族從商的人非常多。第七世李琰為旌表義官，生子五人，第五子李謫「泛海饒財，積貨雄淮南北」；李謫之子李槁商於淮揚，「挾資鉅萬」；李謫侄子李莊同樣「商於淮揚間，人皆以儒商稱焉」，其子李一鯤亦善於經商；第十二世李常「去之齊魯間，揮□東海之畔，鼓策魚鹽，動戍弋獲歸，解囊轍□千金」，德行受到張光繡的極力推崇。其子李廷棟、李建中，孫子李維祺，曾孫李天培等均繼承祖業，行商南北。

　　渠頭李氏家族與白水鍾氏、宗藩隰川宣寧二府、大陽孟氏家族、高平北莊郭氏家族、高平邢村邢氏家族等有著姻親關係。自第八世之後，可能由於王府宗親的關係，李氏科名漸衰，李諒就曾因王府宗親的關係受到彈劾。至清代也僅有李雍由貢生出仕內閣中書舍人。

〔註14〕濟源《河頭李氏仝族全譜》，清鈔本。

表 5-27　澤州渠頭李氏家族科舉傳承簡表

輩	承	姓名	身份	官至	備註
一		李宣			
二	宣	李實			遷居大箕
		李安			
		李秀			遷居大箕
三	安	晏			
四	晏	李行義			
五	行義	李仲仁			
		李得源			
六		李斐	永樂十五年舉人		
	得源	李振			
七	斐	李選	庠生		
	振	李琰			
		李綸		醫學典科	
八	選	李訓	天順六年舉人	都勻知府	
		李璡			
	琰	李詵		五城兵馬司指揮	女為莊隱王妃
		李訥	弘治五年舉人	敘州同知	
		李誠			
		李謨			
		李謫			字有□
	綸	李諒	成化元年舉人 成化八年進士	南京戶部郎中 靜寧州知州	字有信
		李記			
		李志			
九	璡	李克能			
	詵	李薇			
		李芝		五城兵馬司指揮	
		李芹			
	誠	李莊		沈府引禮	字時敬，號東園
		李菭	監生	四川馬湖府推官	字時佩，號左坡，居王臺
	謨	李雀		宣寧府典膳	

	讁	李槁		
	諒	李時芳		
		李時蕚		五城兵馬司指揮
		李時蕃		
		李時英		醫學典科
		李時美		
十	克能	李學詩		
		李學禮		
	莊	李一麟		薊州吏目
		李一鯨		隰川王府儀賓
		李一鯤		
	菹	李一龍	監生	
		李一鵬	庠生	
	雀	李釗		儀賓
		李鏞		儀賓
	槁	李延松		
		李延柏		
	時芳	李九齡	貢生	臨江經歷
		李九韶	貢生	東光主簿
	時蕚	李九鼎		
		李九□		醫學典科
	時蕃	李九鼎		
		李九霄		
	時英	李九成		儀賓
		李九峰		
	時美	李九垓		
		李九坯		
十一	學詩	李春榮		
		李春輝		
	學禮	李春盛		
		李春□		
	一麟	李宗郜		寧山衛司隸
		李天敘		

十二	天敘	李堂			
		李常		禮部儒官	
十三	常	李廷棟	庠生		
		李建中	國子生		
十四	廷棟	李維祺	庠生		
		李維城			
	建中	李維裕	庠生		
十五	維祺	李雍	監生	內閣中書舍人	
		李闓			
	維城	李天培			
十六	雍	李承先	貢生	光祿寺典簿	
	承先	李勳	歲貢	候選州判	
		李煦			
計有進士 1 人，舉人 3 人。					

澤州呂匠侯氏家族

據《兵部尚書侯公神道碑》，侯氏為「山西澤州呂莊著姓」，以兵部尚書侯璡而聞名三晉，子侯爵蔭官錦衣衛正千戶，世襲七代。又據《明故晉府引禮苗長公合葬墓誌銘》，舉人侯鼐為侯璡裔孫，侯庶為侯鼐弟。

表 5-28　澤州呂匠侯氏家族科舉傳承簡表

輩	承	姓　名	身　份	官　至	備註
		侯伯謙			
	伯謙	侯慶先			
	慶先	侯大亨			
	大亨	侯璡	永樂二十一年解元 宣德二年進士	兵部尚書	
	璡	侯爵	正統十二年舉人	蔭錦衣衛世襲千戶	
	爵	侯侃		蔭錦衣衛世襲千戶	
		侯偉			
		侯儀			
	侃	侯夔		蔭錦衣衛世襲千戶 以軍功進錦衣衛指揮僉事	

夔	侯烈		蔭錦衣衛世襲千戶	
烈	侯序		蔭錦衣衛世襲千戶	
序	侯秉公		蔭錦衣衛世襲千戶 以侍衛東宮進錦衣衛指揮僉事	
秉公	侯嘉正		蔭錦衣衛指揮僉事	
	侯庶	嘉靖十九年舉人	臨清知州	
	侯鼎	嘉靖二十二年	青縣知縣	
計出進士1人，舉人3人。				

澤州董氏家族

據《順治四年丁亥科進士履歷便覽》董琰家狀，其「曾祖嘉謨，前壬午舉人，直隸定州知州；祖三策，增廣生；父緒，壬午舉人」，董氏籍貫不詳，或為泊村，或為澤州城內，或為堯頭。

表 5-29　澤州董氏家族科舉傳承簡表

輩　承		姓　名	身　份	官　至	備　註
		董思昭			
	思昭	董嘉謨	萬曆十年舉人	直隸定州知州	
		董嘉誼	萬曆年貢		
	嘉謨	董三策	增廣生		
	三策	董緒	崇禎十五年舉人	淮安同知	
	緒	董琰	順治三年舉人 順治四年進士		
計有進士1人，舉人2人。					

澤州寧山衛孔氏家族

澤州孔氏的具體來源並不明晰。康熙二十年，孔子六十五代孫孔衍晦給澤州天井關孔廟撰寫的《回車廟碑記》說，唐朝時孔子第三十八代孫孔戡遷居山西澤州天井關，「迄今澤之孔氏半出闕里之派，有田然也」。由此可知，澤州境內的半數孔姓都是孔子第三十八代孫孔戡的後人。錢載《籜石齋文集》卷二三的《誥封恭人劉母孔氏墓誌銘》，記載有劉滋善之妻、武解元孔興鈞之女的墓誌銘，謂「孔氏係出東魯」。

澤州孔氏在明代應該有一支入籍寧山衛軍籍。依據孔斯和的舉人家狀，

其為寧山衛軍籍。清代澤州孔氏有 1 名武進士、3 名武舉人，分析原因可能與其寧山衛軍籍出身有關，與澤州楊氏家族在明末清初出現多名武科族人的情況相同。

　　澤州城內孔姓大概居住在東城門附近，靠近寧山衛所，在城東一些廟宇的紳者名錄中也確實有孔姓存在。如玄妙觀中有武進士孔毓潤的施銀記錄。澤州城南地域偏遠貧瘠，此地大族在發跡後往往遷居城內，如大箕衛氏、楸木窪王氏後人都曾在州城西街置宅。孔氏有功名者，可能主要是居住在城內的一支。明清兩代，澤州孔姓有進士 1 人，武進士 1 人，舉人 4 人，武舉人 3 人，貢生 6 人。

表 5-30　澤州寧山衛孔氏家族科舉傳承簡表

輩	承	姓　名	身　份	官　至	備　註
		孔瑺	正德八年舉人	吳橋知縣	
	瑺	孔思智			
		孔思諫			
		孔乾	生員		
	思諫	孔繼堯			
	乾	孔調元	萬曆十年舉人	淮安府同知	
	繼堯	孔得貴			妻焦氏有節行
	調元	孔文維	庠生		
		孔文綸	貢士		
		孔文綯	庠生		
		孔文紳	儒士		
		孔文燁			
	得貴	孔文明	順治二年舉人 順治十二年進士	南宮知縣	
		孔辰象			
		孔斯來	庠生		
		孔斯行			業儒
	文綯	孔斯和	崇禎十二年舉人	瀘州知州	
		孔斯立	庠生		
		孔斯盛			業儒

		孔斯百			業儒
		孔斯信			業儒
	文明	孔興晉			
	辰象	孔鐸			
	斯和	孔會			
		孔企			
		孔介			
		孔駿			
		孔俞			
		孔念			
		孔金			
		孔全			
	鐸	孔毓潤	康熙四十一年武舉人 康熙四十五年武進士	福建延平府游擊	
計有進士1人，武進士1人，舉人2人。					

澤州周村郭氏家族

周村郭氏因郭象升而聞名三晉，清末科甲不斷，府邸曾懸掛「振三堂一門四戶，沂水官三子十孫」。依據郭煥芝履歷家狀和其他資料記載，整理譜系可知，所謂「振三堂一門四戶」即郭俊三有四個兒子郭兆熊、郭廷彥、郭承謙、郭廷弼。「沂水官三子十孫」的沂水官為山東沂水知縣郭宗式，有郭煥芝、郭煥堂、郭煥藻三個兒子，郭象頤、郭象恒、郭象升、郭象蒙等十個孫子。五代人共出舉人四人，副榜一人，拔貢二人，稱得上科舉世家。

表 5-31　澤州周村郭氏家族科舉傳承簡表

輩	承	姓　名	身　份	官　至	備　註
		郭元壁			
	元壁	郭文公			
	文公	郭永義			
		郭永敬			
	永敬	郭俊三	太學生	直隸州分州	
		郭俊都	太學生		
		郭俊升	太學生		

永義	郭俊基	道光元年舉人	盂縣教諭	
	郭俊卿	貢生		
	郭俊英		運糧千總	
俊三	郭兆熊	邑庠生		
	郭廷彥	道光五年副榜	候選州判	宗式本生父
	郭承謙		候選同知	
	郭廷弼		督查院都事	
	郭廷聯		杭州府經歷	
兆熊	郭統勳			
	郭宗式		山東沂水知縣	總斌
	郭建章		候選同知	
	郭繡練		山東候補府經歷	
	郭綸燦	郡增生		
	郭維城			
	郭維藩		議敘八品	
	郭維翰			
統勳	郭煥		按察司照磨	
	郭煥辰		候選吏目	
	郭煥昭			
	郭煥珠			
宗式	郭煥芝	同治十二年舉人	五品銜	
	郭煥堂	邑庠生		
	郭煥藻		業儒	
	郭象震		從九品	
	郭象謙	國學生		
	郭象頤	山西大學堂畢業獎給舉人出身		
煥芝	郭象觀			
	郭象恒	宣統二年拔貢	補用州判	
	郭象升	宣統二年拔貢		
	郭象蒙	山西大學堂畢業獎給舉人出身	長蘆補用鹽大使	
計有舉人 4 人，副榜 1 人。				

澤州城內崔氏家族

　　澤州城內崔氏，世居文廟巷，祖籍高平古覃村，明洪武初始祖崔成從戎於河南開封府，後調寧山衛，占籍澤州，任保義校尉右營對正。第四代崔演中天順三年舉人，官至安徽瑞安知縣。第十五代崔文鑣中道光二十六年舉人，任陝西涇陽知縣。另《澤州志》中，嘉靖二十五年舉人崔璞為寧山衛籍。道光二十年舉人崔永貞、道光二十四年舉人崔沆皆居住於文廟巷，與崔文鑣、崔鏡溶父子履歷家狀中的「世居文廟巷」相符，應該都是明代寧山衛崔氏後代。

表 5-32　澤州城內崔氏家族科舉傳承簡表

輩	承	姓　名	身　份	官　至	備　註
一		崔成		寧山衛保義校尉右營對正	
二	成	崔溥才		壽官	
三	溥才	崔俊	邑庠生	鄉飲介賓	
四	俊	崔演	天順三年舉人	安徽瑞安知縣 署理鳳陽府事	
五	演	崔鈺	廩膳生		
六	鈺	崔鍾岳	郡庠生		
七	鍾岳	崔騰元		壽官	
八	騰元	崔經	邑庠生		
九	經	崔邦亮			
		崔邦瑞	邑庠生		
十	邦亮	崔崑璽	庠生		
	邦瑞	崔崑瑾	歲貢生	候選訓導	
		崔崑瑚	庠生		
		崔崑珩	庠生		
十一	崑瑾	崔象泰	郡庠生		
		崔象斗	康熙歲貢生		
		崔象辰	太學生		
		崔象乾	庠生		
		崔象暐	庠生		
		崔廷佐	庠生		
		崔廷儀	乾隆三十六年副榜		

		崔廷佑	乾隆四十四恩貢		
十二	象泰	崔士傑		鄉飲耆賓	
		崔士喆	邑增廣生		
		崔士敏	庠生		
		崔士式	庠生		
十三	士傑	崔晉階	優廩生		
		崔桂元			
		崔桂叢			
		崔桂枌	太學生		
		崔桂馥	太學生		
		崔桂榲	附貢生		
十四	晉階	崔聯奎	優庠生	鄉飲介賓	
		崔肇奎			
十五	聯奎	崔文鑣	道光二十六年舉人	涇陽知縣	
		崔文基	歲貢	清源鄉學訓導	
十六	文鑣	崔鏡湖	廩生		
		崔鏡湘	庠生		
		崔鏡江	監生		
		崔鏡溶	拔貢		
十七	鏡溶	崔葆棻			
計有舉人 5 人，副榜 1 人。					

澤州大張郭氏家族

　　大張郭氏世籍澤州大張村，世習《禮記》而出舉人三人。據郭昭墓誌銘，「驗環資學有益，遣入京師，投明師友正士講道三年而歸，果以《禮經》領鄉薦」，即郭昭子郭環習《禮記》得中舉人。《嘉靖二十八年山西鄉試錄》，郭環子郭志仁同樣習《禮記》。

表 5-33　澤州大張郭氏家族科舉傳承簡表

輩	承	姓　名	身　份	官　至	備　註
		郭昭		河陰縣典史	
	昭	郭璡			

		郭璉			
		郭環	弘治十四年舉人	兵部司務	
		郭志寧			
		郭志宏			
		郭志寶			
		郭志德			
		郭志學	嘉靖十九年舉人	安樂知州	
	環	郭志仁	嘉靖二十八年舉人	真定通判	

計有舉人 3 人。

澤州高都李氏家族

據馬鑄式《高都文苑紀略》，李青藜號太照先生，「弟曰青霞，姪曰本淵，相繼登賢書，具有才藻，所集《高都志》其一斑也」〔註15〕。

表 5-34　澤州高都李氏家族科舉傳承簡表

輩	承	姓　名	身　份	官　至	備　註
		李青藜	康熙五十二年舉人	臨汾教諭	
		李青霞	雍正二年舉人		
	青霞	李本淵	乾隆十二年舉人		

計出舉人 3 人。

澤州東掩張氏家族

澤州東掩張氏係出張莊張氏，白胤謙在《清故冀山張封翁墓誌銘》中提到，張氏「先氏稱為留侯，裔居澤西北之張莊村，金元時慮丁繁，析之各里，郡之張，八九其族也」，東掩張氏與大陽張氏、夏莊張氏應該都出自張莊張氏。據畢振姬所撰《給事中張京合葬墓誌銘》，張氏自張所蘊「六世祖徙居河東，別為河東之張」。

現存東掩村鎖水閣上的匾額落款為「內府工科張鄉宦、承務郎候選州同知張二宅、己酉經魁曲沃教諭張一宅、甲子舉人揀選知縣張五宅　施地基」，「內府工科張鄉宦」即工科給事中張京，「己酉經魁曲沃教諭張一宅」即曲

〔註15〕光緒《鳳臺縣續志》卷四。

沃教諭張恕禎，「甲子舉人揀選知縣張五宅」為康熙二十三年甲子科舉人張惠宣。

表 5-35 澤州東掩張氏家族科舉傳承簡表

輩	承	姓 名	身 份	官 至	備 註
一		張讓			遷河東
二	讓	張伍	庠生		
三	伍	張朋			
四	朋	張倫			
五	倫	張孟春	庠生		
六	孟春	張鳳陽	庠生		
七	鳳陽	張所蘊			
八	所蘊	張京	天啟元年舉人	工科給事中	
九	京	張恕禎	康熙八年舉人	曲沃教諭	
		張惠宣	康熙二十三年舉人	揀選知縣	
計有舉人 3 人。					

澤州三家店溫氏家族

澤州三家店溫氏，清代出舉人 2 人，武舉人 1 人。溫文龍，康熙十一年武舉。溫中和，嘉慶九年舉人，吏部揀選知縣。溫希嶠，道光十七年舉人，更名景洛。溫永興，分鎮瓊州府參將。有功名族人甚多，如溫德潤，字繡林，鳳臺人，《國朝山右詩存》輯有其詩一首《內人六十初度》。溫汝徵，吏部候選州同知。溫栗，乾隆年貢，潞安府訓導。溫乃升，雍正十三年拔貢，乾隆十二年五月任震澤縣縣丞。溫植，貢生，吏部候選儒學訓導。溫士銓，貢生，山陰縣司訓。溫仰中，增生。溫綸，乾隆五十年恩貢。

珏山《乙亥春遊可遇亭詩碑》所記的，「監生溫湘藻，字半齋；溫乃升，字允階；溫乃權，字仲宜；溫吉圖，字寶林」，應該都是三家店溫氏族人。同遊者均為現今澤州縣巴公、高都一代人，如同行者中的董氏為泊村人，李氏為渠頭人，門氏為高都人。溫湘藻與渠頭李氏交好，且常與渠頭石匠世家景安齋續氏一同刻碑。

表 5-36　澤州三家店溫氏家族科舉傳承簡表

輩	承	姓　名	身　份	官　至	備　註
		溫文龍	康熙十一年武舉		
		溫中和	嘉慶九年舉人	揀選知縣	
		溫希嶠	道光十七年舉人		
計有舉人 2 人，武舉人 1 人。					

高平北莊郭氏家族

　　高平北莊郭氏係出汾陽，據郭城墓誌，「其先太原人，始祖恩賈於澤之高平，乃後遂籍高平，於是高平郭氏凡十世而子姓繁衍，甲科祿食，代不乏人」，子孫分居於北莊、高平城、建寧等處。郭氏世家為高平望族之首，明清兩代共出進士 6 人，舉人 12 人，武舉人 1 人。

　　郭東在《桂香亭記》中寫道，「郭氏一門父子兄弟三世八舉一進士」，「弘治七年，迄今萬曆二十一年癸巳，又越九十九年矣，領鄉薦者又九人，登甲科者又五人」，「自正統甲子彥彬府君以文學起家，迄今萬曆二十一年癸巳，周二花甲總一百五十年矣，中間甲科六人，鄉科十七人，歲薦例貢二十五人，徵士一人，恩蔭一人，誥敕封贈男婦共三十人」。

表 5-37　高平北莊郭氏家族科舉傳承簡表

輩	承	姓　名	身　份	官　至	備　註
一		郭恩			原籍太原
五		郭景昭			
六		郭欽			
七	欽	郭文	正統十三年舉人	湖廣道御史	
		郭質	正統九年舉人	光州知州	
		郭宗	景泰七年舉人	原武知縣	
		郭宥	弘治五年鄉貢	教授	
	質	郭定	天順六年舉人 成化十一年進士	鄭州知州	
		郭拱宸	弘治二年舉人	雞澤教諭	
		郭棌	弘治十一年鄉貢	易州同知	
		郭完	弘治十五年鄉貢	教授	

		郭宏	例貢		
	文	郭騫	成化十六年舉人	揚州同知	
	宜	郭拱樞	正德八年舉人	澄城知縣	自號北莊拙人
		郭拱極	嘉靖五年鄉貢		
八	定	郭坤	弘治二年舉人	霸州知州	
		郭城	例貢	安州州判	
		郭增	弘治十四年舉人	濟南通判	
		郭堪	嘉靖七年鄉貢		
		郭壕	嘉靖三十年鄉貢		
		郭埏	嘉靖三十二年鄉貢	隆慶衛訓導	
		郭□			
	拱極	郭三謨			早卒
		郭三畏	庠生		
		郭三知	庠生		
		郭岐	正德九年鄉貢	教授	
	宗	郭峻			早卒
		郭垠	嘉靖七年舉人	金州知州	質二房孫
		郭淳	成化十九年舉人		
	坤	郭鋆	正德十四年舉人 嘉靖十一年進士	工部左侍郎	
		郭鑾	嘉靖十三年舉人 嘉靖十四年進士	河南副使	
	城	郭鑾	嘉靖十年舉人	藩府長史	
		郭鎣	嘉靖十年舉人 嘉靖十四年進士	南京工部右侍郎	
	拱極孫	郭四箴			
		郭四勿			
		郭四□			
	峻	郭紹芳		封承德郎刑部主事	
		郭紹武		由吏員准入未如流考選	
十	紹芳	郭東	嘉靖二十五年舉人 嘉靖三十五年進士	南京刑部主事 太常卿	宗曾孫
	鋆	郭治己			

		郭治統	廕生	兩浙運司	
		郭治詩	由附例		
		郭治禮	由附例		早卒
	盤	郭治暉		布政司經歷	
		郭治光		真定府經歷	
		郭治熙		原武縣主簿	
	鑒	郭治泰		耀州吏目	
十一	東	郭嗣煥	萬曆十年舉人 萬曆二十年進士	蘇州同知	
		郭嗣炳	萬曆二十五年武舉	指揮僉事	
	治暉	郭奇策		經歷	
	治統	郭獻策		由附歷兩浙運司	
十二	嗣煥	郭基洪		序班	
		郭士基	同治三年舉人	廣靈訓導	
計出進士 6 人，舉人 12 人，武舉人 1 人。					

高平良戶田氏家族

　　高平良戶田氏以內翰林國史院學士、戶部左侍郎田逢吉為代表，明代萬曆年間，第六世田可久、田可貢兄弟中舉開始，至康熙晚期，計出進士 3 人，舉人 4 人。

表 5-38　高平良戶田氏家族科舉傳承簡表

輩	承	姓　名	身　份	官　至	備　註
		田伋		壽官	
六		田可久	萬曆十年舉人	澠池縣知縣	
		田可貢	萬曆十六年舉人	嘉祥縣知縣	
		田可助		訓導	
		田可立	庠生		
	伋	田可耘		儒官	
		田可樂			
		田鍾玉	順治二年舉人		
		田馭貴	貢士	羅山縣訓導	

可助	田馭相	恩貢	饒陽縣知縣	
	田馭萬	庠生		
	田馭彝	庠生		
	田馭鼎	庠生		
	田安世		山東膠州同知	
	田覺世	庠生		
可樂	田馭遠	庠生		嗣可耘
	田逢年	廩生		
	田躍龍	庠生		
	田麟徵	庠生		
	田奎徵	庠生		
	田逢隆	庠生		
	田弘基	庠生		
	田逢禎			
	田逢昌			
	田麒徵	庠生		
馭相	田光復	康熙三十五年舉人 康熙三十六年進士	鄒縣知縣，丁憂候補	
	田逢晨	國學生		
馭遠	田逢吉	順治十一年舉人 順治十二年進士	內翰林國史院學士 戶部左侍郎 浙江巡撫	
	田茂檜	庠生		
	田叔曉	廩貢生		
逢吉	田昶	庠生		
	田裕	國學生		
	田暲	庠生		
	田樹紀	廩生		
	田增	庠生		
	田福	庠生		
	田恪宸	廩貢生		
	田坦	祀生		

		田昭		業儒	
		田暹		業儒	
		田曙		業儒	
		田曦		業儒	
		田樹俟	庠生		
	昶	田長文	康熙熙四十四年舉人 康熙四十八年貢士 康熙五十一年進士		
		田次何	康熙五十三年舉人	通州同知	
		田如錫		業儒	
		田祖望			
		田肇業		業儒	
		田振業		業儒	
	長文	田毓碩			
		田毓穎			
		田毓奇		業儒	
		田毓瑞			
計出進士 3 人，舉人 4 人。					

高平唐安陳氏家族

　　唐安陳氏源出南朝建安王陳叔卿，隋代大業年間因官徙居高平，今高平唐安、陳村、沁水賈寨之陳姓皆為其後裔，分「上梁陳」、「下梁陳」之區別。

　　《戶部司務孝廉壺山陳公墓表》中提到：

　　　　唐安之在高平上梁也。隋徙江左諸陳於隴蜀，建安王叔卿起唐安，大業中為都官郎、上黨通守，家上梁，著其房為唐安，是為南陳。南陳祖潁川長城，別於高平之東陳，東陳衰而南陳始大。唐興，宰相叔達、儒學京、良吏君賓，與孝友童子饒列傳。金明昌間，載狀元墓距唐安里許。有明割上梁隸高平‧下梁隸沁水。科舉幾三百年，高平舉卣、舉熹，下梁策、上梁璨，後先成進士。璨，壺山之從祖也。皆祖智，智生銀，銀生進、忠、孝，忠子璨，詳邑志，進生瑞，瑞五子，其四諱惇。惇四子，長壺山伯昭諱挺。

　　金代唐安陳氏出狀元陳載，明初有陳卣、陳熹中舉人，陳魯舉人材得官

兵科給事中。據成化《山西通志》，陳魯侄子陳敬以軍功得太原左衛前千戶所百戶，太原左衛陳氏也係出唐安陳氏。

> 陳魯，高平人，永樂間以遺賢及精象數之學，召授兵科給事中，上表懇辭，宣德間復召入覲，恩遇殊至，尋以疾歸隱。子卣，中永樂庚子鄉舉，除靜安州學正。從孫璠，以武功授太原左衛前千戶所百戶；壁，中天順壬午鄉舉，登成化壬辰進士第，除嘉興知縣。〔註16〕

唐安係出之賈寨、陳村、唐安、太原左衛陳姓，共出進士5人，舉人3人。

表5-39 高平唐安陳氏家族科舉傳承簡表

輩	承	姓 名	身 份	官 至	備 註
唐安陳氏					
		陳智			
	智	陳銀			
	銀	陳進		壽官	
		陳忠			
		陳孝			
	進	陳瑞	庠生		
	忠	陳瑚			
		陳璨	嘉靖四十三年舉人 萬曆五年進士	南京行人司司副	
		陳珠			
		陳瑞			
	瑚	陳恫		光祿寺署丞	
		陳惇		鄉飲耆賓	
	惇	陳娗	崇禎十二年舉人	戶部司務	
		陳㟃	庠生		
		陳娃	庠生		
		陳煥			
	娗	陳均揆			

〔註16〕成化《山西通志》卷十。

		陳均持			
		陳均掄			
		陳均捷			
	太原左衛陳氏				
		陳亮			
		陳魯		兵科給事中	
亮		陳志皋			
魯		陳卣	永樂十八年舉人	靜寧州學正	
志皋		陳敬		太原左衛前千戶所百戶	
敬		陳璠		太原左衛前千戶所百戶	
		陳壁	天順六年舉人 成化八年進士	都察院右副都御史	
壁		陳漢	成化十六年舉人		
		陳澍	成化十九年舉人 弘治三年進士	山東按察司副使	
		陳瀗		太原左衛前千戶所百戶	
明清計出進士4人，舉人3人。					

高平唐安馮氏家族

　　唐安馮氏為高平著族，據張養蒙所撰馮春墓誌銘，其族自馮德起為第一代。本書依據《萬曆丙戌科進士同年總錄》馮養志家狀、《康熙五十七年進士登科錄》馮嗣京家狀，結合《康熙己丑科會試同年齒錄》內高平良戶進士田長文家狀所記錄的「曾祖母馮氏，誥封夫人，庠生諱景明公女，前丙戌進士，吏部文選司郎中諱養志公孫女」，確定明代進士馮養志、清代進士馮嗣京為同族。唐安馮氏共出進士2人，舉人2人。

表 5-40　高平唐安馮氏家族科舉傳承簡表

輩	承	姓　名	身　　份	官　　至	備　註
一		馮德			
二	德	馮深			
三	深	馮賷			
四	賷	馮裕			

五	裕	馮顯	嘉靖二十五年舉人	山東按察司僉事	
六	顯	馮春		儒士	
		馮□			
七	春	馮養性	廩生		
		馮養志	萬曆十年舉人 萬曆十四年進士	吏部郎中	
		馮養心			早卒
		馮養大			
	□	馮養蒙			
		馮養正			
		馮養氣			
八	養性	馮秋闈			早卒
		馮延壽			早卒
	養志	馮昌明			堯年
		馮景明	庠生		舜華
		馮昺明			早卒
		馮晟明			
		馮旭明			
		馮昱明			早卒
九	景明	馮鼎樞	順治十七年舉人	沁州學正	
十	鼎樞	馮銘			
十一	銘	馮如拯	廩生		
		馮嗣京	康熙五十年舉人 康熙五十七年進士		
計出進士 2 人，舉人 2 人。					

高平孝義祁氏家族

　　以清末兩廣總督祁墳為代表的高平孝義祁氏，是清晚期高平最顯赫的家族。據《祁氏先世遺跡及見忘錄》記載：「明季其先祖有公得者，從洪洞遷來，寓居孝義村，遂為孝義始遷祖。後分東西兩房，長支自省為東房，次支自會為西房，祁墳東房之傑出者」。清末祁氏出進士 2 人，舉人 5 人，副榜 2 人。

表 5-41 高平孝義祁氏家族科舉傳承簡表

輩	承	姓 名	身 份	官 至	備註
一		祁公得			
二	得	祁自省			
		祁自會			
三	自省	祁時秀			
四	時秀	祁必大			
五	必大	祁順昌			
		祁顯昌			
六	順昌	祁璉			
		祁珮			
		祁琢			
		祁琛			
		祁瑾	例貢		
七	琢	祁斯浩	例貢		
		祁斯滄			
		祁斯清			
八	斯滄	祁杲		工部員外郎	
九	杲	祁汝燮	嘉慶五年舉人		
十	汝燮	祁壿	嘉慶十二年舉人 嘉慶二十二年進士	知州	
		祁墇	乾隆六十年舉人 嘉慶元年進士	兩廣總督	
		祁壩	嘉慶十二年副榜		
		祁垛			
十一	壿	祁之鍵		祁縣訓導	
		祁之鑅	咸豐五年舉人	平順教諭	
		祁之鈫		貴州布政司經歷	
		祁之錕			
	墇	祁之釬	道光十一年舉人	沙縣知縣	
		祁之銓	廕生	員外郎河南汝寧府署汝光道	
		祁之鐔			

		祁之鏐	廕生	四川茂州知州山東武定府知府	
		祁之鑅	道光二十三年舉人	灤州知州	
	垠	祁之鈐	嘉慶二十四年舉人	睢寧知縣	
		祁之銑	例貢		
		祁之鐄			
十二	之銓	祁惇	咸豐五年副榜		
計出進士 2 人，舉人 5 人，副榜 2 人。					

高平西關張氏家族

　　高平西關張氏以張沔較為知名，家世不詳。據《順治三年丙戌科會試四百名進士三代履歷便覽》中張沔、張流謙家狀，方知二人不僅為同榜進士，而且是同父同母的親兄弟。不同的是張沔習《禮記》，張流謙習《易經》。

表 5-42　高平西關張氏家族科舉傳承簡表

輩	承	姓　名	身　　份	官　　至	備　註
		張齊			
		張昌			
	齊	張國綱		鄉賓	
	昌	張國仁	萬曆二十八年舉人	陳州知州	
	國仁	張鑒	生員		
		張鍈			
	鑒	張流謙	順治二年舉人 順治三年進士	衡陽知縣	
		張沔	順治二年舉人 順治三年進士	湖廣巡撫	
	沔	張瀁			
	瀁	張烺	庠生		
計有進士 2 人，舉人 1 人。					

高平市望牛氏家族

　　據陳廷敬所撰牛兆捷墓誌銘可知，市望牛氏「世居澤州高平邑」。牛氏主要在清代科考取得成就，《清稗類鈔》中記載牛位坤在清朝定鼎後，「棄諸生籍，混跡博徒酒人間，絕不復言科舉事」，「且耕且賈以自食」，自建六宜亭讀

書其間。子牛兆捷在康熙十四年高中舉人，是牛氏發科的開始，後世多有族人登頂科考。褚大文在所寫牛兆捷墓表中寫道其「孫、曾孫多籍庠校」。市望牛氏在清代計出進士二人，舉人一人。

表 5-43　高平市望牛氏家族科舉傳承簡表

輩	承	姓　名	身　份	官　至	備　註
		牛位坤			
	位坤	牛兆捷	康熙十四年舉人 康熙二十四年進士	灌陽知縣	
		牛兆甲			
		牛兆鼎			
	兆捷	牛道宏			
		牛道肅			
		牛道遠	雍正元年舉人		
		牛道誠	乾隆十五年恩貢		
	道宏	牛如龍	生員		
	如龍	牛宗文	乾隆九年舉人 乾隆十年進士	郯城知縣	
計有進士 2 人，舉人 1 人。					

高平米山劉氏家族

　　據劉虞夔墓誌銘，劉氏世居高平縣北太中里，劉贇「始徙居米山鎮」。

表 5-44　高平米山劉氏家族科舉傳承簡表

輩	承	姓　名	身　份	官　至	備　註
		劉擴			
	擴	劉贇			遷居米山
	贇	劉韜	歲貢		
	韜	劉崇道			
		劉崇德			
		劉崇文	嘉靖二十二年舉人 嘉靖二十六年進士	淮安府知府	
		劉崇儒			

	崇文	劉虞夔	隆慶元年舉人 隆慶五年進士	翰林院侍讀學士 詹事府詹事	
		劉虞龍			
		劉虞伯			
		劉虞陶			
計出進士 2 人。					

高平南關楊氏家族

順治《高平縣志》記載，「三世甲科」坊是為贈大理寺評事楊昇、天順甲申進士楊振、弘治己酉科舉人楊恒、嘉靖丁酉科舉人楊紹先所建。

表 5-45　高平南關楊氏家族科舉傳承簡表

輩	承	姓　名	身　份	官　至	備　註
		楊思恭			
	思恭	楊郁			
	郁	楊昇			
	昇	楊振	景泰四年舉人 天順八年進士	大理寺評事	
		楊祿			
		楊撝			
		楊撫			
		楊恒	弘治二年舉人	慶陽同知	
		楊紹先	嘉靖十六年舉人	藍田知縣	
計有進士 1 人，舉人 2 人。					

陽城化源里田氏家族

據白胤謙所撰田世福墓誌銘，化源里田氏「始祖諱真，元末由高平」野川里經由赤土坡遷居陽城，占籍化源里七甲。《萬曆丙戌科進士同年總錄》中田立家為匠籍，《順治十六年進士登科錄》中田七善民籍，應該是明初占籍化源里時，田真三個兒子被分別劃為匠籍、民籍。

明清兩代，化源里田氏共出八位進士，八位舉人，一位欽賜舉人，第十一世田從典更是官居文華殿大學士兼吏部尚書。陳錫嘏在《兼三堂記》所撰《田孝廉傳》中說到，「田氏盛於晉中，而陽城為最，其先世代有聞人」。

　　根據田氏進士的家狀，可知其家族明清兩代均是以《易經》為習經科目，8位進士中有3個為連捷進士，家學傳承比較優秀。

表 5-46　陽城化源里田氏家族科舉傳承簡表

輩	承	姓　名	身　份	官　至	備　註
一		田真			
二	真	田思義			
		田思道			
		田思澤			
三					
四					
五		田完			
六	完	田濬			
七	濬	田鳳龍		壽官	
		田懇			
八	鳳龍	田立家	萬曆十三年舉人 萬曆十四年進士	河南右布政使	
	懇	田寶堅			
		田永嘉			
九	立家	田元相	鄉試副榜		
	寶堅	田士珍			
		田士琦			
	永嘉	田三驅			
十	元相	田弘祖	順治十四年舉人 康熙六年進士	盱眙知縣	
		田紹前	順治二年舉人	婁縣知縣	
	士珍	田世爵			
		田世福	歲貢	宜城訓導	
	士琦	田世甲	恩貢	新政知縣	
		田雨時	諸生		
十一	世爵	田六善	順治二年舉人 順治三年進士	戶部左侍郎	

	世福	田七善	順治十四年舉人 順治十六年進士	吏部員外郎	
	雨時	田從典	康熙二十三年舉人 康熙二十七年進士	文華殿大學士 吏部尚書	
		田篤清			
		田篤允			
十二	兩善	田湄		館陶知縣	
	六善	田洞	康熙十七年舉人		
		田沆	康熙二十三年舉人 康熙三十三年進士	內閣中書舍人	
		田淮	康熙二十九年舉人	兵部主事	
		田澄		金縣知縣	
		田洞			
	七善	田淦			
	從典	田懋	廕生	吏部左侍郎	
		田恪	廕生		
	篤清	田開泰			
		田愈			
十三	澄	田晉楠	雍正七年舉人		
	淮	田晉楷		候選州判	
	懋	田玉成	乾隆二十一年舉人 乾隆二十二進士	翰林院檢討	
		田玉麟	欽賜舉人	靈丘訓導	
	開泰	田登庸	庠生		
	愈	田於都		鴻臚寺主簿	
十四		田燿	乾隆二十四年舉人		
	登庸	田體清	嘉慶十二年舉人 嘉慶十三年進士	益陽知縣	
	於都	田瑤			
十五		田馱垧	乾隆五十七年舉人		
		田熊兆	嘉慶六年舉人		
	體清	田倬			
		田佺			

	瑤	田韶運	附貢		
		田亨運		布政司理問	
十六	亨運	田荊	道光十一年舉人	黟縣知縣	
十七	荊	田滕			
計有進士 8 人，舉人 8 人，欽賜舉人 1 人。					

陽城中莊李氏家族

陽城中莊李氏與寧山衛有莫大關係，戶分民籍、軍籍兩種。長門長支第八世李應舉為寧山衛指揮，李應雷為指揮僉事，第九世李思恩為首個舉人，明清兩代共出進士 6 人，舉人 3 人，武舉人 1 人。現存《白巷李氏族譜》。

表 5-47　陽城中莊李氏家族科舉傳承簡表

輩	承	姓　名	身　份	官　至	備　註
六世		李亨			長門長支
七世	亨	李子釗		義官	長門長支
		李表			
八世		李譽		壽官	長門長支
		李應舉		寧山衛指揮	
	表	李應雷		指揮僉事	
九世	譽	李思忠		贈左布政使	長門長支
		李思孝		七品散官	
		李思恩	嘉靖十三年舉人	勳陽府同知	
	應雷	李朝勳		江西建昌縣巡守	
十世	思忠	李豸	嘉靖十六年舉人 嘉靖二十年進士	山東布政使 一品俸	長門長支
		李孚			
	朝勳	李季春			
	國典	李春茂	萬曆二十二年舉人 萬曆三十二年進士	都察院右都御史	二門二支
	國廉	李養蒙	萬曆二十五年舉人 萬曆二十九年進士	湖廣按察司副使	二門三支
十一世	豸	李可久	嘉靖三十七年舉人 嘉靖四十一年進士	四川按察司僉事	長門長支

	孚	李可大	生員		
		李可復		常寧縣主簿	
	季春	李可知			
十二世	可知	李蕃	天啟四年舉人 崇禎三年進士	朝邑知縣	長門長支
		李兆甲	崇禎十五年舉人		二門三支
十三世	蕃	李席珍			
		李煜	康熙十一年舉人 康熙十八年進士		二門三支
十四世	席珍	李筵			
		李啟雋（孝德）	康熙二十六年武舉		二門三支
十五世	筵	李式縉			
十六世	式約	李慕賢			
十七世	慕賢	李念祖			
十八世	念祖	李穀梁			
十九世	穀梁	李貽典	道光元年舉人	候選知縣	長門長支
計出進士 6 人，舉人 3 人，武舉人 1 人。					

陽城上莊王氏家族

陽城上莊是明代吏部尚書王國光的故里，據《王氏家譜》，王氏於明初由「潞安府小石橋始遷可樂山，後乃移居白巷里」，第六代王遵始有科名，共出 5 位進士、4 名舉人、1 名武舉人，6 名貢生，33 名生員，村中現存澤州地區唯一的一塊進士舉人題名碑，也是唯一的家族科名碑。

表 5-48　陽城上莊王氏家族科舉傳承簡表

輩	承	姓　名	身　份	官　至	備　註
一		王四			
二	四	王十			
三	十	王懷英			
四	懷英	王得剛			
五	得剛	王聰			
六		王遵	成化十年舉人		
	聰	王子文		義官	

七		王鼎			
	子文	王昺			
八	鼎	王緯			
	昺	王承祖			
		王承恩			
九	緯	王言			
		王道	嘉靖二十五年舉人	戶部郎中	
		王重光			
	承祖	王國光	嘉靖二十二年舉人 嘉靖二十三年進士	太子太保 吏部尚書	
		王爭光			
		王前光			
		王奎光			
		王近光			
		王耿光			
	承恩	王潛光			
十	言	王淑陵	嘉靖三十七年舉人 嘉靖四十四年進士	湖廣布政司左參政	
	國光	王兆河	萬曆十年舉人		
	潛光	王如春	歲貢	當陽教諭	
十一	淑陵	王洽	萬曆十三年舉人		
		王治			
	如春	王徵俊	萬曆四十年舉人 天啟五年進士	山東布政司右參政	
十二	徵俊	王龍御			
	治	王永康			
十三	用	王潤身	順治二年舉人 順治三年進士	戶部主事	
	永康	王蘭彰	順治二年舉人 順治三年進士	陽谷知縣	
		王永彰	康熙二十六年武舉人		
	龍御	王復繪	監生		
十四	復繪	王吉慶			
計有進士 5 人，舉人 4 人，武舉人 1 人。					

陽城通濟里衛氏

　　陽城衛氏在明清兩代有 22 人有科名，其中有 8 位進士，13 位舉人，1 位武進士，出自通濟里、章訓、尹家溝幾處地方，但尚無資料可以證明為同族。衛立鼎家族為「澤州陽城通濟里三甲人，其先遷自平陽」。

　　衛立鼎家族始祖衛仲賢，第二代衛元凱於元統元年中進士，始有科名。《陽城縣鄉土志》記載衛吾良與衛心為第九世，衛貞元、衛立鼎、衛咸為第十三世〔註17〕，據多方資料所整理的下表可知，記載有誤，衛吾良應為第十世，衛立鼎、衛咸父子關係分屬第十二、十三世，衛心、衛貞元的代係不甚明瞭，按科年先後推算年齡代係姑且列於下表，容後再詳細考證。

表 5-49　陽城通濟里衛氏家族科舉傳承簡表

輩	承	姓　名	身　份	官　至	備　註
一		衛仲賢			
二	仲賢	衛元凱	元統元年進士		
三	元凱	衛敏中			
四	敏中	衛旭			
五	旭	衛戊	明經第一		
六	戊	衛弸			
		衛完			
七	弸	衛然			
	完	衛成德			
八	然	衛永安			
	成德	衛縉	冠帶生員		
		衛天雨			
九	永安	衛堯孔			
	縉	衛心	嘉靖二十五年舉人 嘉靖二十九年進士	寧晉知縣	
	天雨	衛遵訓	庠生		
十	堯孔	衛吾良	歲貢	通渭王府教授	
	遵訓	衛琦			

〔註17〕楊念先《陽城縣鄉土志》。

十一	吾良	衛明弼	庠生		
	琦	衛貞元	順治二年舉人 順治三年進士	工部員外郎	
十二	明弼	衛立鼎	康熙二年舉人	戶部郎中	
	貞元	衛維皇	庠生		
		衛維斗	監生		
		衛維本	增廣生		
		衛維正	增廣生		
十三	立鼎	衛泰		儒士	
		衛咸	康熙十四年副榜	靈石教諭	
		衛萃	貢生		
		衛履		儒士	
		衛首榜			
		衛廷榜			
十四	泰	衛昌基	庠生		
		衛昌時		儒士	
	萃	衛昌緒	康熙四十七年舉人	中書舍人	
		衛昌績	康熙四十四年舉人 康熙四十五年進士	翰林院編修 監察御史	
	咸	衛昌緯			
十五	昌基	衛鍾			
	昌緒	衛錧	雍正四年舉人		
		衛鏳			
		衛鏈			
	昌緯	衛錦	乾隆三十三年舉人 乾隆三十四年進士	嚴州知府	
十六		衛學淵	儒士		
		衛學洙			
十七		衛順			
計有進士 5 人，舉人 3 人，副榜 1 人。					

陽城衛一鳳家族

按張慎言所撰衛一鳳墓誌銘，其族「自赤土坡遷陽城」，與衛立鼎一派應該別為兩族。

表 5-50　陽城衛一鳳家族科舉傳承簡表

輩	承	姓 名	身 份	官 至	備 註
		衛繼高			
	繼高	衛雷			
	雷	衛夒		省祭官	
	夒	衛一鳳	隆慶四年舉人 萬曆八年進士	南京兵部尚書	
	一鳳	衛廷憲	萬曆四十六年舉人 崇禎十年進士	淮安知府	
		衛廷亮	廕生		
	廷亮	衛振輝	順治八年舉人	巨野知縣	
		衛振美			
計有進士 2 人，舉人 1 人。					

陽城下莊楊氏家族

　　陽城下莊楊氏於金承安元年由關中弘農遷入陽城縣上佛村，子與孫則居王村，明洪武五年遷居下莊，首分四門。後代有遷往縣內北村、高凹、上伏、下伏、城內、曹堆、河頭、劉善者，亦有經商遷至河南新安、朱仙鎮、開封、漯河、泗州、汝南和山東曹州以及安徽太和縣界首者。現存《白巷楊氏族譜》，由第二十一世楊蘭第於民國二十七年修撰，譜起金初，修至二十三世，其中對遷徙、分門、科甲的記載值得研究。

表 5-51　陽城下莊楊氏家族科舉傳承簡表

輩	承	姓 名	身 份	官 至	備 註
一		楊行周	金朝進士		遷上伏，繼遷下莊
二	行周	楊通輔			
		楊通福			
三	通輔	楊從道			
四	從道	楊興			
六		楊乾			
		楊愷			

		楊本			
七	乾	楊佩			
	愷	楊克美			
	本	楊鸞			
八	佩	楊廷軫			
	克美	楊玠			
	鸞	楊璋			
九		楊枝	嘉靖二十五年舉人	大理寺評事	
	玠	楊樞	嘉靖三十一年舉人 嘉靖三十八年進士	河南按察使	
	璋	楊植	萬曆元年舉人 萬曆五年進士	陝西按察司副使	
		楊楠			
	廷軫	楊格			
十		楊大田	康熙二十三年武舉		
	楠	楊瀚	萬曆二十五年舉人	南京大理寺評事	
	格	楊鵬翼	崇禎九年舉人 崇禎十三年進士	會稽知縣	
十一	瀚	楊時萃	庠生		
十二	時萃	楊榮序	順治二年舉人 順治三年進士	慶陽知府	
		楊拱明	順治八年舉人 順治九年會試副榜		
十七		楊桂馥			
十八	桂馥	楊昱			
十九	昱	楊伯朋	同治三年舉人		
		楊叔雅	庠生		
		楊季善			
二十	伯朋	楊念先	拔貢		
二十一	念先	楊蘭階	貢生		
		楊蘭第		修譜	
計有進士 5 人，舉人 3 人，武舉人 1 人。					

陽城化源里白氏家族

陽城化源里白氏，也稱「閣後白氏」，白胤謙為白所知所撰墓表頌文有按，「本宗係先世徙自陝西清澗，為山西陽城人，而隸化源里，稱閣後白氏者」。宗族共出三進士、六舉人，以明代工部尚書白所知、刑部尚書白胤謙為代表。

表 5-52　陽城化源里白氏家族科舉傳承簡表

輩	承	姓　名	身　份	官　至	備　註
					前七世莫考
七		白敬			
八					
九		白清			義官公
十	清	白子富	監生		文學公
十一	子富	白道			
十二	道	白鐸			
		白銘			省祭公
		白鑒	成化二十二年舉人	洛南知縣	
十三		白所學			
		白所知	萬曆十年舉人 萬曆十一年進士	工部尚書	
		白所行	萬曆二十五年舉人	大寧知縣	
		白所蘊	貢生		司訓公
		白所樂	萬曆二十八年舉人		早卒
十四	所學	白胤昌			
	所蘊	白胤謙	天氣七年舉人 崇禎十六年進士	刑部尚書	
		白胤恒			
	所樂	白胤奭			
十五	胤昌	白象庚			
		白象灝	順治三年舉人	崇信知縣	
	胤謙	白方鴻	順治二年舉人	故城知縣	
		白方厚			

	胤恒	白方熙			
	胤奭	白方旭		壽縣縣丞	
十六	方鴻	白岳		候選光祿寺典簿	
		白階	康熙二十三年舉人		早卒
	方厚	白畿	康熙二十年舉人 康熙二十七年進士	新貴知縣	
		白筵	貢生		
		白綬			
十七	階	白德珪	貢生	趙城訓導	
	畿	白德璋			
		白德琨	貢生		
		白德珬			
十八	德璋	白全仁			
		白純仁			
		白友仁	貢生		
計出進士 3 人，舉人 6 人。					

陽城下交原氏家族

　　陽城下交原氏係出太原，原紹基由高平徙居下交為一世祖，代不乏人，乾隆《陽城縣志》記載，「邑中原氏，自正統中原公傑後，科第相繼，原琭、原宗禮、宗善、應宿、軒、應卿，凡七人，其家樹坊曰『七桂』，以擬燕山竇氏之『五桂』、河中李氏之『四桂』焉」。

表 5-53　陽城下交原氏家族科舉傳承簡表

輩　承	承	姓　名	身　份	官　　至	備　註
一世		原紹基		高平徙下交	
二世		原世吉			
三世		原仲和		武德將軍河間路萬戶府萬戶	
四世		原亨	永樂十二年貢生	費縣知縣	
		原鳳			
		原彥明			
五世	鳳	原琚	永樂十八年舉人	大名縣知縣	

	彥明	原瑢	正統六年舉人	汝州學訓導 陝西渭南知縣	
		原璟			
		原傑	正統六年舉人 正統十年進士	南京兵部尚書	
		原俊			
		原祺			
		原鼎			
六世	瑢	原宗善	成化十三年舉人	泰府左長史	
		原宗儒			
	鼎	原宗禮	景泰七年舉人	河南汝陽知縣	
	亨孫	原宗純	成化年貢	河南唐縣縣丞	
	傑	原宗敏	成化年貢		
		原宗敞		陝西潼關縣丞	
		原宗泰		湖廣麗陽縣丞	
七世	宗善	原應奎	弘治年貢	河南武安縣主簿	
	宗儒	原應軫	弘治年貢	盧州府經歷	
	宗禮	原應瑞			
		原應宿	成化十九年舉人	直隸松江府通判	
		原應卿	正德八年舉人		
	宗敏	原應詔	弘治年貢		
		原應聘			
		原應祖			
八世	應奎	原軒	弘治十一年舉人 弘治十五年進士	浙江按察使	
		原輧			
		原轂			
		原輅	正德年貢	陝西蘭州吏目	
	應軫	原軄			
	應瑞	原輻			
九世	應卿孫	原一貫	隆慶年貢	濟南府訓導	
	軄	原一江			
		原一正			
十世					

十一世		原從泗		陝西鳳縣知縣	
		原振先			
十二世	振先	原體蒙	副榜	邵武府知府	
十三世		原如壁		臨晉縣訓導	
計出進士 2 人，舉人 6 人，副榜 1 人。					

陽城匠禮楊氏家族

匠禮楊氏為析城世家，《陽城縣鄉土志》謂楊新期為楊繼宗七世孫。據《萬曆三十五年進士登科錄》楊新期家狀，「曾祖爭光，縣丞」；同治《陽城縣志》，楊爭光標注為「繼宗孫」，又景泰元年與萬曆三十一年相差 153 年，古人三十年為一世，相隔五世，由此，楊新期當為楊繼宗五世孫。

表 5-54　陽城匠禮楊氏家族科舉傳承簡表

輩	承	姓 名	身 份	官 至	備 註
		楊彥亨			
彥亨		楊勝	永樂二十一年貢生	蕭山知縣	
勝		楊時乾			
時乾		楊繼宗	景泰元年舉人 天順元年進士	都察院右僉都御史	
		楊榮宗			
		楊顯宗			
		楊慶宗			
		楊奉宗			
繼宗		楊塤	成化十三年舉人 會試副榜	翰林院待詔 德王府長史	
塤		楊爭光		縣丞	
爭光		楊元爵			
元爵		楊爾梁			
爾梁		楊新期	萬曆三十一年舉人 萬曆三十五年進士	監察御史	
		楊新時			
		楊道亨			
計有進士 2 人，舉人 1 人。					

陽城郭峪張好古家族

郭峪張氏其先為沁水人，至第五世張好古兄弟起家。據《故永從令張君行谷墓誌銘》，郭峪張氏「其先獨巋然以科目顯。曰好爵，嘉靖某科進士，戶部主事。曰好古，嘉靖癸未科進士，四川按察司僉事，摧折權貴，直聲著聞。曰以漸，萬曆癸卯科舉人，景州知州。僉事公，君之高祖也。考西園公，諱多學，邑庠生」。

表 5-55　陽城郭峪張好古家族科舉傳承簡表

輩	承	姓　名	身　份	官　至	備　註
一		張從儀			
二	從儀	張廣			
三	廣	張車			
四	車	張珩			
五	珩	張好古	正德十四年舉人 嘉靖二年進士	四川按察司僉事	
		張好爵	正德五年舉人 正德九年進士	戶部廣東司郎中	
六	好古	張楹			
七	楹	張以漸	萬曆元年舉人	景州知州	
		張以萃			
八	以萃	張多學	庠生		嗣以漸
九	多學	張於廷	順治八年舉人 順治十六年進士	永從知縣	
十	於廷	張之麒	康熙二十九年舉人		
計出進士 3 人，舉人 2 人。					

陽城郭峪張鵬雲家族

據《清誥封通奉大夫刑部右侍郎加一級條山張公墓誌銘》，郭氏「世居陽城之郭谷里」，始祖為張闓。

表 5-56　陽城郭峪張鵬雲家族科舉傳承簡表

輩	承	姓　名	身　份	官　至	備　註
一		張閭			
二	閭	張輦			
三	輦	張江			
四	江	張思敬			
		張思愛			
		張思誠			
五	思誠	張登雲		西平縣縣丞 京山衛經歷	
		張祥雲		禮部儒士	
		張慶雲	天啟七年舉人	殉寇難 贈宛平知縣	
		張鵬雲	萬曆三十七年舉人 萬曆四十四年進士	巡撫順天 都察院右僉都御史	
六	登雲	張元初	生員		
		張元聲	歲貢	宜山縣縣丞	
七	元初	張爾素	崇禎九年舉人 順治三年進士	刑部左侍郎 內翰林秘書院修撰	
		張爾淳	拔貢	四川蒼溪知縣	
		張爾厚	官生		
		張爾實	廩生	榆次縣訓導	
		張爾質	貢生	太原訓導	
		張爾繩	庠生	湖北武昌縣縣丞	
		張爾謀	貢生	浙江仁和縣縣丞	
八	爾素	張範	貢生	榆社縣訓導	
	爾質	張韓			
		張歐	廩貢生	蒲州榮河縣訓導	
計出進士 2 人，舉人 1 人。					

陽城郭峪張拱辰家族

　　據張我生、張天福兩塊墓誌銘，郭峪張拱辰家族由沁水金鳳徙居而來。出舉人二人，進士一人。

表 5-57　陽城郭峪張拱辰家族科舉傳承簡表

輩	承	姓　名	身　份	官　至	備　註
		張述古			
	述古	張惠初			
	惠初	張翺			
		張翔			
	翔	張緯	成化二十二年舉人	國子監學正 德王府長史	
	翺	張綸	成化七年舉人	甘泉知縣	
	緯	張元勳	歲貢	陽曲王府教授	
	元勳	張簡行			
	簡行	張天福		禮部儒士	
	天福	張我生			
		張兆甲			
		張兆麟			
	我生	張拱辰	順治十一年舉人 順治十六年進士	江南靈璧知縣	
		張翊辰			
		張旋辰			
	兆甲	張景辰			
	兆麟	張衛辰			
計出進士 1 人，舉人 2 人。					

陽城屯城張氏家族

　　《陽城縣鄉土志》記載，屯城張氏「明洪武初，張純始遷於陽城，居屯城」。第五世張昇中進士，官居河南布政司左參政。第七世張慎言中進士，官至南京吏部尚書。第八世張履旋中舉人，殉難，贈御史。第九世張泰交中進士，官居浙江巡撫。共出三進士，一舉人，其後式微。

表 5-58　陽城屯城張氏家族科舉傳承簡表

輩	承	姓　名	身　份	官　至	備　註
一		張純			
二		張演			

三	演	張表			
四	表	張曉			
五	曉	張昇	嘉靖二十五年舉人 嘉靖二十九年進士	河南布政司左參政	
六	昇	張天與	生員		
		張天和	廩生		
		張天驥			
七	天和	張慎言	萬曆三十四年舉人 萬曆三十八年進士	太子太保 吏部尚書	
	天驥	張慎修		儒士	
		張慎德		儒士	
		張慎樞		儒士	
		張慎機	生員		
	天與	張慎思	貢生		
		張慎術			
八	慎言	張履旋	崇禎十五年舉人	贈河南道監察御史	殉難
		張兌孚			
		張巽孚			
	慎思	張履祥	庠生		
九	履祥	張泰交	康熙二十年舉人 康熙二十一年進士	浙江巡撫	
十	泰交	張汝欽			
計有進士 3 人。舉人 1 人。					

陽城潤城張氏家族

據《陽城縣鄉土志》,「潤城張氏,其始莫可稽,繼而分為五甲、六甲兩支」。

表 5-59 陽城潤城五甲張氏家族科舉傳承簡表

輩	承	姓 名	身 份	官 至	備 註
十六		張維清			
		張際清			
十七		張樹佳			
	際清	張書	歲貢		

十八	樹佳書	張晉			詩人
		張敦仁	乾隆三十九年舉人 乾隆四十年貢士 乾隆四十三年進士	雲南鹽法道	
十九	晉	張域	道光五年舉人	長子訓導	
	敦仁	張薦粢	嘉慶二十一年舉人	海豐知縣	
		張葆采	嘉慶二十四年舉人	平遠知縣	
二十	域	張孫枝			
	薦粢	張愻			
		張憗			
		張憲			
	葆采	張愨			
		張願			
		張光節	光緒二年舉人		
二十一	愻	張八一			
		張公望			
	愨	張四同			

計有進士 1 人，舉人 3 人。

表 5-60　陽城潤城六甲張氏家族科舉傳承簡表

輩	承	姓　名	身　份	官　至	備　註
一		張全			
二	全	張鎔			
三	鎔	張徐			
四	徐	張世岩			
五	世岩	張廷貴			
六	廷貴	張永庫			
七	永庫	張自立			
八	自立	張念祖			
九	念祖	張瑃	崇禎十五年舉人 崇禎十六年進士	工部右侍郎 陝西巡撫	
		張璘			
		張璿			
		張琩			

十	璹	張茂生	官生	戶部郎中	
十一		張伊	康熙三十二年舉人	漳州府同知	
		張佑			
十二	佑	張存敬	庠生		
十三	存敬	張廣基	乾隆三十三年舉人	臨漳知縣	
十四	廣基	張淑欽	嘉慶十三年舉人	臨縣教諭	
計出進士1人，舉人3人。					

陽城張林家族

據《嘉慶丙子科齒錄》中進士張林家狀，其「曾祖權，乾隆辛酉解元，寧武縣教諭；祖道昌，乾隆庚辰恩科舉人，福建福鼎縣知縣；父成魁，歲貢生；子煥生」。

表 5-61　陽城張林家族科舉傳承簡表

輩 承	姓 名	身 份	官 至	備 註
	張文炳			詩人
文炳	張瑗	康熙五十六年舉人		
文炳孫	張權	乾隆六年解元	寧武教諭	
權	張道昌	乾隆二十五年舉人	福鼎知縣	
道昌	張成魁	歲貢生		
成魁	張林	嘉慶二十一年舉人 道光十八年進士	柳州知府	
林	張煥生			
計有進士1人，舉人2人。				

陽城城內王氏家族

同治《陽城縣志》舉人表，王璋下有「曰俞子」的標注，《高都陳氏家承》記載陳賁懿「娶王氏，敕封孺人，縣城明忠臣河南孟縣知縣王曰俞孫女，戊辰進士戶部主事璋女」〔註18〕。又據王曰俞、王璋進士家狀，其族共出進士2人，舉人1人。

〔註18〕任茂棠：《陳廷敬大傳》，山西人民出版社，2012年版，第497頁。

表 5-62　陽城城內王氏家族科舉傳承簡表

輩	承	姓　名	身　份	官　至	備　註
		王克讓		耆賓	
	克讓	王朝官		省祭	
	朝官	王國丞	天啟五年貢生	萊州府教授	
		王國傑	崇禎八年貢生	乾州學正	
	國丞	王曰俞	崇禎九年舉人 崇禎十六年進士	孟縣知縣	
		王曰翼	順治八年舉人	威寧知府	
	曰俞	王璋	康熙十七年舉人 康熙二十七進士	戶部主事	
	曰翼	王璟		候選縣丞	
		王壁	貢生	四川江津知縣	
	璟	王作霖	歲貢		
計有進士 2 人，舉人 1 人。					

陽城化源里王氏家族

　　據白胤謙所撰王克生墓誌，其「世籍陽城化源里，高祖某，曾祖栒，祖用光，父自成，母甯氏，其族自前朝大參公諱玹始顯有聞，先外父郡丞公諱桂、厥考贈靈寶公諱實德，與孟楨父以上俱葬同塋，殆望族云」，由此而知明代進士王玹於清代進士王克生為同族。再據王遹昭會試齒錄，王玹為其九世祖，係王權直系後代。

表 5-63　陽城化源里王氏家族科舉傳承簡表

輩	承	姓　名	身　份	官　至	備　註
		王仁和			
	仁和	王興			
	興	王庸		河泊所官	
	庸	王玒			
		王玹	弘治十一年舉人 弘治十二年進士	山東布政司左參政	
		王璋			

		王實德			
	實德	王㭖	廩生		
		王權			
		王桂	萬曆二十五年舉人	常州同知	
㭖		王用光			
權		王用士	萬曆三十七年舉人		
		王用傑	順治二年貢生	澄城知縣	
桂		王用俊	廩膳生		
		王用良	太學生	寧山衛指揮僉事	
		王用翼	庠生		
用光		王自成			
用俊		王恂	庠生		
用良		王協			
		王怡	庠生		
用翼		王恪	庠生		
		王灼			
		王悅			嗣用士
		王相			
自成		王克生	崇禎十二年舉人 順治三年進士	壽光知縣	
		王大生			
		王廣生			
恂		王必昌			
克生		王遙識	生員		
		王淵識			
計出進士 4 人，舉人 2 人。					

陽城東關喬氏家族

　　喬氏為陽城望族，白胤謙在喬彬墓誌中說，喬氏「先世自陝西龍橋關遷山西高平赤土坡，再遷陽城」。據進士喬楠、喬映伍的履歷可知，其役籍為匠籍，正反映了以燒製琉璃著稱的喬氏家族特徵。

表5-64　陽城東關喬氏家族科舉傳承簡表

輩	承	姓　名	身　份	官　至	備　註
		喬儒			
	儒	喬廷周			廷忠
	廷周	喬永興			
		喬永夛			
	永夛	喬鳳翼			
	永興	喬鳳鳴			
	鳳翼	喬楠	順治三年舉人 順治十六年進士	武隆知縣	
	鳳鳴	喬彬	庠生		
		喬樸			
	彬	喬映伍	順治二年舉人 順治三年進士	左春坊左贊善	
	楠	喬映礽			
		喬映禧			
		喬映禔	廩生		
	映伍	喬曾	康熙年拔貢		
	曾	喬伯戲			
		喬伯臨	庠生		
		喬伯舒	康熙年貢生		
		喬元兆	乾隆十八年舉人	州學正	
計出進士2人，舉人1人。					

陽城章訓衛氏家族

據《道光戊子科直省同年錄》衛昌齡家狀，「世居邑東章訓里」。章訓村現存衛學瑗墓碑。進士衛學瑗、舉人衛昌齡、武進士衛克懷均為章訓村人，代係不詳，容後細考。

表5-65　陽城章訓衛氏家族科舉傳承簡表

輩	承	姓　名	身　份	官　至	備　註
		衛國愚			
	國愚	衛洪鼎			

洪鼎	衛廣德			
廣德	衛學瑗	康熙五十九年舉人 康熙六十年進士	湘潭知縣	
學瑗	衛遵浩			
	衛式浩			
	衛之綱			
	衛之藩			
	衛之屏			
	衛之繩			
	衛之墉			
	衛之紀			
	衛克壯	雍正十年武舉 雍正十一年武進士		
	衛克懷	庠生	軍功議敘庫大使	
克懷	衛紹基	監生		
紹基	衛瑱			
	衛煥	庠生		
煥	衛昌言			
	衛昌齡	道光八年舉人	解州訓導	
計有進士1人，武進士1人，舉人1人。				

陽城張黻家族

據成化《山西通志》，「張本，陽城人，中永樂丁酉鄉舉，卒。子狎，中正統甲子鄉舉，除靖海衛經歷，升沂州同知。孫黻，中成化辛卯鄉舉」。

表 5-66　陽城張黻家族科舉傳承簡表

輩	承	姓　名	身　份	官　至	備　註
		張本	永樂十五年舉人		
本		張狎	正統九年舉人	沂州同知	
狎		張黻	成化七年舉人 成化二十年進士	陝西按察司副使	
計有進士1人，舉人2人。					

陽城陽高泉賈氏家族

賈之鳳家族里籍不詳，有資料稱陽城城內有其府邸，墓地在陽城城北陽高泉村，共出一進士、三舉人。

表 5-67　陽城陽高泉賈氏家族科舉傳承簡表

輩	承	姓　名	身　份	官　至	備　註
		賈志儒			有義行
	志儒	賈緩			
	緩	賈勳		青州府經歷	
		賈贈		訓導	
		賈賓			
		賈賀			
	賀	賈之遴		鴻臚寺序班	
		賈之復		彰德府訓導	
	贈	賈之鳳	萬曆十九年舉人 萬曆二十六年進士	陝西按察使	
		賈之龍		袁州府經歷	
		賈之鵬	天啟四年舉人	河津教諭	
		賈之琮			
		賈之山			
		賈之黃			
		賈之彥			
	賓	賈之中	崇禎年貢生	知縣	
		賈益點		訓導	
	之復	賈益謙	天啟四年舉人		
	之鵬	賈益厚	順治八年舉人		
	之鳳	賈益淳	例貢		
		賈益德	例貢		
	益點	賈重光			
	益謙	賈允抃			
計有進士 1 人，舉人 3 人。					

陽城崇薰里宋氏家族

　　崇薰里即陽城南關，《陽城縣志》記載崇薰里宋裕自幼嗜學，嘉慶九年中舉後，錄為國史館謄錄，參修《大清一統志》，事竣後不要知縣要教職，授汾陽教諭。其堂兄宋睿、堂弟宋哲皆為教職，加上堂弟宋察，兄弟四舉人，「有一門四傑之譽」。陽城崇薰里宋氏共出舉人四人，副榜一人。據宋睿、宋哲的鄉試齒錄家狀可得下表。

表 5-68　陽城崇薰里宋氏家族科舉傳承簡表

輩	承	姓　名	身　份	官　至	備　註
		宋本涵			
	本涵	宋佐	監生		
	佐	宋容泰		吏員	
		宋永泰	增廣生		
		宋昌泰	庠生	議敘主薄	
		宋裕	嘉慶九年舉人	國史館謄錄 汾陽教諭	
	容泰	宋哲	嘉慶十二年舉人	山陰訓導	
	昌泰	宋睿	嘉慶十三年舉人	絳縣訓導	
		宋察	嘉慶二十三年舉人		
	睿	宋鑴弇	道光十七年副榜		
計有舉人 4 人，副榜 1 人。					

陽城西坡劉氏家族

　　劉氏世居「沁渡里」，據《同治九年庚午科大同年齒錄》可得下表。

表 5-69　陽城西坡劉氏家族科舉傳承簡表

輩	承	姓　名	身　份	官　至	備　註
		劉泳安			
	泳安	劉漢斌			
	漢斌	劉作基			
		劉作霖	嘉慶二十三年舉人	吉州學正	曹翰書外祖父
		劉作新			

	作霖	劉琯華	道光十七年舉人	翼城教諭	
		劉昂華	同治九年舉人	沁州學正	
		劉昇華	附生		
	琯華	劉大成			
	昂華	劉還珠			
計出舉人 3 人。					

陵川王砥家族

　　陵川進士王砥為澤州最早的進士之一，但方志、科舉檔案所能提供的信息都很少，僅知其役籍為軍籍，其他不甚明瞭。據乾隆《陵川縣志》，城中立有「世科坊」，為明代舉人「王玘、王璣、王潔、王昴」所立，再據選舉表所列玘為砥孫，璣為玘弟，潔為玘子，昴為璣子，知王砥與四舉人為同族，列表如下，共出進士 1 人，舉人四人。

表 5-70　陵川王砥家族科舉傳承簡表

輩　承		姓　名	身　份	官　至	備　註
		王砥	洪武三年舉人 洪武四年進士		
	砥	王□			
	砥孫	王玘	永樂三年舉人	大名府訓導	
		王璣	永樂十八年舉人	保安州訓導	
	玘	王潔	景泰四年舉人		
	璣	王昴	成化十三年舉人	河南府通判	
	潔	王如玉	歲貢	吳橋訓導	
計出進士 1 人，舉人 4 人。					

陵川和氏家族

　　陵川和氏為本土著姓，金元時期已在陵川，唐時有進士和嶸、和峴等人。據進士和維孫和春所撰的《浙江按察司僉事大父和公維傳》，和氏一族「世籍陵川」，和維父和琦因官河陰縣訓導，占籍河陰。和維生和晛、和暲等，和晛曾孫和震又遷徙至祥符縣。和維為澤州籍進士，和暲為占籍河陰的進士，和震為占籍祥符的進士，分居河南兩處的和氏與陵川本土的清代進士和元化應是同族，但目前關係尚不清楚。

表 5-71　陵川和氏家族科舉傳承簡表

輩	承	姓　名	身　份	官　至	備　註
		和中立			
	中立	和好古		廣平縣學教諭	
	好古	和琦	永樂三年舉人	襄陵王府教授	
		和珣	永樂十五年舉人	泰安州學訓導	
	琦	和縉	歲貢生	冠帶千長	
		和維	正統九年舉人 景泰二年進士	按察司僉事	
		和綸			
	維	和睍		周王府教授	
		和暲	成化元年舉人 成化十一年進士		
	睍	和春	副榜貢	真定府晉州學正	
		和夏	貢生	通判	
	春	和穎			
	穎	和雲			
		和靄			
		和震	隆慶四年舉人 萬曆五年進士	山西布政使	
		和孟顏			
	孟顏	和應光		司吏	
	應光	和暖	廩生		
	暖	和元化	順治二年舉人 順治三年進士	新鄭知縣	

計有進士 4 人，副榜 1 人。

陵川城內李氏家族

　　陵川城內唐宗李氏有兩支，一為唐韓王李元嘉後代，一為福王李緒後代。據《陵川縣志》，李順受「封陵川男而注籍陵川」為李元嘉裔孫。又據進士張瓚所撰《順天府別駕李公墓碑》，李順之元孫李鳳為「唐順宗十五子福王緒之後」。雖為兩支，同屬一族，所以稱為「裔孫」。

　　李順一支應該是福王後代，李大節一支為李元嘉之後。李順在元代以

「晉寧路同知知河中府事飛騎尉」封為陵川男，是為該支始祖。明代第四代李用賓、第五代李夢熊、第十一代李萃秀中舉人。陵川縣城昔日德「祖孫濟美坊」即為彰表李氏一進士三舉人德科名而立。

表 5-72　陵川城內李氏家族科舉傳承簡表

輩	承	姓　名	身　份	官　至	備　註
一		李順	元進士	陵川男	
二	順	李思溫	元進士	靈州知州	
三	思溫	李約			
四	約	李虞賓	元進士	監察御史	
		李用賓	洪武五年舉人	懷慶府推官	
五	虞賓	李夢熊	洪武十七年舉人	國子監學錄	
	用賓	李鳳	永樂十二年貢生	順天府通判	
六	鳳	李通	正統十一年貢生	鞏昌府知事	兄弟五人
七	通	李冕		應天府知事	兄弟六人
八		李邦麒	嘉靖三十三年貢生	歷城縣丞	
		李九衢	嘉靖三十一年貢生	中牟縣丞	
九					
十					
十一		李培秀	崇禎十一年貢生		
		李萃秀	萬曆四十年舉人 萬曆四十七年會試副榜		
明清計有舉人 3 人。					

陵川義門都氏家族

陵川都氏以義門為宗，錦屏山為祖塋所在，可追溯至北宋進士都既，金元皆有進士，明代有舉人三人，清末則有都賦三、都桓族孫中舉人，都澤元為武舉人。陵川「喬梓聯芳坊」是為都永思、都一陽父子舉人的牌坊。

表 5-73　陵川義門都氏家族科舉傳承簡表

輩	承	姓　名	身　份	官　至	備　註
		都仲良	景泰元年舉人	咸陽縣訓導	
		都永思	嘉靖四年舉人	新鄉知縣	

	永思	都一陽	嘉靖十九年舉人	昌平知州	
		都九疇	歲貢		
	九疇	都賦三	同治三年解元		
	賦三	都賡揚			
	賡揚	都桓	光緒二十年舉人	陵川高小校長	
	桓	都之煜	山西銀行學校	陵川商會會長	
		都之燿	北京內務部自治模範講習所		
明清計有舉人 5 人，武舉人 1 人。					

沁水賈莊張氏家族

沁水賈莊張氏元代由陽城匠里遷居而來，戶口繁多，後族人分居西曲里、鹿路北里二里，役屬民籍、軍籍、匠籍三籍。明清兩代計出張五典、張銓、張鈴、張道湜、張傳烺、張心至 6 名進士，張聰、張鈴、張銘、張道濂、張德棠、張德桌、張德集、張詩銘、張詩頌 9 位舉人，張心達 1 個副榜，是沁水科舉家族之首。

表 5-74　沁水賈莊張氏家族科舉傳承簡表

輩	承	姓　名	身　份	官　至	備　註
遠祖		張慶			元末由匠里村徙居賈莊
一		張聰	永樂十五年舉人		
二	聰	張剛	太學生		
		張鸞			
三	鸞	張睿			
		張騰	廩生		
四	騰	張倫	選貢	盧氏教諭	本世九人
五	倫	張謙光	廩生		本世十一人
		張謙牧	庠生		
六	謙光	張官	庠生		本世二十人
七	官	張五典	萬曆七年舉人 萬曆二十年進士	太子太保 兵部尚書	本世十九人
		張五美		禮部儒士	
		張五服	貢生	監利知縣	

八	五典	張銓	萬曆二十五年 萬曆三十二年進士	監察御史 贈兵部尚書	本世二十八人
		張鈐	萬曆三十一年舉人		
		張鉿	崇禎九年舉人 崇禎十六年進士	兵部主事	
		張錜	順治三年舉人	永州府推官	
		張鉁	舉賢良方正		
九	銓	張道濬	廕生	錦衣衛指揮同知	本世三十一人
		張道澤	恩生	懷慶知府	
		張道法	監生	山海衛都司	
		張道澄	拔貢	陝西臨洮道	
	錜	張道濂	康熙二十六年舉人	保德州學正	
	鉁	張道湜	順治三年舉人 順治六年進士	山東按察司副使	
十	道濬	張德啟	貢生	衛教授	本世四十六人
	道法	張德棠	康熙十六年舉人	安邑教諭	
	道湜	張德臯	康熙二十六年舉人	臨汾教諭	
		張德集	康熙二十九年舉人	堂邑知縣	
十一	德集	張傳⿰火夜	雍正十年舉人 雍正十一年進士	署江蘇布政使	本世四十三人
十二	傳傑	張心至	乾隆二十五年舉人 乾隆三十四年進士	刑部主事	本世四十七人
	傳煦	張心赤	拔貢		
	傳炌	張心達	乾隆三十三年副榜	永濟教諭	
十三	心至	張詩銘	嘉慶三年舉人	光祿寺署正	
	心達	張詩頌	嘉慶六年舉人	平定州學正	
十四	詩銘	張書竹	恩貢	候選州判	
十五	書竹	張嗣益			
		張嗣晉	優增生		
		張嗣關	庠生		
		張嗣京			業儒
十六	嗣益	張鵬年			
	嗣晉	張龜年			
計有進士 6 人，舉人 9 人，副榜 1 人。					

沁水韓王韓氏家族

沁水韓王韓氏係出南陽，可考始祖為韓能，分居沁水韓王村、郭壁村、河南太康等處。明清兩代共出進士6人，舉人2人。

據陳廷敬所撰韓崇樸墓誌銘：

> 韓氏係出南陽，今為沁水人，自五代宋遼以來，兵革之餘，譜牒放失，傳之長老，先世有為王者故村曰韓王村，有墓在焉。君又字曰韓山，因村名也。其世系之可考者，則自祖能始，能四子。長曰純，為君九世祖；次曰聰，三世生侍御曰恩；次曰度，五世生青州守曰肬仁，六世生桃源令曰張，參議曰琪。純二子，長曰彪，彪生銳。銳三子，長曰贈文林郎昆，次曰王府典膳崙，次曰王府儀賓巍，臨難不屈，贈奉訓大夫，謚忠義廟，食太康。昆子曰子義，恩貢再為縣令，累封中憲大夫、通政使司右通政使。子義生范，君之曾祖也，某科進士，累官通政使司右通政，祖仰斗，初為邑學生，後棄去，博學修行，名重士林，是為少室先生，父尊今，惇厚孝友，生三子，君其長也。〔註19〕

大部分韓氏仍居韓王村，韓范於郭壁構建「別墅」始居，故追溯源流，本文歸其族為韓王韓氏。

表 5-75　沁水韓王韓氏家族科舉傳承簡表

輩	承	姓　名	身　份	官　至	備　註
一世		韓能			
二世	能	韓純			
		韓聰	景泰七年歲貢		
三世	純	韓彪			
		韓□			
	聰	韓盈			
四世	彪	韓銳			
	盈	韓永實			
		韓守和			
五世	銳	韓崑			

〔註19〕《午亭文編》卷四十五《韓君佚園墓誌銘》。

		韓崟			
		韓巍		隰川王府儀賓	
	守和	韓佑			
	永實	韓君恩	嘉靖三十四年舉人 嘉靖三十五年進士	浙江按察司副使	
		韓君相			
		韓君謨			
六世	崑	韓子義	隆慶元年恩貢	永壽知縣	
	佑	韓悷		儒官	
	君恩	韓可久	隆慶四年舉人		
		韓可敬			
		韓可愛			
七世	子義	韓范	萬曆十三年舉人 萬曆十四年進士	右通政	居郭壁
	悷	韓肫仁	萬曆二十八年舉人 萬曆四十一年進士	青州知州	居郭壁
		韓親仁	庠生		
		韓僥	貢生	徐溝教諭	韓忱
八世	范	韓仰泰			
		韓仰斗			
		韓仰華			
	親仁	韓瑒	諸生		
		韓張	崇禎十五年舉人 順治十二年進士	桃源知縣	
		韓瑱	順治二年舉人 順治六年進士	福建參議	
	肫仁	韓珽			早夭
		韓瑄	庠生		
	僥	韓珂			
		韓瑞	歲貢	孝義訓導	
		韓珺	歲貢		
		韓玫	歲貢		
九世	仰斗	韓尊今			
	瑱	韓萬選	歲貢		

		韓麒趾	康熙二十三年舉人	石門知縣	
	珵	韓萬戶	拔貢		文學
		韓萬化			
	珂	韓基遠	庠生		
	玫	韓大忠	康熙十七年副榜	環縣知縣	
十世	尊今	韓崇樸	庠生		
	基遠	韓性善	康熙三十五年舉人 康熙四十八年進士	太原府教授	
十一世	崇樸	韓時中			
		韓履中			
計出進士6人，舉人2人。					

沁水郭壁王氏家族

　　張五典所撰王希聖墓誌銘，王氏「先世河北覃懷人，國初徙居沁水之郭壁鎮」，與王廷瓚、王度、王紀應為同族，同表列之，世系不詳。

表 5-76　沁水郭壁王氏家族科舉傳承簡表

輩	承	姓　名	身　份	官　至	備　註
		王雄			
	雄	王世祺			
	世祺	王進科			
	進科	王梅			
	梅	王希聖	萬曆三十四年舉人		
		王軾			
		王軫			
	軾	王體乾	廩生		
	軫	王體道			
	體乾	王惟城	貢生		
	體道	王惟允			
		王惟祚			
	惟城	王廷拱		儒士	
		王廷瓚	天啟元年舉人 崇禎十三年進士	禮部郎中	

	惟允	王廷璽	歲貢	洛南教授	
	廷璽	王度	崇禎十二年舉人 順治三年進士	霸州知州	
	廷拱	王紀	順治八年舉人 順治九年進士	山東布政司左參政	
	廷瓚	王統	歲貢	偏頭關訓導	
		王綖	貢生	候選州判	
	度	王多祐			
		王多慶			
		王多益			
	紀	王錫五	廕生	內閣中書	
	錫五	王漢雯		行人司司副	
計出進士 3 人，舉人 1 人。					

沁水西樊莊常氏家族

　　沁水西樊莊常氏，以成化十七年進士常軹、弘治六年進士常賜、正德六年進士常倫三人聞名。據《大理寺右評事常君墓誌銘》，「常君諱倫，字明卿，其先曲沃人，後徙居澤州之沁水」。常賜父親為常曇，常軹為其四叔。

表 5-77　沁水西樊莊常氏家族科舉傳承簡表

輩	承	姓　名	身　份	官　至	備　註
		常君美			
	君美	常謙			
	謙	常瑜		倉大使	
		常琪			
		常懷			
	瑜	常曇			
		常軹	成化十年舉人 成化十七年進士	河南按察司僉事	
		常贇			
		常賢			
		常質			
	曇	常賜	弘治二年舉人 弘治六年進士	陝西按察司副使	

		常貢			
		常貫			
		常勳			
		常偉			
		常儒			
	賜	常倫	正德五年舉人 正德六年進士	大理寺評事	
		常俊			
		常儀			
		常儲		知縣	
		常仕		主簿	
		常位	貢生		
計出進士 3 人。					

沁水竇莊竇氏家族

　　沁水竇莊竇氏，世傳為宋威畹大將軍竇勳之後，竇莊分東、西二支，人口繁多。《嘉慶戊午科山西鄉試錄》中竇心傳的家狀寫道，「始祖勳，宋威畹右領衛大將軍」，「本支始祖紳，永樂貢生，授祁門教職」。據竇氏三進士的家狀履歷，及東西支《竇氏家譜》，茲整理家世表如下，恐有紕漏，待日後再細考。

表 5-78　沁水竇莊竇氏家族科舉傳承簡表

輩	承	姓　名	身　份	官　至	備　註
一		竇堅			
二	堅	竇寧			
三	寧	竇世賢			
四	世賢	竇爵			
五	爵	竇紳	貢生	祁門訓導	
		竇縉			
		竇綏	庠生		
		竇繡			
		竇綱			
		竇絧			

		竇統			
六	紳	竇守印			
	縉	竇養浩	庠生		
		竇養正	庠生		
	綏	竇養相	庠生	上林院監臣	
		竇養仕		太醫院官	
七	守印	竇輪			
		竇輻			
	養浩	竇如璧	萬曆三十一年舉人	成武知縣	
		竇如錫	庠生		
		竇如珂			
	養正	竇如金	庠生		
		竇如玉	增廣生		
	養相	竇如宸	庠生		
		竇如宇	廩貢		
	養仕	竇如斑		禮部儒士	
		竇如乾	歲貢	山東鄆城教諭	
八	輪	竇環			
		竇琯		錦衣衛鎮撫	
		竇瑜	庠生		
		竇璽			
	輻	竇瑀	順治十四年舉人	府教授	
		竇琇	庠生		
		竇璿			
		竇璐			
		竇瑛	崇禎九年舉人		
	如乾	竇復儼	天啟七年舉人	推官	
		竇復僖	順治五年舉人	知縣	
		竇復伸	順治十一年舉人	知縣	
九	瑀	竇世傑			
		竇世英	庠生		孝廉方正
	復儼	竇逵			
		竇遵			

十	世傑	竇遂			
		竇適			
	世傑	竇思溫			
		竇無越	庠生		
		竇無逸	附貢生		
	逵	竇斯在			
		竇斯年			
		竇斯皇			
十一	思溫	竇繼緒			
	斯在	竇既翕			
	斯皇	竇既匡			
		竇既均			
十二	繼緒	竇鐏	庠生		
		竇鋌	乾隆三十六年舉人	翼城縣教育	
		竇釣			
		竇銘	恩貢生		
		竇鎔			
		竇鈺			
		竇鑠	乾隆六十年恩科舉人		
十三	鋌	竇湘傳			
	銘	竇心傳	嘉慶三年舉人 嘉慶六年進士	知縣	
		竇燕傳	歲貢生		
		竇穎傳	廩生		
十四	心傳	竇奉家	道光十九年舉人 道光二十四年進士	遵義府知府 署任貴西兵備道	
		竇京家	庠生		
		竇林家			業儒
十五	奉家	竇淑之	太學生		
		竇濬之		陝西盡先補用布庫大使	
		竇渥之	同治九年舉人 光緒九年進士	刑部主事	
		竇準之			殤

十六	渥之	竇淳之			
		竇任道			
		竇向道			
		竇守道			
計出進士 3 人，舉人 8 人。					

沁水湘峪孫氏家族

　　沁水湘峪孫氏以戶部尚書孫居相、都察院右副都御史為代表，先世高平，一世祖孫德輝經由赤土坡遷居湘峪村。第七世孫居相、孫鼎相為進士。第八世孫如玉、第十世孫鯤化為舉人。

表 5-79　沁水湘峪孫氏家族科舉傳承簡表

輩	承	姓　名	身　份	官　至	備　註
一		孫德輝			
二	德輝	孫仕岩			
三	仕岩	孫航			
四	航	孫溫			
五	溫	孫廷禎			
六	廷禎	孫辰		所吏目	
七		孫堯相			
	辰	孫居相	萬曆十六年舉人 萬曆二十年進士	戶部尚書	
		孫可相	貢生	禮部儒士	
		孫鼎相	萬曆十九年舉人 萬曆二十六年進士	都察院左副都御史	
		孫立相			
八	居相	孫如壁	太學生		
		孫如瑜	歲貢	黃縣知縣	
	可相	孫如琯		光祿寺監事	
		孫如珩	廩生		
	鼎相	孫如琮	庠生		
		孫如璋	歲貢		
		孫如珙	廩貢		

	立相	孫如琛	廩生		
		孫如璨	廩生		
		孫如璿	庠生		
		孫如玉	萬曆四十年舉人		
		孫如金	恩貢	儀封知縣	
		孫如瑆	廩生		
		孫如琰	歲貢	平遙訓導	
		孫如瑋	庠生		
九	如壁	孫挹	庠生		
		孫揚	歲貢		
		孫捸	歲貢		
		孫扶	歲貢	鄉飲大賓	
		孫浩	廩生		
十	挹	孫鯤化	康熙三十八年舉人	北流知縣	
		孫塤	歲貢		
十一	塤	孫傑	庠生		
計有進士2人，舉人2人。						

沁水曲堤霍氏家族

沁水曲堤霍氏家世不詳，據《咸豐乙卯科順天鄉試同年齒錄》霍兆梅家狀推斷，舉人霍兆梅與進士霍慶姚、霍潤生為族祖、祖叔的關係，曲堤霍氏在這三代的字輩也能推定為「隆、慶、生」。曲堤村尚有萬曆十三年舉人霍惟準、康熙五十二年武舉霍得威，應該都是同族。

表5-80 沁水曲堤霍氏家族科舉傳承簡表

輩	承	姓 名	身 份	官 至	備 註
		霍隆膺			
		霍隆吉			
	隆膺	霍慶唐	庠生		
		霍慶姚	嘉慶十五年舉人 嘉慶二十二年進士	汾州府教授	
	隆吉	霍景曾	道光丙戌貢生		
	慶唐	霍慈生	監生		

	景曾	霍潤生	咸豐二年舉人 咸豐十年進士	長壽知縣	
	慈生	霍兆梅	咸豐五年舉人		順天鄉試
計有進士2人，舉人2人，武舉人1人。					

沁水端氏賈氏家族

據《沁水賈氏塋廟石刻文稿》，賈氏「世居沁水縣東九十里之端氏故城，自明隆萬時，以科第起家，為縣著姓」，《沁水縣志》標注萬曆十九年舉人賈從桂、萬曆四十三年舉人賈希洛均為端氏中里人，應該為同族。

表 5-81　沁水端氏賈氏家族科舉傳承簡表

輩　承		姓　名	身　份	官　至	備　註
		殿卿			鄉飲介賓
	殿卿	聯彪	國子生		
		聯徵	國子生	候選通判	
		聯第	邑庠生		
		聯捷			
		聯瑛	郡廩生		
	聯彪	沂	廩貢生	候選訓導	
	沂	賈作人	光緒五年舉人 光緒十五年進士		
		雨田			
		煥林	邑庠生		早卒
		酉山	光緒十七年舉人		
		作孚			
		春山			
		對山			
		好德			
		守德			
		樹德			
	作人	景德	光緒二十九年舉人 光緒三十年進士		
計出進士2人，舉人3人。					

沁水郭壁張氏家族

據張鏗墓誌銘，郭壁張氏「其先為長子縣堡頭鋪人，九世祖始遷沁水之郭壁鎮居焉」，張壁再遷居沁水縣城。第三世張勤中舉人，第十二世張之屏中進士，第十三世張洪猷、張洪翼兄弟中舉人。另舉人張濱、張光父子為鹿路北里人，役籍和張之屏家族一樣為軍籍，可能是同族。

表 5-82　沁水郭壁張氏家族科舉傳承簡表

輩	承	姓 名	身 份	官 至	備 註
一					
二					
三		張勤	洪武二十六年舉人		七世祖
四					
五					
六		張文用			
七	文用	張桂			
八	桂	張普			
九	普	張壁	廩生		
十	壁	張鏗	例貢	王府教授	
十一	鏗	張知言	歲貢		
		張知本		玉田知縣	
		張知非			
		張知要			
十二	知本	張之屏	隆慶元年舉人 萬曆二年進士	山東布政司參議	
十三	之屏	張洪憲			
		張洪猷	萬曆十九年舉人		
		張洪翼	萬曆三十一年舉人	威縣知縣	
十四	洪翼	張於廷			麟昭
十五	於廷	張問士			胞兄弟五人
十六	問士	張克履			胞兄弟七人
計出進士 1 人，舉人 3 人。					

沁水宣化坊李氏家族

據《詔進榮祿大夫南京戶部尚書李公墓表》，李瀚家族「其先山西翼城人，六世祖始遷沁水」，世居城內宣化坊。

表 5-83　沁水宣化坊李氏家族科舉傳承簡表

輩	承	姓 名	身 份	官 至	備 註
		李綸	貢生	知縣	
	綸	李勳			
	勳	李聰	景泰四年舉人 景泰五年會試副榜	訓導	
	聰	李灝			
		李澤			
		李瀚	成化十六年解元 成化十七年進士	南京戶部尚書	
		李溥			
		李淡	貢生	教諭	
		李淪			
	瀚	李承宗	國子生		
		李承序		散官	早卒
		李承祐			
		李承恩	正德五年舉人	良鄉知縣	
	承恩	李希夔	國子生		
		李希龍			
		李希傳			
		李希尹			
		李異品	崇禎三年解元	濟南同知	
	希夔	李一鵬		保定府通判	
計出進士 1 人，舉人 3 人。					

結　語

　　通過以澤州為例的特定區域內明清兩代 540 餘年間產生的 1200 餘名科舉人物的整理研究，對比分析得出進士與舉人間、明代與清代間、縣區間、個人與家族間，在地域分布、登科年齡、科年斷層、所習經目、鄉貫役籍、入試身份、會試次數、官居何職等方面的規律性和差異性，來獲知社會階層與科舉制度、個人與社會的相互影響因素，以科舉人物這個社會精英群體為視角去窺探明清特定區域內政治、經濟、文化等多個層面的發展狀況。

　　澤州作為一個典型的北方州府，進士、舉人群體所反映出的整體狀況與明清科舉取士的發展規律相符，以普通民籍為主體的士民階層始終依靠科考作為改變人生命運的主要手段，多個進士或舉人形成的科舉家族對所在宗族的發展起到了強有力的反哺作用，並對所居里甲的地理範圍內的社會、經濟產生有限影響。

　　同時也有其特色，澤州雖非邊疆但位於太行山與平原相接的晉豫交界處，明代所設寧山衛對境內人口結構、宗族發展、社會風氣等產生了非常深遠的影響，明代寧山衛籍的軍戶在無法人人「世襲」的情況下，與本土宗族、士子開始搶奪社會資源、教育資源。清代裁撤後大量衛所人員編戶入州，清代澤州在武科考試所取得的成就，以及明末與清末時常掀起的「綠林」起義事件，和寧山衛軍戶沿襲下來的尚武風氣未必無關。

　　科舉是普通民眾跨越階層的相對公平的方式，但其公平性又常常難以維持。就明代與清代而言，明代進士和舉人獲得官職更為容易，而清代進士獲得一個未入流的小官都常需等待多年。這種現象的直接原因是清代中後期「賣官鬻爵」極其猖狂，相當數量地位低下的士人通過捐納獲得了三品以上

的官職，而寒窗十年的進士、舉人經過多年銓選僅得教職。根本原因，則是清代實行「滿人為主、漢人為輔」選官制度的緣故。

這種不公平性在普通民眾與世家大族間尤其明顯，完成資本積累的世家大族往往更容易獲得更多的社會資源、政治資源、教育資源，良性循環下的世家大族，不斷積累各種資源，持續占席科考，區域內的進士舉人幾乎被幾個家族所壟斷。寒門子弟要想佔據一席之地，往往需要通過數十代的積累才能獲取一個相對寬鬆的科考機會。科年斷層似乎正是一個地區或一個家族的經濟、教育發展狀況的映像。

總歸而言，以公平性為原則的科考制度，在尊卑有序的階級社會只能流於表面。

科舉以儒學為基礎，對國家而言是選取社會精英管理社會的手段，對個人而言是提升個人認知水平、實踐能力的方式。但在實踐過程中，以儒家四書五經為教育基礎的科舉制度，並沒有顯著提高以進士、舉人為主體的士紳階層道德認知水平和道德實踐能力。社會精英群體更注重個人利益，在面對朝代更迭、黨群抗爭等是非時，絕大多數士子都會優先做出利益最大化或是損失最小的選擇。

明初停考是統治階層對科舉取士的質疑，不少進士、舉人僅把科考當作進入仕途的「敲門磚」，而並未具備學習儒學後應當具有的實踐能力。清代初期，明末士子群體面對朝代更迭做出的不同選擇，體現的是接受儒學教育並通過科考驗收的士子群體的個人選擇。除了部分人「死忠」，絕大多數人在清朝統治者高明政治手段下選擇了新朝。應該站在道德制高點去譴責，還是反思儒學愛國教育存在的問題，在當時複雜的時代背景下，譴責和認可都是帶有偏見的結論。

封建時代「家天下」的體制，統治階層服務於皇家而非百姓，個人、社會、國家之間的關係十分微妙，絕對正義的選擇似乎並不存在。

對比 1200 餘名科舉人物的人生履歷，其中的舉人群體因獲取官職難度比進士群體更大，更多的選擇「詩畫」人生，他們的個人選擇似乎缺失了對社會的貢獻度。這種情況實際上與「能力越大責任越大」的社會普遍狀況相關，有功名的科舉人物對社會的整體貢獻度很明顯高於「碌碌無為」的普通民眾，世家大族對區域內經濟、文化、教育的持久影響深度也顯著大於「曇花一現」的普通家庭。

研究古代科舉，在時代背景下探討教育制度與個人發展間存在的聯繫，反思不同時代不同群體間的差異化問題，可能會對當前我們的教育制度和人生選擇有所幫助。

參考文獻

一、科舉文獻

1. 《明代登科錄彙編》，臺灣學生書局，1969 年版。

2. 《天一閣藏明代登科錄選刊・登科錄》，寧波出版社，2006 年版。

3. 《天一閣藏明代登科錄選刊・會試錄》，寧波出版社，2007 年版。

4. 《天一閣藏明代登科錄選刊・鄉試錄》，寧波出版社，2010 年版。

5. 《皇明進士登科考》，彙編本，臺灣學生書局，1969 年版。

6. 《明清歷科進士題名碑錄》，華文書局，1969 年版。

7. 徐松《登科記考》，中華書局，1984 年版。

8. 《中國科舉錄彙編》，全國圖書館縮微中心，2011 年版。

9. 《中國科舉錄續編》，全國圖書館縮微中心，2011 年版。

10. 《進士三代履歷便覽》，日本國立公文書館藏彙編本。

11. 《明清科舉檔案資料》，加州大學洛杉磯分校東亞圖書館藏彙編本。

12. 《清代硃卷集成》，臺北成文出版社出版，1992 年版。

13. 《登科錄（康熙 11 年～光緒 24 年)》，中國第一歷史檔案館藏微縮卷。

14. 《會試錄（順治 4 年～廣西 24 年)》，中國第一歷史檔案館藏微縮卷。

15. 《會試題名錄（康熙 21 年～光緒 30 年)》，中國第一歷史檔案館藏微縮卷。

16. 《武會試錄（康熙 24 年～光緒 21 年)》，中國第一歷史檔案館藏微縮卷。

17. 《山西鄉試錄（順治 3 年～乾隆 60 年)》，中國第一歷史檔案館藏微縮卷。

18. 《山西鄉試題名錄（雍正 13 年～光緒 20 年）》，中國第一歷史檔案館藏微縮卷。

19. 《山西武鄉試錄（康熙 11 年～咸豐 9 年）》，中國第一歷史檔案館藏微縮卷。

20. 《山西武鄉試題名錄（嘉慶 3 年～光緒 20 年）》，中國第一歷史檔案館藏微縮卷。

21. 《成化十一年乙未科會試錄》，《古籍珍本叢刊》本，書目文獻出版社，1996 年版。

22. 《成化十四年戊戌科會試錄》，南京圖書館藏刻本。

23. 《弘治九年丙辰科會試錄》，南京圖書館藏刻本。

24. 《弘治十二年進士登科錄》，上海圖書館藏刻本。

25. 《隆慶五年辛未科進士履歷便覽》，上海圖書館藏刻本。

26. 《萬曆八年庚辰科進士履歷便覽》，上海圖書館藏刻本。

27. 《萬曆十四年丙戌科進士履歷便覽》，加州大學藏刻本。

28. 《萬曆三十二年進士登科錄》，上海圖書館藏刻本。

29. 《萬曆三十五年丁未科進士履歷便覽》，上海圖書館藏刻本。

30. 《崇禎十六年癸未科進士三代履歷》，上海圖書館藏刻本。

31. 《順治三年丙戌科會試四百名進士三代履歷便覽》，天一閣藏刻本。

32. 《順治四年丁亥科進士三代履歷》，天一閣藏刻本。

33. 《順治六年己丑科會試四百名進士三代履歷便覽》，天一閣藏刻本。

34. 《順治九年壬辰科會試四百七名進士三代履歷便覽》，天一閣藏刻本。

35. 《順治十二年乙未科會試三百八十五名進士三代履歷便覽》，天一閣藏刻本。

36. 《順治十二年乙未科進士履歷便覽》，天一閣藏刻本。

37. 《順治十五年戊戌科會試四百一名進士三代履歷便覽》，天一閣藏刻本。

38. 《順治十六年己亥科會試三百五十名進士三代履歷便覽》，天一閣藏刻本。

39. 《順治十八年辛丑科會試四百名進士三代履歷便覽》，天一閣藏刻本。

40. 《康熙三年甲辰科會試進士三代履歷》，日本國立公文書館，普林斯頓大學東亞圖書館藏複印本。

41. 《康熙十八年己未科會試進士三代履歷便覽》，天一閣藏刻本。

42. 《康熙三十三年甲戌科一百五十九名進士三代履歷便覽》，天一閣藏刻本。

43.《嘉慶元年丙辰恩科會試齒錄》，臺灣傅斯年圖書館藏刻本。

44.《嘉慶己卯恩科同年齒錄》，國家圖書館古籍館藏刻本。

45.《嘉慶十九年進士登科錄》，國家圖書館古籍館藏刻本。

46.《道光丙戌科會試同年齒錄》，國家圖書館古籍館藏刻本。

47.《道光壬辰恩科會試同年齒錄》，國家圖書館古籍館藏刻本。

48.《道光十八年進士登科錄》，國家圖書館古籍館藏刻本。

49.《咸豐壬子恩科會試同年齒錄》，國家圖書館古籍館藏刻本。

50.《光緒甲辰恩科會試同年齒錄》，國家圖書館古籍館藏刻本。

51.《光緒庚寅恩科會試同年齒錄》，國家圖書館古籍館藏刻本。

52.《光緒庚寅恩科進士登科錄》，國家圖書館古籍館藏刻本。

53.《光緒癸未科會試錄》，國家圖書館古籍館藏刻本。

54.《光緒九年癸未科會試同年齒錄》，國家圖書館古籍館藏刻本。

55.《光緒九年進士登科錄》，國家圖書館古籍館藏刻本。

56.《光緒己丑科會試同年齒錄》，國家圖書館古籍館藏刻本。

57.《光緒十五年進士登科錄》，國家圖書館古籍館藏刻本。

58.《同治十年辛未科會試同年齒錄》，國家圖書館古籍館藏刻本。

59.《同治十年辛未科會試錄》，國家圖書館古籍館藏刻本。

60.《康熙三十二年山西鄉試錄》，國家圖書館古籍館藏刻本。

61.《光緒己卯科山西鄉試題名錄》，國家圖書館古籍館藏刻本。

62.《光緒癸巳恩科山西鄉試同年齒錄》，國家圖書館古籍館藏刻本。

63.《光緒十九年癸巳科山西鄉試題名錄》，國家圖書館古籍館藏刻本。

64.《同治九年山西鄉試錄》，國家圖書館古籍館藏刻本。

65.《道光庚子恩科山西鄉試同年齒錄》，國家圖書館古籍館藏刻本。

66.《道光丙午科山西鄉試同年齒錄》，國家圖書館古籍館藏刻本。

67.《嘉慶戊辰恩科山西鄉試題名錄》，國家圖書館古籍館藏刻本。

68.《嘉慶庚申恩科山西鄉試同年齒錄》，國家圖書館古籍館藏刻本。

69.《道光乙未恩科直省同年錄》，國家圖書館古籍館藏刻本。

70.《咸豐辛亥科順天鄉試同年錄》，國家圖書館古籍館藏刻本。

71.《道光甲午科直省同年錄》，國家圖書館古籍館藏刻本。

72.《咸豐戊午科十八省鄉試同年錄》，國家圖書館古籍館藏刻本。

73. 《咸豐壬子科十八省鄉試同年錄》，國家圖書館古籍館藏刻本。

74. 《光緒癸巳恩科十八省鄉試同年錄》，國家圖書館古籍館藏刻本。

75. 《光緒癸巳科同年丙子齒錄》，國家圖書館古籍館藏刻本。

76. 《同治甲子科十八省鄉試同年錄》，國家圖書館古籍館藏刻本。

77. 《乾隆庚寅恩科順天鄉試同年齒錄》，國家圖書館古籍館藏刻本。

78. 《嘉慶庚午科順天鄉試同年齒錄》，國家圖書館古籍館藏刻本。

79. 《乾隆二十五年庚辰恩科順天鄉試同年齒錄》，國家圖書館古籍館藏刻本。

80. 《道光辛卯恩科各直省同年錄》，臺灣經學文化事業有限公司，2019 年版。

81. 《道光癸卯科直省同年全錄》，臺灣經學文化事業有限公司，2019 年版。

82. 《道光元年辛巳各省同年全錄》，臺灣經學文化事業有限公司，2019 年版。

83. 《道光戊子科直省同年錄》，臺灣經學文化事業有限公司，2019 年版。

84. 《道光己酉科直省舉貢同年錄》，臺灣經學文化事業有限公司，2019 年版。

85. 《道光甲辰恩科直省同年錄》，臺灣經學文化事業有限公司，2019 年版。

86. 《雍正四年山西鄉試同榜》，美國國會圖書館藏刻本。

87. 《乾隆三十三年順天文鄉試錄》，國家圖書館古籍館藏刻本。

88. 《乾隆庚寅恩科順天鄉試同年齒錄》，國家圖書館古籍館藏刻本。

89. 《嘉慶戊午科山西鄉試同年齒錄》，美國國會圖書館藏刻本。

90. 《光緒八年壬午科山西鄉試題名錄》，《申報》版。

91. 《光緒十四年戊子科山西鄉試題名錄》，《申報》版。

92. 《光緒十七年辛卯科山西鄉試題名錄》，《申報》版。

93. 《光緒十九年癸巳恩科山西鄉試題名錄》，《申報》版。

94. 《光緒二十三年丁酉科山西鄉試題名錄》，《申報》版。

95. 《光緒二十九年癸卯恩科山西鄉試題名錄》，《申報》版。

二、史料檔案

1. 《中國明朝檔案總匯》，廣西師範大學出版社，2001 年版。

2. 《清代檔案史料叢編》，中國第一歷史檔案館編，中華書局，1987 年版。

3. 《清代官員履歷檔案全編》，華東師範大學出版社，1997 年版。

4. 《雍正朝漢文朱批奏摺彙編》，臺北故宮博物院。

5. （明）張弘道，張凝道《皇明三元考》，《四庫全書》本。

6.（明）張弘道，張凝道《科名盛事錄》，國家圖書館藏刻本。

7.（明）程敏政《皇明文衡》，《四部叢刊初編》本。

8.（明）雷禮編《國朝列卿記》，《四庫全書》本。

9.（明）申時行等纂《大明會典》，明萬曆內府刻本。

10.（明）沈德符《萬曆獲野編》，北京燕山出版社，1998 年版。

11.（明）官修《萬曆邸鈔》，臺灣中央圖書館，1968 年影印版。

12.（明）《明實錄》，臺灣中央研究院歷史語言研究所。

13.（明）焦竑《國朝獻徵錄》，臺灣學生書局，1984 年版。

14.（明）蕭彥撰《掖垣人鑒》，明刻本。

15.（明）陳子龍輯《明經世文編》，明崇禎刻本。

16.（清）賀長齡輯《清經世文編》，清光緒十二年刻本。

17.（清）法式善《清秘述聞三種》，中華書局，1982 年版。

18.（清）盛子鄴輯《類姓登科考》，《四庫全書存目叢書》本。

19.（清）李調元輯《制義科瑣記》，商務印書館，1936 年版。

20.（清）徐珂《清稗類鈔》，中華書局，1986 年版。

21.（清）萬斯同《明史》，清鈔本。

22.（清）允祹撰《欽定大清會典》，文淵閣《四庫全書》本。

23.（清）官修《大清會典則例》，文淵閣《四庫全書》本。

24.（清）景清撰《武場條例》，清光緒二十一年刻本。

25.（清）穆彰阿撰《大清一統志》，《四部叢刊續編》本。

26.（清）《清實錄》，臺灣中央研究院歷史語言研究所。

27.（清）錢儀吉《碑傳集》，中華書局，1993 年版。

28.（清）談遷《談氏筆乘》，上海圖書館藏抄本。

29.（清）朱汝珍輯《詞林輯略》，清刻本。

30.（清）秦瀛撰《己未詞科錄》，清嘉慶刻本。

31.（清）黃叔璥撰《國朝御史題名》，清光緒刻本。

32.（清）官修《皇朝文獻通考》，文淵閣《四庫全書》本。

33.（清）鄂爾泰撰《皇朝詞林典故》，文淵閣《四庫全書》本。

34.（清）法式善輯《同館試律匯鈔》，清刻本。

35.（清）朱彭壽《清代人物大事紀年》，北京圖書館出版社，2005 年版。

36.（清）徐世昌《清儒學案》，上海文瑞樓鴻章書局版。

37.（清）傅燮詷輯《詞覯》，清刻本。

38.（民國）趙爾巽等撰《清史稿》，民國十七年清史館本。

三、詩詞文集

1.（明）常倫《常評事集》，《山右叢書初編》本。

2.（明）崔銑《洹詞》，《欽定四庫全書》本。

3.（明）陳繼儒《陳眉公先生全集》，《明別集叢刊》本。

4.（明）張銓《張忠烈公全集》，《明別集叢刊》本。

5.（明）李維楨《大泌山房集》，《欽定四庫全書》本。

6.（明）張璧《陽峰家藏集》，《欽定四庫全書》本。

7.（明）嚴嵩《鈐山堂集》，《欽定四庫全書》本。

8.（明）胡松《胡莊肅公文集》，《欽定四庫全書》本。

9.（明）張五典《大司馬張海虹先生文集》，《山右叢書初編》本。

10.（明）張道濬《張司隸初集》，《山右叢書》本。

11.（明）陸深《儼山集》，《欽定四庫全書》本。

12.（明）王家屏《復宿山房文集》，國家圖書館藏刻本。

13.（明）張養蒙《張毅敏公集》，《明別集叢刊》本。

14.（明）李東陽《懷麓堂集》，《明人文集叢刊》本。

15.（明）歐陽德《歐陽南野先生文選》，《四庫全書存目叢書》本。

16.（明）唐龍《漁石集》，《叢書集成初編》本。

17.（明）王鴻儒《王文莊公凝齋集》，《欽定四庫全書》本。

18.（明）苗胙土《大中丞苗晉侯先生文集》，《北京圖書館古籍珍本叢刊》本。

19.（明）王鐸著《擬山園選集》，《清代詩文集彙編》本。

20.（明）張慎言《洎水齋文鈔》，《山右叢書初編》本。

21.（明）吳寬《家藏集》，《欽定四庫全書》本。

22.（明）魏象樞《寒松堂全集》，《清代詩文集彙編》本。

23.（明）梅之煥《梅中丞遺稿》，《明別集叢刊》本。

24.（清）儲大文《存研樓文集》，《欽定四庫全書》本。

25.（清）白胤謙《東谷集》，《清代詩文集彙編》本。

26.（清）白胤謙《歸庸集》，《清代詩文集彙編》本。

27.（清）白胤謙《桑榆集》，《清代詩文集彙編》本。

28.（清）陸奎勳《陸堂文集》，《欽定四庫全書》本。

29.（清）談遷《棗林雜俎》，《續修四庫全書》本。

30.（清）田從典《嶢山集》，《清代詩文集彙編》本。

31.（清）張英《文端集》，《欽定四庫全書》本。

32.（清）景日昣《說嵩》，國家圖書館藏刻本。

33.（清）陳玉璂《學文堂文集》，《清代詩文集彙編》本。

34.（清）陳廷敬《午亭文編》，《欽定四庫全書》本。

35.（清）郭兆麒《梅崖詩話》，《山右叢書》本。

36.（清）吳省欽《白華前稿》，《清代詩文集彙編》本。

37.（清）張穆《希音堂集》，國家圖書館藏刻本。

38.（清）張穆《㐵齋文集》，《山右叢書》本。

39.（清）牛兆捷《牛澱洋陶史草》，《清代詩文集彙編》本。

40.（清）許汝霖《德星堂文集》，《欽定四庫全書》本。

41.（清）畢振姬《西北之文》，《清代詩文集彙編》本。

42.（清）竇光鼐《省吾齋古文集》，清乾隆刻本。

43.（清）蔣士銓《忠雅堂集校箋》，《中國古典文學叢書》本。

44.（清）潘耒《遂初堂集》，國家圖書館藏刻本。

45.（清）許兆椿《秋水閣詩集》，《清代詩文集彙編》本。

46.（清）錢載《蘀石齋文集》，清刻本。

47.（清）李錫麟等輯《國朝山右詩存》，清刻本。

48.（清）范鄗鼎輯《三晉詩選》，清刻本

49.（清）朱彝尊編《明詩綜》，上海古籍出版社，1993 年版。

四、方志譜牒

1.（明）成化《山西通志》，成化十一年刻本。

2.（明）嘉靖《山西通志》，國家圖書館藏刻本。

3.（明）萬曆《山西通志》，國家圖書館藏刻本。

4.（明）萬曆《澤州志》，明萬曆刻本。

5.（明）萬曆《宜興縣志》，明刻本。

6.（明）成化《寧波郡志》，明成化四年刻本。

7.（明）隆慶《藍田縣志》，明隆慶五年刻本。

8.（清）康熙《安定縣志》，清康熙十九年鈔本。

9.（清）康熙《滑縣志》，清康熙二十五年刻本。

10.（清）光緒《永寧州志》，清光緒七年刻本。

11.（清）康熙《文安縣志》，清康熙四十二年刻本。

12.（清）乾隆《淮安府志》，清咸豐二年重刊本。

13.（清）順治《華亭縣志》，鈔本。

14.（清）光緒《廣西通志輯要》，廣西十七年刊本。

15.（清）嘉慶《揚州府志》，清嘉慶十五年刊本。

16.（清）嘉慶《海州直隸州志》，清嘉慶十五年刊本。

17.（清）光緒《吳橋縣志》，清刻本。

18.（清）乾隆《莊浪縣志略》，《中國地方志集成》本。

19.（清）康熙《浮梁縣志》，清刻本。

20.（清）康熙《海康縣志》，國家圖書館藏刻本。

21.（清）雍正《山西通志》，國家圖書館藏刻本。

22.（清）光緒《山西通志》，國家圖書館藏刻本。

23.（清）康熙《澤州志》，清康熙四十五年刻本。

24.（清）雍正《澤州府志》，國家圖書館藏刻本。

25.（清）乾隆《鳳臺縣志》，國家圖書館藏刻本。

26.（清）光緒《鳳臺縣續志》，國家圖書館藏刻本。

27.（清）順治《高平縣志》，國家圖書館藏刻本。

28.（清）乾隆《高平縣志》，國家圖書館藏刻本。

29.（清）同治《高平縣志》，國家圖書館藏刻本。

30.（清）光緒《續高平縣志》，國家圖書館藏刻本。

31.（清）康熙《陽城縣志》，國家圖書館藏刻本。

32.（清）乾隆《陽城縣志》，國家圖書館藏刻本。

33.（清）同治《陽城縣志》，國家圖書館藏刻本。

34.（清）光緒《續陽城縣志》，國家圖書館藏刻本。

35.（清）光緒《陽城縣鄉土志》，國家圖書館藏刻本。

36.（清）乾隆五年《陵川縣志》，國家圖書館藏刻本。

37.（清）乾隆四十三年《陵川縣志》，國家圖書館藏刻本。

38.（清）光緒《陵川縣志》，國家圖書館藏刻本。

39.（清）民國《陵川縣志》，國家圖書館藏刻本。

40.（清）康熙《沁水縣志》，國家圖書館藏刻本。

41.（清）嘉慶《沁水縣志》，國家圖書館藏刻本。

42.（清）光緒《沁水縣志》，國家圖書館藏刻本。

43.（清）司昌齡《泫志拾遺》，清刻本。

44.（民國）《重修沭陽縣志》，民國間鉛印本。

45.（民國）《香河縣志》，民國二十五年鉛印本。

46.（民國）《重修紫陽縣志》，民國十四年年鉛印本。

47.《晉城文史資料》第 9 輯，政協晉城市文史資料委員會編。

48.《沁水賈氏塋廟石刻文編》，臺北文海出版社有限公司，1972 年版。

49.《高平祁氏先世遺跡及見錄》，民國刻本。

50.《澤州碑刻大全》，中華書局，2013 年版。

51.《三晉石刻大全·晉城市城區卷》，三晉出版社，2012 年版。

52.《三晉石刻大全·晉城市澤州縣卷》，三晉出版社，2012 年版。

53.《三晉石刻大全·晉城市高平市卷》，三晉出版社，2011 年版。

54.《三晉石刻大全·晉城市陽城縣卷》，三晉出版社，2012 年版。

55.《三晉石刻大全·晉城市陵川縣卷》，三晉出版社，2012 年版。

56.《三晉石刻大全·晉城市沁水縣卷》，三晉出版社，2012 年版。

57.《上孔村志》，上孔村志編纂委員會，2002 年版。

58.任茂棠《陳廷敬大傳》，山西人民出版社，2012 年版。

59.東光《馬氏家乘》，清刻本。

60.陽城中莊《李氏家譜》，民國鈔本。

61.沁水竇莊《張氏族譜》，清鈔本。

62.沁水竇莊《竇氏族譜》，清鈔本。

63.沁水《湘峪孫氏族譜》，清鈔本。

64.澤州大箕《王氏家譜》，清鈔本。

65. 濟源《河頭李氏仝族全譜》，清鈔本。

66. 江匠《王氏家譜》，清鈔本。

五、研究論著

1. 吳宣德《明代進士的地理分布》，中文大學出版社，2009 年版。

2. 王紅春《明代進士家狀研究》，上海書店出版社，2017 年版。

3. 王欣欣《山西歷代進士題名錄》，山西教育出版，2005 年版。

4. 錢茂偉《明代的科舉家族：以寧波楊氏為中心的考察》，中華書局，2014 年。

5. 政協河南省新鄭市委員會文史資料委員會編《高拱詩文標注》，1996 年版。

6. 豐臺區文化委員會編纂《豐臺區石刻文物圖錄》，北京燕山出版社，2008 年版。

7. 於志嘉《論明代的附籍軍戶與軍戶分戶》，《顧誠先生紀念暨明清史研究文集》，中州古籍出版社，2005 年版。

8. 曹樹基《中國人口史》，復旦大學出版社，2000 年版。

9. 顧樹森《中國歷代教育制度》，江蘇教育出版社，1981 年版。

10. 聞鈞天《中國保甲制度》，上海書店，1992 年版。

11. 王勇則《說不盡的末科進士》，上海遠東出版社，2017 年版。

12. 多洛肯《明代浙江進士研究》，上海古籍出版，2004 年版。

13. 吳宣德《清代江西進士的姓氏分布》，《科舉學論叢》，2020 年第 1 期。

14. 張光第、張文達《乾隆十九年甲戌科會試同年齒錄點校》，《科舉學論叢》，2020 年第 2 期。

15. 王紅春《明代宗室和四氏賢裔進士》，《科舉學論叢》，2016 年第 2 期。

16. 王紅春、孔偉偉《明代山西進士李諒的家世與履歷鈎沉——以其家狀和墓誌銘為中心》，《科舉學論叢》，2014 年第 1 期。

17. 王紅春《明代役籍制度淺析——以進士的役籍為例》，《科舉學論叢》，2017 年第 1 期。

18. 孫清玲《明代福建鹽灶籍進士群體研究》，《科舉學論叢》，2018 年第 2 期。

19. 沈登苗《清代全國縣級進士的分布》，《社會科學論壇》，2020 年第 1 期。

20. 王金龍《清代武進士人數考》，《明清論叢》，2016 年第 1 期。

附　錄

附錄一　現存明清山西鄉試文獻一覽表

序號	文獻名稱	館藏地	版　本
	明　代		
1	天順六年山西鄉試錄	天一閣鄉試錄	刻本、印刷品
2	成化二十二年山西鄉試錄	天一閣鄉試錄	刻本、印刷品
3	弘治五年山西鄉試錄	天一閣鄉試錄	刻本、印刷品
4	正德二年山西鄉試錄	天一閣鄉試錄	刻本、印刷品
5	正德八年山西鄉試錄	天一閣鄉試錄	刻本、印刷品
6	正德十一年山西鄉試錄	天一閣鄉試錄	刻本、印刷品
7	正德十四年山西鄉試錄	天一閣鄉試錄	刻本、印刷品
8	嘉靖元年山西鄉試錄	天一閣鄉試錄	刻本、印刷品
9	嘉靖十年山西鄉試錄	彙編、傅斯年	印刷品
10	嘉靖十六年山西鄉試錄	天一閣鄉試錄／加州大學	刻本、印刷品
11	嘉靖二十五年山西鄉試錄	天一閣鄉試錄	刻本、印刷品
12	嘉靖二十八年山西鄉試錄	天一閣鄉試錄	刻本、印刷品
13	嘉靖三十一年山西鄉試錄	天一閣鄉試錄	刻本、印刷品
14	嘉靖三十四年山西鄉試錄	天一閣鄉試錄	刻本、印刷品
15	嘉靖四十三年山西鄉試錄	天一閣鄉試錄	刻本、印刷品
16	隆慶元年山西鄉試錄	天一閣鄉試錄	刻本、印刷品
17	隆慶四年庚午科山西鄉試錄	天一閣鄉試錄	刻本、印刷品
18	萬曆元年癸酉科山西鄉試錄	天一閣鄉試錄	刻本、印刷品

19	萬曆四年丙子科山西鄉試錄	天一閣鄉試錄	刻本、印刷品
20	萬曆七年乙卯科山西鄉試錄	天一閣鄉試錄	刻本、印刷品
21	萬曆十年壬午山西鄉試錄	天一閣鄉試錄	刻本、印刷品
22	天啟元年山西鄉試錄一卷	中國科舉錄彙編	印刷品
23	崇禎十二年山西鄉試序	彙編	印刷品
24	崇禎十五年壬午科鄉試錄	中國科舉錄彙編	印刷品
	清　代		
1	康熙二十九年庚午科山西鄉試錄	北京大學圖書館	刻本
2	康熙三十二年山西鄉試錄	全國圖書館文獻縮微中心	微縮品
3	康熙三十八年己卯科山西鄉試墨卷	全國圖書館文獻縮微中心	微縮品
4	康熙四十一年山西鄉試錄	加州大學、一史館	印刷品、微縮卷
5	康熙四十七年山西鄉試錄	中國第一歷史檔案館	微縮品
6	康熙五十年山西鄉試錄	南京圖書館、一史館	刻本、微縮卷
7	雍正四年山西鄉試錄	美國國會圖書館	刻本
8	雍正七年山西鄉試錄	中國第一歷史檔案館	微縮品
9	雍正十三年山西鄉試錄	加州大學、一史館	印刷品、微縮卷
10	特恩乾隆元年丙辰恩科山西鄉試錄	北京大學圖書館	刻本
11	乾隆三年戊午科山西鄉試題名錄	北京大學圖書館	刻本
12	乾隆九年山西鄉試錄	中國第一歷史檔案館	微縮品
13	乾隆二十一年丙子科山西鄉試錄	北京大學圖書館	刻本
14	乾隆二十四年山西鄉試錄	中國第一歷史檔案館、臺灣	微縮品
15	乾隆二十五年山西鄉試錄	中國第一歷史檔案館	微縮品
16	乾隆三十五年山西鄉試錄	中國第一歷史檔案館、臺灣	微縮品
17	乾隆三十九年甲午科山西鄉試錄	北京大學圖書館	刻本
18	乾隆四十二年丁酉科山西選拔履歷全書	山西省圖書館	刻本
19	乾隆四十四年己亥恩科各省鄉試齒錄	中國科舉錄續編	印刷品
20	乾隆四十八年癸卯科鄉試齒錄	國家圖書館	刻本
21	乾隆五十四年己酉科各省選拔同年齒錄	哈佛	
22	乾隆五十七年山西鄉試錄	中國第一歷史檔案館、臺灣	微縮品
23	乾隆五十九年山西鄉試錄	加州大學	印刷品

24	乾隆六十年山西鄉試錄	中國第一歷史檔案館	微縮品
25	嘉慶三年戊午科山西鄉試錄	北京大學圖書館	刻本
26	嘉慶三年戊午科山西鄉試齒錄	美國國會圖書館	刻本
27	嘉慶五年庚申恩科山西鄉試同年齒錄	國家圖書館古籍館	刻本
28	嘉慶五年庚申恩科山西鄉試題名錄	國家圖書館古籍館	刻本
29	嘉慶六年辛酉科山西鄉試題名	網絡拍賣品	
30	嘉慶十二年丁卯鄉試同年齒錄	臺灣	
31	嘉慶十二年山西鄉試錄	中國第一歷史檔案館、臺灣	微縮品
32	嘉慶十三年戊辰恩科山西鄉試同年齒錄	國家圖書館古籍館	刻本
33	嘉慶十三年戊辰恩科山西鄉試題名錄	國家圖書館古籍館、一史館	刻本、微縮品
34	嘉慶十五年山西鄉試錄	中國第一歷史檔案館、臺灣	微縮品
35	嘉慶十八年山西鄉試錄	中國第一歷史檔案館、臺灣	微縮品
36	嘉慶十八年癸酉拔貢同年錄	猶他家譜學會	電子
37	嘉慶二十一年丙子科齒錄	猶他家譜學會	電子
38	嘉慶二十四年山西鄉試錄	中國第一歷史檔案館	微縮品
39	嘉慶二十四年鄉試同年譜	哈佛	
40	道光辛巳各省同年全錄	哈佛、猶他家譜學會	電子
41	重訂道光二年壬午恩科同年齒錄	中國科舉錄續編	印刷品
42	道光乙酉科山西鄉試同年齒錄	猶他家譜學會	電子
43	道光五年乙酉科山西全省選拔同年齒錄	山西省圖書館	刻本
44	道光乙酉科山西選拔明經通譜	猶他家譜學會	電子
45	道光八年戊子科直省同年錄	哈佛、猶他家譜學會	電子
46	道光十一年山西鄉試錄	中國第一歷史檔案館	微縮品
47	道光十二年壬辰直省同年錄	猶他家譜學會	電子
48	道光十二年山西鄉試錄	中國第一歷史檔案館、臺灣	微縮品
49	道光十五年乙未科直省鄉試同年全錄	猶他家譜學會	電子
50	道光十五年乙未科大挑年譜	猶他家譜學會	電子
51	道光十七年丁酉科明經通譜	猶他家譜學會	電子
52	道光二十年庚子恩科山西鄉試同年齒錄	國家圖書館古籍館	刻本
53	道光二十年山西鄉試題名錄	中國第一歷史檔案館	微縮品

54	道光二十三年癸卯科山西鄉試題名錄	中國科舉錄續編、北圖	印刷品、刻本
55	道光二十三年癸卯科直省同年全錄	猶他家譜學會	電子
56	道光二十四年甲辰恩科直省同年錄	猶他家譜學會	電子
57	道光二十六年丙午科山西鄉試同年齒錄	國家圖書館古籍館	刻本
58	道光二十六年丙午科十八省鄉試同年錄	猶他家譜學會	電子
59	道光二十九年山西鄉試題名錄	中國第一歷史檔案館	微縮品
60	道光己酉科直省舉貢同年錄	猶他家譜學會	電子
61	道光己酉科明經通譜	猶他家譜學會	電子
62	咸豐元年山西鄉試錄	加州大學、一史館	印刷品、微縮品
63	咸豐二年壬子山西墨選	網絡拍賣品	
64	咸豐三年癸丑科大挑年譜	哈佛	
65	咸豐五年山西鄉試錄	中國第一歷史檔案館、臺灣	微縮品
66	咸豐五年乙卯科十八省鄉試同年錄	猶他家譜學會	電子
67	咸豐八年山西鄉試錄	中國第一歷史檔案館、臺灣	微縮品
68	咸豐九年己未恩科山西鄉試題名錄	中國科舉錄續編、北圖	印刷品、刻本
69	咸豐十一年山西鄉試錄	中國第一歷史檔案館、臺灣	微縮品
70	咸豐十一年辛酉科山西選拔同年齒錄	山西省圖書館	刻本
71	同治元年壬戌恩科山西鄉試同年齒錄	中國科舉錄續編、北圖	
72	同治元年山西鄉試錄	中國第一歷史檔案館	微縮品
73	同知六年丁卯科十八省鄉試同年錄	猶他家譜學會	電子
74	同治九年庚午科山西鄉試錄	國家圖書館古籍館	刻本
75	同治九年庚午科十八省鄉試同年錄	猶他家譜學會	電子
76	同治九年庚午科大同年齒錄	猶他家譜學會	電子
77	同治十二年癸酉科山西鄉試錄	北京大學圖書館	刻本
78	同治十二年直省鄉貢同年錄	哈佛、猶他家譜學會	電子
79	光緒元年恩科山西鄉試同年齒錄	臺灣、天津圖書館	電子
80	光緒元年乙亥恩科十八省鄉試同年錄	猶他家譜學會	電子
81	光緒二年丙子科十八省鄉試同年錄	猶他家譜學會	電子
82	光緒二年丙子科山西鄉試錄	北京大學圖書館	刻本
83	光緒五年己卯科十八省同年全錄	猶他家譜學會	電子

84	光緒五年己卯科山西鄉試題名錄	國家圖書館古籍館	刻本
85	光緒五年己卯科山西鄉試	國家圖書館古籍館	刻本
86	光緒八年十八省鄉試同年錄	哈佛	
87	光緒八年壬午科山西鄉試錄	北京大學圖書館	刻本
88	光緒八年壬午科山西鄉試題名錄	《申報》	報紙
89	光緒壬午科各省鄉試同年齒錄	加州大學	電子
90	光緒十一年乙酉科山西鄉試同年全錄	臺灣	電子
91	光緒十一年乙酉科山西鄉試錄	北京大學圖書館	刻本
92	光緒十一年山西鄉試題名錄	中國第一歷史檔案館	微縮品
93	光緒十一年乙酉科山西選拔貢卷	北京大學圖書館	刻本
94	光緒十二年十八歲優貢同年錄	哈佛	
95	光緒十四年戊子科山西鄉試題名錄	《申報》	報紙
96	光緒十五年己丑恩科山西鄉試題名錄	北京師範大學圖書館	刻本
97	光緒己丑恩科十八省正副榜同年錄	猶他家譜學會	電子
98	光緒十七年辛卯科山西鄉試題名錄	《申報》	報紙
99	光緒十九年癸巳恩科山西鄉試題名錄	《申報》	報紙
100	光緒十九年癸巳恩科山西鄉試同年齒錄	國家圖書館古籍館	刻本
101	光緒十九年癸巳科山西鄉試題名錄	國家圖書館古籍館	刻本
102	光緒十九年山西鄉試錄	中國第一歷史檔案館、臺灣	微縮品
103	光緒二十年山西鄉試錄	中國第一歷史檔案館、青海圖書館	微縮品
104	光緒二十年甲午科正副榜同年全錄	猶他家譜學會	電子
105	光緒二十三年丁酉科十八省正副榜同年全錄	哈佛、猶他家譜學會	電子
106	光緒二十三年丁酉科山西鄉試題名錄	《申報》	報紙
107	光緒二十九年癸卯恩科十八省鄉試同年錄	哈佛、猶他家譜學會	電子
108	光緒二十九年癸卯恩科山西鄉試題名錄	《申報》	報紙
109	光緒壬寅補行庚子恩正併科山西鄉試題名錄	全國圖書館文獻縮微中心	微縮品
110	光緒壬寅補行庚子辛丑恩正併科山西鄉試題名錄	《申報》	報紙
111	光緒壬寅補行庚子恩正併科山西鄉試闈墨	北京師範大學圖書館、青海圖書館	刻本
112	光緒庚子辛丑恩正併科山西鄉試同年齒錄	山西省圖書館	刻本
113	光緒庚子辛丑恩正併科山西鄉試題名錄	國家圖書館古籍館	刻本

附錄二　現存明清山西武鄉試文獻一覽表

序號	文獻名稱	館藏地	版　本
1	康熙十一年山西武舉鄉試錄	中國第一歷史檔案館	微縮品
2	康熙十七年戊午科山西武鄉試題名錄	中國第一歷史檔案館	微縮品
3	康熙二十六年山西武舉鄉試錄（殘）	中國第一歷史檔案館	微縮品
4	康熙三十八年山西武舉鄉試錄	中國第一歷史檔案館	微縮品
5	康熙四十七年山西武舉鄉試錄	中國第一歷史檔案館	微縮品
6	康熙五十二年山西武鄉試題名錄	中國第一歷史檔案館	微縮品
7	康熙五十三年山西武鄉試題名錄	中國第一歷史檔案館	微縮品
8	乾隆六年山西武舉鄉試錄	中國第一歷史檔案館	微縮品
9	乾隆十二年山西武舉鄉試錄	中國第一歷史檔案館	微縮品
10	乾隆二十一年山西武舉鄉試錄	中國第一歷史檔案館	微縮品
11	乾隆二十七年山西武舉鄉試錄	中國第一歷史檔案館	微縮品
12	嘉慶三年山西武舉鄉試錄	中國第一歷史檔案館	微縮品
13	嘉慶九年山西武舉鄉試錄	中國第一歷史檔案館	微縮品
14	嘉慶十二年山西武舉鄉試錄	中國第一歷史檔案館	微縮品
15	嘉慶十三年山西武舉鄉試錄	中國第一歷史檔案館	微縮品
16	嘉慶十五年山西武鄉試錄	中國第一歷史檔案館	微縮品
17	嘉慶十八年山西武鄉試錄	中國第一歷史檔案館	微縮品
18	嘉慶二十二年山西武鄉試錄	中國第一歷史檔案館	微縮品
19	嘉慶二十三年山西武鄉試錄	中國第一歷史檔案館	微縮品
20	嘉慶二十四年山西武鄉試錄	中國第一歷史檔案館	微縮品
21	道光十一年山西武鄉試錄	中國第一歷史檔案館	微縮品
22	道光二十年山西武鄉試錄	中國第一歷史檔案館	微縮品
23	咸豐九年山西武鄉試錄	中國第一歷史檔案館	微縮品
24	光緒十五年己丑恩科山西武鄉試題名錄	北京師範大學圖書館	刻本
25	光緒十七年辛卯科山西武鄉試題名錄	北京師範大學圖書館	刻本
26	光緒十九年山西武鄉試錄	中國第一歷史檔案館	微縮品
27	光緒二十年山西武鄉試題名錄	中國第一歷史檔案館	微縮品

附錄三　現存清代進士登科錄、會試錄、履歷一覽表

序號	科　年	題　名	館藏地／出版物
1	順治三年	順治三年丙戌科進士三代履歷	天一閣
2		順治三年丙戌科會試四百名進士三代履歷便覽	日本國立公文書館、內閣文庫
3	順治四年	順治四年會試錄	一史館
4		順治四年丁亥科進士三代履歷	天一閣
5	順治六年	順治六年己丑科進士登科錄	《彙編》、國圖
6		順治六年己丑科會試四百名進士三代履歷便覽	《彙編》、國圖、天一閣、日本國立公文書館、內閣文庫、美國猶他州家譜學會
7	順治九年	順治九年會試錄	一史館
8		順治九年壬辰科會試四百七名進士三代履歷便覽	國圖、天一閣、上圖、日本國立公文書館、內閣文庫
9	順治十二年	順治十二年乙未科會試三百八十五名進士三代履歷便覽	國圖、國立故宮博物院、上圖、日本國立公文書館、內閣文庫
10		順治十二年乙未科進士履歷便覽	天一閣
11	順治十五年	順治十五年會試錄	《彙編》、國圖
12		順治十五年戊戌科會試四百一名進士三代履歷便覽	國圖、天一閣、日本國立公文書館、內閣文庫
13	順治十六年	順治十六年己亥科會試三百五十名進士三代履歷便覽	國圖、天一閣、日本國立公文書館、內閣文庫
14	順治十八年	順治十八年辛丑科會試四百名進士三代履歷便覽	國圖、天一閣、日本國立公文書館、內閣文庫
15	康熙三年	康熙三年甲辰科會試進士三代履歷	天一閣、日本國立公文書館、內閣文庫
16	康熙六年	康熙六年丁未科會試進士三代履歷	天一閣、日本國立公文書館、內閣文庫
17	康熙九年	康熙九年庚戌科會試三百八名進士履歷便覽	天一閣、日本國立公文書館、內閣文庫
18	康熙十二年	康熙十二年癸丑科會試一百五十九名進士三代履歷便覽	國圖、天一閣、日本國立公文書館、內閣文庫
19	康熙十五年	康熙十五年丙辰科會試二百九名進士三代履歷便覽	《彙編》、國圖、天一閣、日本國立公文書館、內閣文庫
20	康熙十八年	康熙十八年己未科會試進士三代履歷便覽	國圖、天一閣、法國國家圖書館、日本國立公文書館

21	康熙二十一年	康熙二十一年壬戌科同年序齒錄	《彙編》、國圖
22	康熙二十一年	康熙二十一年壬辰科會試二百名進士三代履歷便覽	日本國立公文書館、內閣文庫
23	康熙二十四年	康熙二十四年乙丑科會試一百五十名進士三代履歷便覽	國圖、天一閣、日本國立公文書館、內閣文庫
24	康熙二十七年	康熙二十七年戊辰科會試一百五十名進士三代履歷便覽	日本國立公文書館、內閣文庫
25	康熙三十年	康熙三十年會試錄	加州大學
26		康熙三十年辛未科會試一百五十六名三代進士履歷便覽	日本國立公文書館、內閣文庫
27	康熙三十三年	康熙三十三年會試錄	一史館
28		康熙三十三年甲戌科一百五十九名進士三代履歷便覽	天一閣、日本國立公文書館、內閣文庫
29	康熙三十六年	康熙三十六年丁丑科會試一百五十九名進士三代履歷便覽	日本國立公文書館、內閣文庫
30	康熙三十九年	康熙三十九年進士登科錄	一史館
31		康熙三十九年庚辰科會試三百名三代進士履歷便覽	上圖、日本國立公文書館、內閣文庫
32	康熙四十二年	康熙四十二年會試錄	加州大學
33		康熙四十二年癸未科會試一百六十二名三代進士履歷便覽	國圖、臺圖、日本國立公文書館、內閣文庫
34	康熙四十五年	康熙四十五年進士登科錄	一史館
35		康熙四十五年丙戌科會試三百十五名三代進士履歷便覽	日本國立公文書館、內閣文庫
36	康熙四十八年	康熙四十八年己丑科會試三百三名三代進士履歷便覽	日本國立公文書館、內閣文庫
37	康熙五十一年	康熙五十一年進士登科錄	一史館、《彙編》、國圖
38		康熙五十一年壬辰科會試一百九十五名三代進士履歷便覽	日本國立公文書館、內閣文庫
39	康熙五十二年	康熙五十二年進士登科錄	一史館
40		康熙五十二年癸巳萬壽科會試一百八十六名三代進士履歷便覽	日本國立公文書館
41	康熙五十四年	康熙五十四年乙未科進士登科錄	日本國立公文書館
42		康熙五十四年進士履歷便覽	日本國立公文書館
43	康熙五十七年	康熙五十七年戊戌科進士登科錄	日本國立公文書館

44	康熙六十年	康熙六十年辛丑科進士登科錄	日本國立公文書館
45	雍正八年	雍正八年進士登科錄	一史館
46	乾隆七年	乾隆七年會試錄	加州大學
47	乾隆十六年	乾隆十六年進士登科錄	一史館
48		乾隆十六年會試錄	一史館
49	乾隆十七年	乾隆十七年會試同門錄	加州大學
50	乾隆十九年	乾隆十九年甲戌科會試錄	《彙編》、一史館
51	乾隆二十八年	乾隆二十八年會試錄	加州大學
52	嘉慶元年	嘉慶元年登科錄	天圖
53		嘉慶元年丙辰恩科會試齒錄	傅斯年圖書館、加州大學
54	嘉慶四年	嘉慶四年登科錄	天圖
56		嘉慶四年己未科會試錄	中科院
57	嘉慶六年	嘉慶六年登科錄一卷	南開大學圖書館、天圖
58	嘉慶七年	重訂嘉慶七年壬戌科會試齒錄	《彙編》、國圖
59	嘉慶十年	嘉慶十年登科錄一卷	南開大學圖書館、湖南圖書館
60	嘉慶十六年	嘉慶十六年辛未科會試錄	日本國會
61	嘉慶十九年	嘉慶十九年進士登科錄	國圖
62		嘉慶甲戌科會試同年齒錄	首圖
63	道光二年	重訂道光二年壬午恩科同年齒錄	《彙編》、國圖
64	道光六年	道光丙戌科會試同年齒錄	北師大、國圖北海分館
65	道光九年	道光九年進士登科錄	國圖、遼寧省圖書館、哥倫比亞大學
66		道光己丑科會試同年齒錄	北師大
67	道光十二年	道光十二年進士登科錄	北師大
68		道光壬辰恩科會試同年齒錄	國圖北海分館
69	道光十三年	道光十三年癸巳科同年齒錄	猶他州家譜學會
70	道光十五年	道光十五年進士登科率	一史館
71		道光乙未科會試同年齒錄	京大人文研、湖南圖、遼寧圖、北師大、國圖北海分館
72	道光十六年	道光十六年進士登科錄	福建省圖書館、一史館
73		道光十六年會試同年齒錄	湖南社科院圖
74	道光十八年	道光十八年進士登科錄	國圖、安徽師範大學圖書館、京大人文研

75		道光十八年戊戌科會試同年齒錄	京大人文研
76	道光二十年	道光二十年庚子科會試同年齒錄	《彙編》、國圖北海分館
77	道光二十一年	道光二十一年辛丑恩科會試同年齒錄	國圖北海分館
78	道光二十四年	道光二十四年甲辰科進士同年錄	《彙編》
79		道光二十四年甲辰科會試同年齒錄	京大人文研、哈佛
80	道光二十五年	道光二十五年乙巳恩科會試官銜	國圖北海分館
81	道光二十七年	道光二十七年會試錄	一史館
82	道光三十年	道光庚戌科會試同年齒錄	北師大
83		道光三十年庚戌科會試官職錄	國圖北海分館
84	咸豐二年	咸豐二年進士登科錄	一史館
85		咸豐二年會試錄	一史館、國圖
86		咸豐壬子恩科會試同年齒錄	福建圖、國圖北海分館
87		咸豐二年壬子恩科會試官職錄	國圖北海分館
88	咸豐三年	咸豐癸丑科會試同年齒錄	國圖北海分館
89	咸豐六年	咸豐丙辰科會試同年齒錄	《彙編》、國圖北海分館、谷歌、美國猶他州家譜學會、
90	咸豐九年	咸豐己未科會試同年齒錄	國圖北海分館、北師大、首圖
91	咸豐十年	咸豐十年庚申恩科會試同年錄	北京大學圖書館
92	同治二年	同治二年癸亥恩科進士題名錄	《彙編》、國圖
93	同治四年	重修同治乙丑科會試同年齒錄	國圖北海分館、南開圖、北師大、哈佛
94	同治七年	同治戊辰科重訂會試同年齒錄	京大人文研、遼寧圖、北師大、國圖北海分館、哈佛
95	同治十年	同治辛未科會試同年齒錄	國圖北海分館、哈佛
96		同治十年辛未科會試錄	國圖北海分館
97	同治十三年	同治十三年甲戌科會試同年齒錄	國圖北海分館、山西圖
98		同治十三年甲戌科同年官職錄	國圖北海分館
99	光緒二年	光緒二年丙子恩科會試錄登科錄不分卷	哈爾濱市圖書館
100		光緒丙子恩科會試同年齒錄	北師大、國圖北海分館、加州大學
101	光緒三年	光緒丁丑科會試同年齒錄	保定圖、北師大、國圖北海分館

102	光緒六年	光緒庚辰科會試同年齒錄	《彙編》、國圖北海分館、哈佛、京大人文研、新疆大學圖書館、北師大、首圖
103	光緒九年	光緒九年癸未科會試同年齒錄	天津圖書館、國圖北海分館、北師大、京大人文研
104		光緒九年進士登科錄	國圖、北師大
105	光緒十二年	光緒十二年丙戌科會試同年齒錄	京大人文研、湖南社科院圖、復旦圖、北師大、國圖北海分館
106	光緒十五年	光緒十五年進士登科錄	國圖、北師大
107		光緒己丑科會試同年齒錄	國圖北海分館、徐州圖、保定圖、北師大、加州大學
108	光緒十六年	光緒十六年庚寅科會試錄	《彙編》、國圖、東大東文研
109		光緒十六年庚寅科會試同年齒錄	國圖北海分館、陝師大圖、加州大學
110		光緒十六年進士登科錄	湖南圖書館、國圖
111	光緒十八年	光緒十八年進士登科錄	國圖、北師大、一史館
112		光緒壬辰科會試同年齒錄	北師大、首圖、國圖北海分館
113	光緒二十年	光緒二十年進士登科錄	哥倫比亞大學
114		光緒甲午恩科會試同年齒錄	青海圖書館、輝縣博物館、北師大、首圖
115	光緒二十一年	光緒二十一年進士登科錄	國圖、哥倫比亞大學
116		光緒二十一年乙未科會試錄	國圖
117		光緒二十一年乙未科會試同年齒錄	京大人文研、北師大、國圖北海分館、加州大學
118	光緒二十四年	光緒二十四年戊戌科會試同年齒錄	京大人文研
119	光緒二十九年	光緒二十九年進士登科錄	雲南圖、國圖、湖南圖書館、京大人文研、加州大學
120		光緒二十九年會試錄	京大人文研、加州大學
121		光緒二十九年癸卯補行辛丑壬寅恩正併科會試同年齒錄	國圖北海分館、貴州圖、保定圖、北師大、雲南圖
122	光緒三十年	光緒三十年甲辰恩科進士登科錄	北師大、國圖、貴州圖
123		光緒甲辰恩科會試錄	一史館
124		光緒甲辰恩科會試同年齒錄	浙圖、保定圖、北師大、首圖、國圖北海分館
125		同治兩朝草題名錄	《彙編》

後　記

　　編著《明清澤州進士研究》的念頭起於十年前，當時還本科大二在讀的我，完成了村史《金渠頭》的編撰。在研究村史的過程中，注意到本村進士李諒的相關情況，由於志書記載頗少，於是通過網絡尋求幫助，有幸認識了當時就讀於華東師範大學古籍研究所的王紅春博士，由此開始了對科舉文獻的癡迷。

　　之所以拖這麼久才整理成冊，一是學識不足，需要經過時間積累來提高科舉研究的認知和儲備；二是當時可查閱到的科舉文獻主要為明代，清代的各類登科錄、履歷是近幾年才逐漸能為大眾所接觸到。

　　自己本科畢業後並沒有繼續深造，內心始終有個做學問的夢想。礙於當時的條件限制也好，還是如今年齡稍大已無精力去考讀，終究是個夢想了。好在這些年，始終堅持做一些研究，雖非科班也非職業，然興趣使然反而使得自己一直沒有放棄學術夢。對於本書，我內心其實是當作自己的畢業論文，整理出來已是對自己多年潛心研究的最好總結，如果能付梓成書，那更是欣喜異常了。

　　這類研究本就小眾，再來當前社會也難有肯做「冷板凳」的人。自己的堅持，總是顯得與大家格格不入。自小忍受貧窮讀完大學已是不易，然後始終對於金錢沒有過多的欲望，畢業這麼多年，生活也沒有寬裕起來。然而內心卻並不焦慮，雖然也惶惶不安於與他人的比較。人生際遇如此不同，哪條路才是最正確的。讓我焦慮的並非財富多寡，而是如何過好這一生。在研究澤州科舉的過程中，一千二百多名科舉人物各不相同的人生履歷，或許已經告訴我們答案。

　　整理書稿的過程是枯燥耗神的，但也遇到了不少需要感謝的、值得懷念的人。感謝寧波天一閣博物院周慧惠老師，為我提供清代進士科舉履歷的幫助。感謝普林斯頓大學東亞圖書館邵玉書老師，在我冒昧郵件求助後，細緻且耐心的一次次給予回覆且附上所需資料。感謝浙江大學吳宣德研究員，提供上圖進士履歷的幫助和有關指導。感謝歙縣博物館王紅春博士多年的引導和幫助。感謝晉城張建軍、王國瑞、韓兵強、秦喜明、許永忠諸位師友，在研究地方人物時提供了寶貴的資料。感謝國家圖書館古籍館、中國第一歷史檔案館所有的工作人員，你們的熱情幫助使得枯燥的整理過程多了很多暖意。感謝好友郭盛惠、龐沖的時常邀約，讓這一年晝夜顛倒的我，沐浴到了數次溫暖的陽光。感謝臺灣花木蘭文化事業有限公司以及楊嘉樂老師，讓我能夠有機會實現出書的夢想。